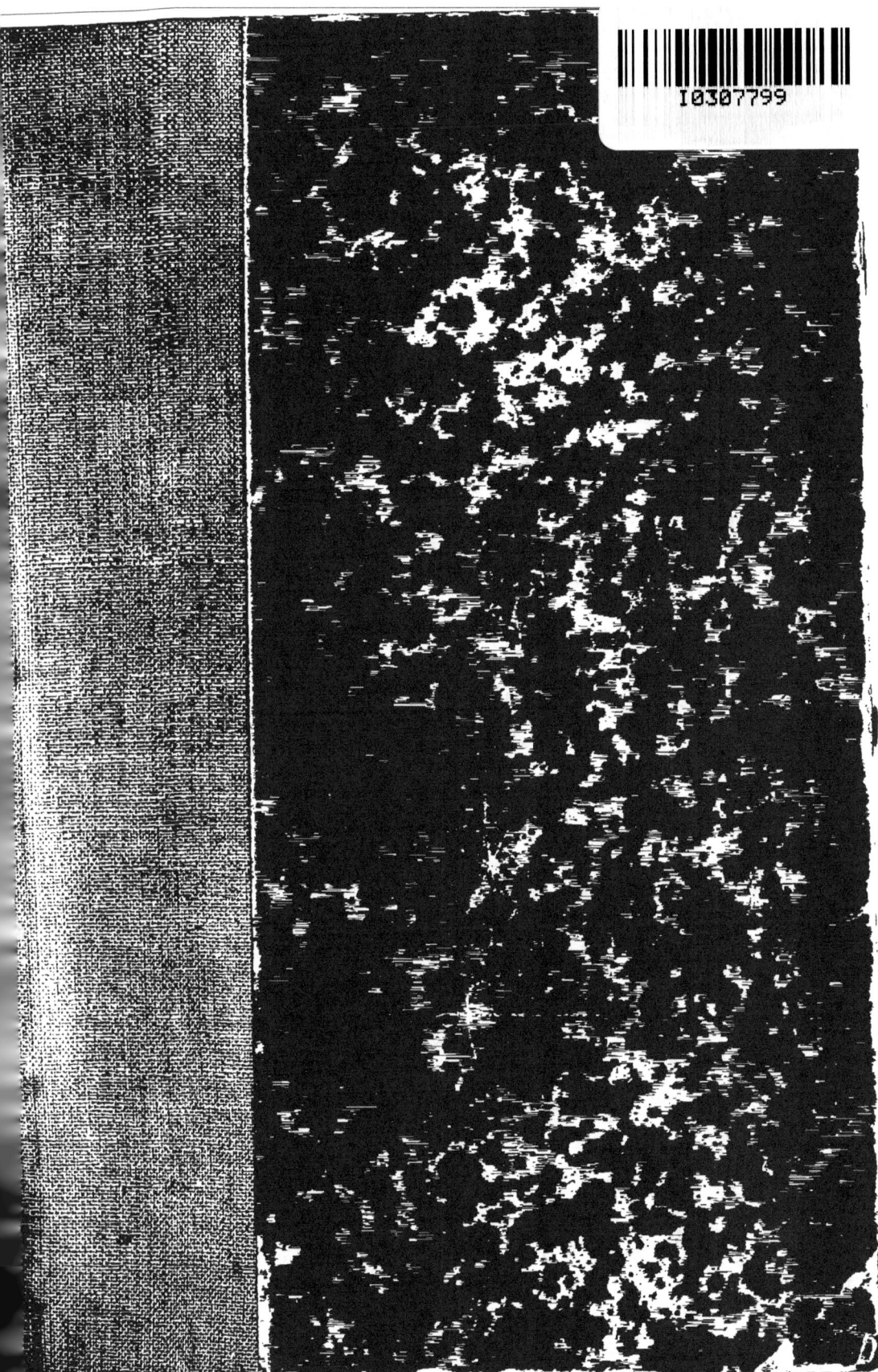

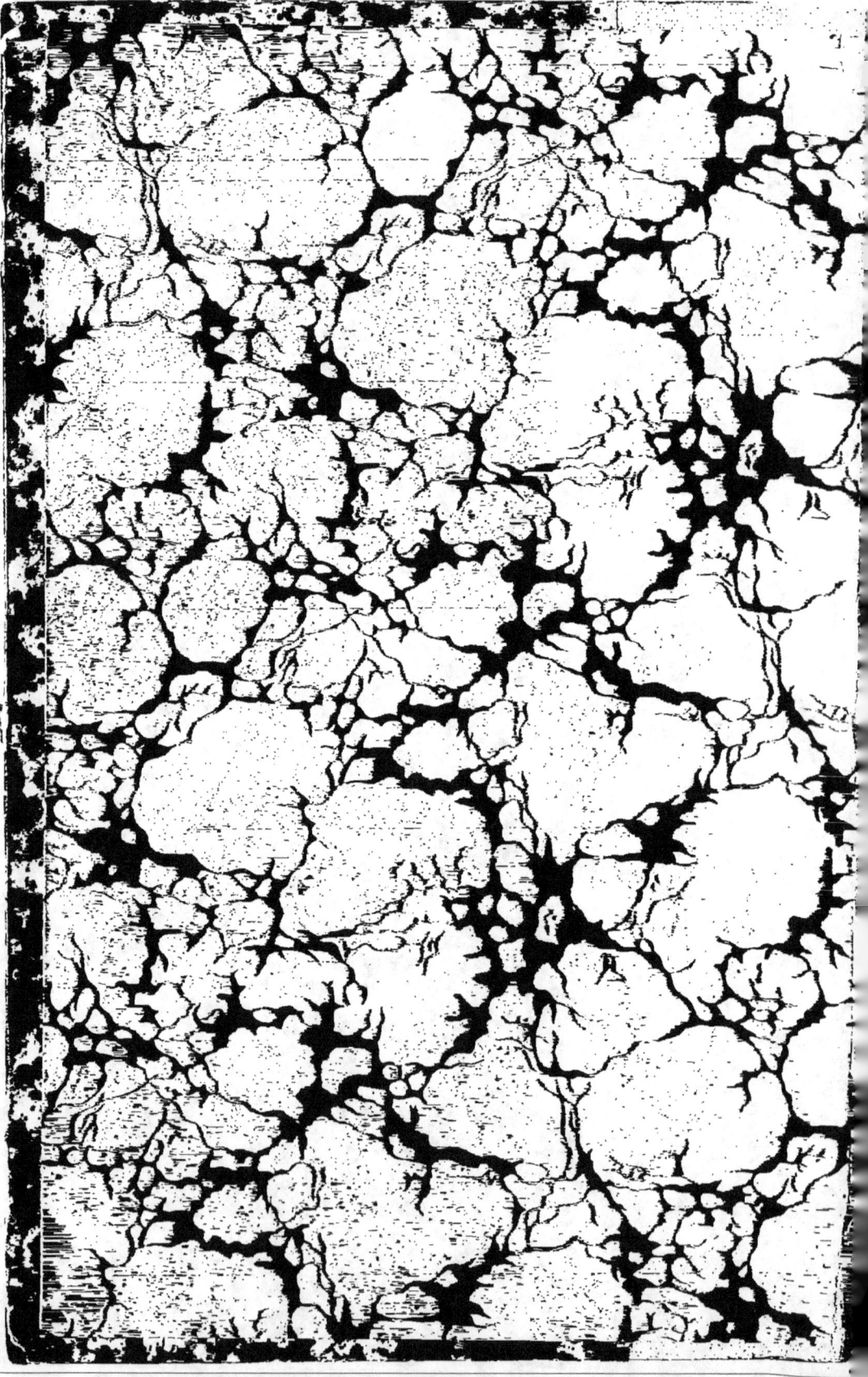

C. MANN

VIE

DE

SAINT HILAIRE

VIE
DE
SAINT HILAIRE

ÉVÊQUE DE POITIERS

DOCTEUR ET PÈRE DE L'ÉGLISE

PAR

M. L'ABBÉ PAUL BARBIER

PRÊTRE DU DIOCÈSE D'ORLÉANS

> Nunc mihi non alia ad dicendum
> causa, quam Christi est.
> (Hilar., *Contra Const. Imp.*, n. 3.)

PARIS

LIBRAIRIE POUSSIELGUE FRÈRES

CH. POUSSIELGUE, SUCCESSEUR

Rue Cassette, 15

1887

ÉVÊCHÉ D'ORLÉANS

Orléans, le 12 mai 1886.

Mon cher ami,

J'ai fait examiner votre manuscrit de la *Vie de saint Hilaire*, et, sur le rapport favorable qui m'en a été fait, non seulement j'autorise la publication, mais bien volontiers je recommande la lecture de cet ouvrage à tous ceux qui s'intéressent à l'histoire de l'Église et à la vie des saints.

En premier lieu, j'applaudis à la bonne pensée que vous avez eue de consacrer au travail de la composition les loisirs que vous laisse le saint ministère.

Je vous félicite aussi et je vous loue du choix de votre sujet. Nous n'avions pas de vie complète de saint Hilaire; et cependant quelle vie méritait mieux d'être écrite que celle de ce grand défenseur du dogme catholique?

Enfin, si j'en juge par le témoignage qui m'a été rendu, votre *Vie de saint Hilaire* est une œuvre sérieuse et bien étudiée qui suppose de longues et laborieuses recherches, mais dans laquelle, grâce aux charmes du style et à l'onction de la piété, l'érudition n'offre plus rien d'aride.

Le livre que vous allez publier sera donc à la fois un livre instructif, édifiant et d'une lecture agréable. Je le bénis de tout mon cœur et je fais des vœux pour qu'il rencontre auprès du public chrétien la faveur qu'il mérite à tant de titres.

✝ PIERRE, *évêque d'Orléans.*

ÉVÊCHÉ DE POITIERS

Poitiers, le 11 octobre 1886.

Cher Monsieur l'Abbé,

J'ai tenu à lire moi-même le manuscrit de votre *Vie de saint Hilaire*. Ne m'en veuillez pas si je ne me suis acquitté que trop tard à votre gré de cette tâche fort douce. J'ai pu enfin l'entreprendre et j'en suis vite venu à bout, à ma complète satisfaction.

En m'exprimant ainsi, ce n'est pas un jugement que je prétends formuler sur le fond même de votre œuvre, mais ma pensée intime, abstraction faite de toute critique, car je n'entends rien à ce métier-là. Je parle en ami.

Le sujet choisi par vous pour occuper vos veilles était d'une difficulté peu commune : vous n'aviez pas de nouveaux documents entre les mains ; il n'y avait pas à vous livrer à des discussions théologiques : tout ce que vous pouviez faire, c'était de mettre en relief les faits trop rares, hélas ! qui ont échappé au naufrage des temps, et il fallait vous résigner à effleurer des questions capitales.

Il me semble que vous avez réalisé votre plan, atteint le but, et traité cette grave matière avec la chaleur d'âme d'un prêtre plein de foi et la délicatesse d'un talent qui est dans toute sa fraîcheur.

Avant moi, Mgr d'Orléans vous en a complimenté, cher monsieur l'abbé; ses félicitations auxquelles je me permets de joindre les miennes, vous donnent lieu d'espérer le meilleur accueil de vos frères dans le sacerdoce. Je serais heureux que chacun d'eux fût un de vos lecteurs et voulut bien propager parmi les fidèles votre pieuse et charmante étude.

Je me ferai un devoir, lorsque ces pages seront imprimées, de les relire pour ma propre édification. Je les bénis d'avance, persuadé qu'elles aideront à mieux faire connaître notre grand Docteur, et par conséquent à glorifier Dieu et à servir la cause sacrée de notre vieille foi catholique, si ignorée de tant d'âmes et si lâchement trahie par beaucoup d'autres !

J'applaudis donc à vos efforts, cher monsieur l'abbé, et je vous prie de croire à mon tendre attachement en Notre-Seigneur.

† HENRI, *évêque de Poitiers*.

A mes vénérables et vieux parents, de qui j'ai reçu, après Dieu, le double bienfait de la foi chrétienne et de la vocation sacerdotale;

A mes anciens maîtres;

A mes chers amis, à celui surtout dont la parole mourante a inspiré et inspirera tous mes travaux;

A tous ceux qui par leurs lumières et leurs sympathies généreuses m'ont encouragé et aidé dans ma tâche,

Je dédie cette Vie de saint Hilaire, *modeste fruit de jeunes, mais consciencieux labeurs.*

Qu'ils daignent accepter ce souvenir: je le leur envoie à tous, vivants ou morts, comme l'hommage de mon affection et de ma reconnaissance éternelles.

BEATO PATRI HILARIO, ECCLESIÆ SANCTÆ

LUMINI,

DOCTRINÆ AC CONFESSIONIS LAUDE CLARISSIMO

ÆTERNA MEMORIA

———

ÆTERNA MEMORIA IN TERRIS, ET IN CŒLIS

SPLENDOR

IN PERPETUAS ÆTERNITATES

> Acclamationes patrum, in fine Concili Pictaviensis.
> (19 Januar. M DCCC LVIII)

INTRODUCTION

I

En ce siècle où les études historiques et hagiographiques ont fait revivre tant de noms oubliés, où l'on a déterré et fait rayonner les plus humbles gloires, personne n'a pensé à peindre dans un livre de lecture facile la puissante et patriotique figure de saint Hilaire.

On a laissé ce grand homme enveloppé d'ombre, dans le lointain de son âge obscur.

Ce n'est pas qu'il nous soit complètement

inconnu. Nous voyons bien là-bas, dans les temps reculés, quelque chose de grand et de voilé comme une montagne cachée par un nuage : un personnage illustre au-dessus de la taille commune. Mais quel est cet homme gigantesque ? Quels sont ses titres auprès de la postérité ? Quels ont été ses travaux, ses souffrances, ses luttes, sa vie, sa mort ?

Les érudits[1], ces hommes du présent qui vivent dans le passé, ceux qui ont percé la brume des âges, le savent sans doute : la foule ne le sait pas.

Et cependant Hilaire est, par la vertu et par le génie, l'une des personnalités les plus vraiment grandes. C'est un homme

---

[1] *Hist. gén. civile, religieuse et littéraire du Poitou*, par M. le chanoine Aubert. — *Origines de l'Église de Poitiers*, par D. Fr. Chamard. Nous devons un grand nombre de renseignements précieux à ces deux ouvrages. Nous y renvoyons ceux de nos lecteurs qui pourraient désirer certains détails complémentaires. — Voir aussi : *Bullet. des antiq. de l'Ouest; Archives historiques du Poitou*, documents inédits, Poitiers, Oudin, 1870-1886; manuscrits de dom Fonteneau, à la bibliothèque de la ville de Poitiers, etc.

aux œuvres magnifiques [1], comme s'exprime un vieux manuscrit. C'est un poète, c'est un philosophe, c'est un orateur, c'est un évêque, c'est un saint [2]; c'est, dans l'ordre des temps, le premier docteur de l'Église [3], le porte-étendard [4] et l'astre précurseur [5] des Pères de l'Occident. C'est, pour tout dire en un mot, un de ces fronts prédestinés que la nature et la grâce couronnent de toutes les auréoles [6].

J'ai osé m'emparer de ce beau et noble sujet.

Rendre la vie dans un livre à de tels personnages est chose difficile et hardie. Ces grandes existences qui renferment à la fois l'histoire d'une âme et l'histoire

---

[1] Magnificus vir. (Biblioth. nat. F. lat., 196.)

[2] Annot. Promot. fidei in causa Hilarii.

[3] Correspondance de Rome, 4 avril 1852. — M\^{gr} Pie, Œuvres, t. I, 475, 458.

[4] Romanorum antesignanus. (Hieronym.)

[5] Romanorum lucifer. (Hincmar. Rhemen., De Prædest., cap. III.)

[6] Hilarius vir virtutum omnium atque ornamentorum. (Cassian, De Incarnat., lib. VII, cap. XXIV.)

d'un siècle sont presque impossibles à saisir, à embrasser, à ranimer. On croit les peindre : on les défigure.

La difficulté s'accroît encore souvent, et c'est ici le cas, de l'absence de documents précis, quand le fil de la chronologie et des faits, perdu ou brisé, ne se retrouve que par l'effort quelquefois infructueux des comparaisons et des inductions ; quand la légende se mêle aux faits véridiques, quand il faut faire jaillir la lumière des textes vagues, énigmatiques, impénétrables [1].

L'auteur me paraît ressembler, en son rude labeur, à ces hommes qui ont trouvé quelque merveilleuse statue dans les ruines d'une cité ensevelie. Il leur faut, avant tout, la dégager des matières étrangères

---

[1] Aucun Père de l'Église n'a subi plus d'altérations, de remaniements, de pertes dans ses écrits que saint Hilaire. Faut-il attribuer ces regrettables lacunes à la tiédeur filiale des Poitevins ? Nous préférons les imputer aux malheurs, invasions, guerres, révolutions, par lesquels la ville du saint docteur a passé. Cependant on ne cite pas un seul bon manuscrit de ses œuvres copié en Poitou. — V. Chamard, loc. cit., ch. VIII, p. 166.

qui la recouvrent : terre, sable, pierres, débris des mêmes temps, vieilleries inutiles.

C'est une pénible besogne.

Mais la belle figure qui leur sourit à moitié, sortie du sol, les ranime et les encourage.

Encore un effort.

Bientôt le marbre est découvert, tous les bras se tendent, et voilà le dieu debout. La pioche l'a bien un peu égratigné, le temps l'a bien un peu rongé de ci, de là. Ce sont misères insignifiantes. L'ensemble vous ravit encore, et, dans une admiration que vous ne pouvez contenir, vous dites encore : Que c'est beau !

Il faut avoir beaucoup de présomption, n'est-ce pas ? pour se livrer à de pareilles œuvres. Nous l'avouons ; mais nous avons une triple excuse, c'est que nous avons commencé la nôtre en pleine jeunesse, à un âge auquel l'audace est familière et qui ne craint pas de se mesurer aux grandes entreprises; c'est que NN. SS. les évêques d'Orléans et de Poitiers ont daigné la bénir et l'encourager; c'est qu'enfin des hommes éminents ont bien voulu nous soutenir de leur sympathie et nous aider de leurs conseils [1].

Du reste, nous avons voulu écrire moins une vie *savante* qu'une vie *vivante*. Bien que nous ayons essayé d'établir scientifiquement les faits, ce que nous avons voulu montrer avant tout dans Hilaire, c'est l'âme d'un saint et le génie d'un grand homme.

[1] Nous nous faisons un devoir de remercier ici tout spécialement : M. l'abbé Branchereau, supérieur du grand séminaire d'Orléans; M. le chanoine Aubert, historiographe du diocèse de Poitiers; Mgr Barbier de Montault, prélat de la maison de Sa Sainteté; M. le commandeur de Rossi, interprète des manuscrits et préfet du musée chrétien au Vatican; M. l'abbé de la Forest, curé de Saint-Hilaire de Poitiers; M. le comte de Sarachaga, directeur du musée eucharistique de Paray-le-Monial; M. Richard, archiviste de la Vienne; le Révérend Père D.-J.-M. Besse, bénédictin de Ligugé; M. l'abbé Rosière, prêtre du diocèse de Poitiers; M. l'abbé Feloutin, prêtre de Saint-Sulpice; M. R. Brothier de Rollière; les pères Oblats de Saint-Hilaire, etc.

D'autres auraient mieux fait sans doute. Avec cette âme de fer et de feu, ce génie puissant, ce courage héroïque, cet exil, ces luttes, on pourrait écrire un chef-d'œuvre. Nous ne portons pas notre ambition si haut. Mais nous espérons réaliser une œuvre intéressante et utile. Quoique amoindri, Hilaire revivra en partie dans ces pages, et ceux qui le verront, belle statue mutilée, mais rendue au jour, nous sauront gré peut-être de l'avoir remis sous leurs yeux.

II

Nous avons eu, en livrant cet ouvrage au public, un autre but que de ressusciter une grande mémoire : nous avons voulu faire quelque bien aux âmes.

Si imparfaites qu'elles demeurent, en effet, même après bien des recherches et bien des efforts, ces pages n'en contiennent pas moins des enseignements nombreux et, nous semble-t-il, d'une opportunité singulière.

Hélas ! que d'hommes parmi les fils de ce siècle incrédule, bien que chrétiens baptisés, ont laissé mourir en eux le germe de la foi ! Ils s'en vont au milieu de nous, sans croyances et sans espérances, comme des aveugles à tâtons dans les clartés du plein jour¹. Ils doutent, ils nient; mais, en dépit de leurs doutes et de leurs négations, ils souffrent; car nul homme venant en ce monde ne peut se passer de la vérité. Dans ce naufrage de leur foi² et dans ce chaos de leur pensée³, ils gémissent de ne pas croire. Ils ont beau étudier, réfléchir, approfondir; plus ils avancent dans la science, plus ils avancent dans la douleur⁴. Un irrésistible instinct les pousse à Dieu⁵. Ils sentent toujours au fond d'eux-mêmes l'inextinguible tourment des choses éternelles.

---

¹ Horum omne consilium fluctuans, incertum ac vagum est. (Hilar., *Tract. in I Psalm.*, n. 2.)

² Omnis etenim anima infidelis, in sæculi hujus tamquam maris profundo naufraga. (Hilar., *Tract. in LI Psalm.*, n. 13.)

³ Nihil in his rationabile. (Hilar., *Tract. in CXVIII Psalm.*, litt. VI, n. 1.)

⁴ Qui apponit scientiam, apponit dolorem. Profectus scientiæ, profectus doloris. (Hilar., *Tract. in CXXVI Psalm.*, n. 13.)

⁵ Unius cujusque mens ad cognitionem spemque æternitatis naturali quodam fertur instinctu. (Hilar., *Tract. in LXII Psalm.*, n. 3.)

Jouffroy, Maine de Biran, Santa-Rosa, Silvio Pellico, Farcy, Scherer, Byron, Schiller, Musset, Léopardi, toute cette génération de philosophes et de poètes incrédules ou sceptiques ont rempli ce siècle de leurs gémissements et de leurs larmes [1]. Ceux-là sont morts, mais d'autres leur ont succédé, qui, dans le matérialisme abject des idées et des mœurs, appellent à cris désespérés la lumière de vérités plus consolatrices et plus dignes d'eux.

Eh bien! ces hommes se retrouveront dans ce livre. Hilaire est leur précurseur: il a nié comme eux, douté comme eux, souffert comme eux.

Né au sein d'une société païenne, il n'eut pas le bonheur de grandir dans la foi. Pour l'avoir, il dut la conquérir à la sueur de son front, par la méditation approfondie des vérités philosophiques et religieuses. Dieu sait avec quel acharnement il inter-

---

[1] M. l'abbé Baunard, *les Victimes du doute.*

rogea tout. Mais ce n'est pas en vain qu'il était écrit : « Cherchez et vous trouverez [1]. Frappez et l'on vous ouvrira [2]. » Hilaire chercha, et il trouva. Il frappa, et la porte des vérités éternelles, en s'ouvrant, l'inonda de lumières éblouissantes.

Que les âmes inquiètes qui demandent à tous les échos le secret de leur destinée suivent la même marche; avec la grâce de Dieu, elles arriveront au même but. Quiconque cherche la vérité sincèrement, la trouve sûrement. La vérité est devant nous, nous n'avons qu'à marcher tout droit. Qu'elles cherchent donc sincèrement, et ces âmes deviendront bientôt nos sœurs; car toute raison impartiale, et allant, comme dit Fénelon, jusqu'au bout d'elle-même, va infailliblement à Jésus-Christ et à son Église.

Les croyants trouveront, à leur tour,

---

[1] Matth., vii, 7.
[2] *Ibid.*

dans Hilaire, une fois converti et baptisé, un incomparable modèle. Ce païen de la veille montre un amour indomptable pour sa foi nouvelle. Il met la main à la charrue, comme dit le Maître [1], et commence son sillon. Pas une hésitation, pas un regret, pas un regard en arrière! Il va devant lui, marchant dans le devoir avec une inflexible droiture. Bien différent en cela, il faut l'avouer, de certains chrétiens amoindris de notre époque. Ceux-là n'ont pas effacé, sans doute, de leur front le signe de leur baptême. Ils croient, prient, hantent les églises, fréquentent les sacrements. Mais ils acceptent dans la mêlée de la vie des compromis honteux que le noble prosélyte eût regardés comme des apostasies [2]. Ames qui veulent et qui ne veulent pas, que la peur des châtiments éternels enchaîne aux autels du temple et qu'une faiblesse de volonté

---

[1] Luc, IX, 62.
[2] Hilar., *Tract. in XIV Psalm.*, n. 19; *in CXVIII Psalm.*, litt. XIX, n. 3; litt. VIII, n. 17.

déplorable fait courir, entre temps, aux folles douceurs de la vie¹.

Comme le disait naguère, avec sa haute autorité, notre saint-père le pape Léon XIII : « Ils ont les principes ; par lâcheté, ils n'osent ni les défendre, ni surtout les mener à l'action. »

Hilaire ne pouvait se contenter de fuir la double honte du mal et de l'erreur. Ses convictions le poussaient en avant. Les grandes âmes, en effet, ne sauraient demeurer inactives. Il faut que, comme Dieu même, elles se donnent et se répandent. Brûlé, à partir de ce jour, d'un sublime amour pour ses frères, il se fit apôtre avant même d'être prêtre. Il avait compris ce que tant de bons catholiques de nos jours ont si bien compris après lui, qu'on ne peut pas garder le feu sacré enfermé dans son sein, et que le rôle du laïque dans la société

---

¹ Orant, quia timent; peccant, quia volunt; christianos se nuncupant, quia bona est spes æternitatis; gentilia agunt, quia blanda præsentia sunt. (Hilar., *Tract. in I Psalm.*, n. 17.)

chrétienne doit être autre chose qu'un rôle purement passif. Le laïque a le devoir de contribuer, pour sa part, à l'extension du règne de Jésus-Christ.

Enfin, prêtre et évêque, il s'élève, par son tendre et puissant amour du Verbe fait chair, par son dévouement inouï à la cause de la sainte Église, par sa patience intrépide au milieu d'innombrables épreuves, par son magnanime dédain de tout ce qui passe, jusqu'à ce sommet glorieux de la sainteté au-dessus duquel il n'y a plus que le triomphe dans la béatitude éternelle [1]. Il donne alors, du commencement à la fin de ses luttes, aux pusillanimes qui tremblent de voir sombrer l'Église, un grand exemple de foi dans ses destinées immortelles. Il leur apprend qu'Elle n'est jamais plus victorieuse que lorsqu'Elle est plus combattue; jamais mieux comprise que

---

[1] In his enim beatæ æternæque vitæ status certus est, si et pietas in Deum sit, et patientia in adversis, et contemptus opulentiæ. (Hilar., *Tract. in LXI Psalm.*, n. 1.)

lorsqu'Elle est plus contestée, jamais plus heureuse dans son prosélytisme qu'aux époques de lâche désertion[1].

Enfin il unit dans une harmonie merveilleuse, jointes à une science théologique au-dessus de toute louange [2], la douceur et la force, la tolérance et l'inflexibilité évangéliques. Exemple immortel, à ce titre aussi, pour ceux qui ont la mission de conduire les hommes à Dieu et le devoir imprescriptible, comme il disait, « de ne laisser jamais se flétrir sous n'importe quelle tyrannie la virginité inviolable de la vérité [3]. »

Hilaire est donc bien l'homme qu'il faut

---

[1] Hoc enim Ecclesiæ proprium est, ut tunc vincat cum læditur, tunc intelligatur cum arguitur, tunc obtineat cum deseritur. (Hilar., *De Trinit.*, n. 4.)

[2] Catholicus loquitur, insignis Ecclesiarum doctor loquitur, Hilarius loquitur. (S. Augustin, *Contr. Julian.*, lib. II, c. xxviii.) — Athanasii epistolas, et Hilarii libros inoffenso decurras pede. (Hieronym., *Epist. VII ad Lætam.* — Præf. Gen. apud Bened., num. 41 ad fin. — Correspondance de Rome, 14 avril et 24 mai 1851.

[3] Melius mihi in hoc sæculo mori, quam alicujus privati potentia dominante, castam veritatis virginitatem corrumpere. (Hilar., *Ad Const. Angust.*, 1, n. 2.)

montrer à ce siècle d'incrédulité souffrante, de science indocile et impie, d'affaissement moral et de persécution religieuse.

L'Église, du reste, semble l'avoir compris; car c'est en ce siècle, « sur une supplique présentée au saint-siège par le concile de Bordeaux, en mil huit cent cinquante [1], que Pie IX a solennellement décerné à saint Hilaire un titre dont il était déjà investi par la tradition catholique, celui de *Docteur* de l'Église universelle [2]. »

Voilà l'homme tel qu'il apparaît dans l'histoire.

Il est la plus belle gloire de ce grand diocèse de Poitiers qui en compte tant d'autres, l'astre de son matin, pour parler le poétique langage de Fortunat, la première et la plus radieuse de ses étoiles [3].

Il est le premier bienfaiteur de la France

---

[1] La supplique a été rédigée par Mgr Cousseau, alors évêque nommé d'Angoulême.

[2] Mgr Pie, *Œuvres*, VI, p. 341.

[3] Quasi refulgens Lucifer inter astra processit.

catholique¹. C'est lui qui la préserva de cette grande erreur de l'arianisme, laquelle résumait toutes les erreurs du passé et toutes les négations de l'avenir; lui qui fit sonner contre Arius le clairon de l'éloquence latine² et retentir la divinité du Verbe aussi loin que s'étendait le nom romain, c'est-à-dire jusqu'aux confins de l'univers³.

L'Église tout entière enfin lui doit le tribut d'une pieuse reconnaissance; car il est son Athanase de l'Occident, son fils le plus tendre, son héraut le plus autorisé, son défenseur le plus dévoué, le gardien de son orthodoxie, le plus grand de ses évêques au IV⁰ siècle⁴.

---

¹ Illud apud omnes constitit, unius Hilarii beneficio, Gallias nostras hæresis piaculo fuisse liberatas. (Sulpit. Sever., Sacr. Hist., lib. II.) — Ipse in Gallia tanquam arx exstitit catholicæ fidei, quæ furori obstaret arianorum. (Pius PP. IX, Correspond. de Rome, 4 avril 1852.)
² Rufin., lib. II.
³ Ubicumque romanum nomen est, prædicatur. (Hieronym., Epist. CXLI ad Marcell.)
⁴ Antistitem ingenti lumine coruscantem, morum lenitate

Qui niera que ce ne soient là un homme et une vie dignes d'être mieux connus ?

Que si nous avons trop présumé de nos forces, « qu'on nous pardonne, dirons-nous avec le premier biographe de saint Hilaire; notre piété et notre admiration pour un grand saint sont les seules causes de notre hardiesse. »

Nous ajouterons avec Fortunat ces mots par lesquels il clôt sa préface : « Et maintenant, comme les longueurs de cette introduction pourraient fatiguer le lecteur au lieu de l'encourager à nous lire, nous allons entrer de plain-pied dans cette belle vie [1]. »

---

pollentem, eloquio fonte torrentem. (Ex Sacrament. Biblioth. reg. 3861, necnon ex ms. Missali Rotholdi et Colb. 1927 in Præf. Missa.) — Bolland. 13 januar., 1-10. — Præf. General. apud Bened., 1, 2, 3, 4.

[1] *Vita S. Hilarii Episcopi*, scripta a Fortunato. Præfatio auctoris in lib. I, p. 129, apud Bened.

PREMIÈRE PARTIE

AVANT L'EXIL

356.

> Tanta ratio veritatis, et tanta vis fidei
> est, ut vincat voluntatem veri necessitas.
> (*De Trinit.* l. VI, n. 52.)

CHAPITRE I

(337)

NAISSANCE. — PREMIÈRES CROYANCES
LA GAULE AU COMMENCEMENT DU IV° SIÈCLE
RÉVEIL. — PREMIÈRES ÉTUDES
QUINTILIEN. — L'ÉLOQUENCE. — MARIAGE. — ABRA
L'AME ET LE BONHEUR HUMAIN

CHAPITRE I

Hilaire naquit sur le seuil du IVᵉ siècle, de ce siècle qu'il devait, avec Athanase, remplir du bruit de son nom dans la rumeur perpétuellement grondante des conflits ecclésiastiques et des batailles doctrinales[1]. Il vit le jour dans cette partie de l'Aquitaine-Seconde qui s'étend à quatre-vingt-dix milles de l'océan Britannique[2]. Dans quelle ville ou dans quel village?

Suivant les uns, ce serait au bourg de Cléré, sur la limite des deux diocèses d'Angers et de Poitiers, en ce pays accidenté et charmant qui donne naissance à la petite rivière du Layon[3].

---

[1] S. Augustin, *Contr. Julian.*, lib. I, c. II.
[2] Fortunat., *Vita S. Hilar.*, lib. I, num. 3.
[3] P. Branchereau, curé de Trémont, *Saint Francaire*, 1863,

Suivant d'autres, ce serait à trois kilomètres de là, dans un des plus beaux sites de la même contrée, à l'endroit où les deux petits ruisseaux de Saint-Paul-du-Bois et des Cerqueux-sous-Passavant viennent, par des vallées profondes et étroites, se jeter et s'unir dans la rivière élargie[1]. Le temps a fait crouler l'illustre demeure; mais il en reste encore quelques vestiges. A l'extrémité même de la vallée s'élève un tertre dominé tout autour par des coteaux abrupts. « C'est le lieu appelé le Bas-Mureau. On y a détruit dans ces derniers temps les restes d'une vieille ferme qui existait encore il y a une trentaine d'années. Mais certaines inégalités de terrain en forme de fortifications, des tas de pierres, des débris de murailles enfouis sous le sol attestent d'une manière presque indubitable d'antiques et importantes constructions. D'après une ancienne tradition, c'est dans ce lieu que s'é-

---

p. 5, 6. — Du Sausset, tit. XI, c. II. — Le R. P. dom F. Chamard, les *Vies des saints personnages de l'Anjou* (saint Francaire et saint Hilaire), p. 7, note 1.

[1] Bolland., 13 jan., num. 22, p. 67.

levait autrefois le château du seigneur Francaire, père de saint Hilaire, évêque de Poitiers[1]. »

Suivant d'autres enfin, il serait né à Poitiers même[2], dans une maison située là où s'élève la basilique de Saint-Hilaire-de-la-Celle[3].

Quoi qu'il en soit, issu d'une famille patri-

---

[1] M. P. Branchereau, *Saint Francaire*, p. 7, 8. — D'après Mgr Barbier de Montault, trois choses sont établies par la tradition relativement à saint Francaire, à savoir : 1° qu'il était seigneur du Mureau; 2° qu'il y vécut, y mourut et y fut enterré; 3° qu'il fut le père de saint Hilaire. (Fêtes de saint Francaire, Confesseur, *Répertoire archéologique de l'Anjou*, p. 457.)

[2] Hieronym., *Comment. in Epist. ad Galat.*, Præf. lib. II.

> Si Hilarium quæris quis sit cognoscere, lector,
> Allobroges referunt Pictaviis genitum.
> (Ven. Fortunat., *Carm.*, lib. I, 16.)

> Pictavis residens, qua sanctus Hilarius olim
> Natus in urbe fuit, notus in orbe Pater.
> (*Id. ibid.*, lib. VIII, 1.)

Voir dom Chamard, *Origines de l'Église de Poitiers*, ch. VII, p. 146.

[3] Autrefois église abbatiale d'un monastère de chanoines réguliers, maintenant chapelle des religieuses carmélites. (Mgr Pie, *Œuvres*, t. VI, p. 311.)

cienne et sénatoriale [1], Hilaire apporta en naissant, suivant l'expression d'un de ses plus illustres successeurs, un cœur plus haut encore que son origine [2].

La première prière de l'enfant ne fut pourtant pas pour cette Trinité radieuse qu'il devait aimer plus tard si passionnément et scruter de son œil d'aigle à de si prodigieuses profondeurs. Francaire était païen [3]; Hilaire hérita donc en naissant de la religion de son père. Et qui sait même? Le vieux druidisme n'était pas mort dans ces régions de l'Ouest : peut-être les branches du gui sacré cueilli dans les forêts prochaines ombragèrent-elles son berceau. En tous les cas, romain ou druidique, le paganisme fut, semble-t-il, la première religion de ce fils d'une famille gauloise [4]. Il faut l'avouer toutefois, cette enfance

---

[1] Fortunat, *Vita sancti Hilarii*, lib. I, n. 3.
[2] Mgr Pie.
[3] Jean Bouchet, *Annales d'Aquitaine*, ch. vi.
[4] *Vita sancti Hilarii Episcopi, ex ipsius scriptis ac veterum monumentis*, num. 3, 4, 5. — Lenain de Tillemont, *Mémoires pour servir à l'histoire ecclésiastique*, t. VII (notes sur saint Hilaire, II, p. 747). — Renkens, *Hilarius von Poitiers;* Schaffhouse, 1864.

et cette jeunesse restent obscures; l'on ne sait rien des années qui les remplirent, sinon qu'elles furent chastes et laborieuses, et qu'un œil attentif, en observant de près ce tranquille jeune homme, eût pu voir sur son front ce mystérieux signe dont Jésus-Christ marque les siens[1].

Longtemps barbare, la Gaule avait merveilleusement changé, depuis ces jours où, vaincue, malgré son héroïsme, par la force romaine aidée du génie de César, elle avait dû se soumettre aux nécessités de la conquête. La civilisation y avait germé comme en sa terre natale. L'orgueil farouche de la nation s'était humanisé[2], les mœurs s'étaient adoucies, et, grâce aux nombreuses écoles répandues partout, l'esprit vif, facile et passionné de cette race heureuse s'était trouvé rapidement initié aux secrets de la littérature, de l'art et de la philosophie antiques. Ces nou-

---

[1] Cujus a cunabulis tanta sapientia primitiva lactabatur infantia, ut jam tunc potuisset intelligi Christum, etc... (Fortunat, lib. I, n. 3.)

[2] In hymnorum carmine Gallos indociles vocat. (Hieronym., Præf. in lib. II *Comment. ad Galat.*)

veautés sereines, belles pensées, belles images, mélodieuses cadences, tombant peu à peu dans l'âme de ce peuple qui n'avait connu jusque-là que les pensées sanglantes et le rythme brutal des hymnes de combat, produisaient sur lui l'impression d'un délicieux réveil et comme d'une résurrection. Il s'abandonnait sans retenue au charme des choses nouvelles.

Jamais les écoles gauloises n'avaient été plus florissantes qu'à l'heure où nous sommes, et nulle part peut-être l'ardeur de connaître plus vive que dans ces municipes de l'Aquitaine et de la Narbonnaise qu'Hilaire habitait[1]. Énergique, réfléchi, épris de bonne heure des beautés supérieures du monde intellectuel[2], le jeune homme se livra à l'étude avec la fougue de cette belle et vaillante na-

---

[1] Hieronym., *Epist. IV ad Rust.* — Ammian. Marcellin., lib. XV, c. 11. — Villemain, *Tableau de l'éloquence au IVe siècle* (saint Hilaire), p. 228. — *Histoire littéraire de la France*, t. I, part. 1, IVe siècle de l'Église. — *État des lettres dans les Gaules*, p. 1 et seq. — M. de Champagny, *Les premiers Césars*, p. 13 et seq. — Dom Chamard, *Origines de l'Église de Poitiers*, p. 154 et 155.

[2] Fortunat, *Vita S. Hilar.*, lib. I, num. 3.

ture qui va peu à peu se révéler à nous. Rien de ce qui peut orner une intelligence d'élite ne lui resta étranger. S'il faut en croire certaines traditions respectables, il prit un jour, dans son ardeur juvénile, ce bâton de voyageur que les sages antiques promenaient par le monde et s'en alla, comme eux, demander la science à ses sources les plus pures. Poitiers, Trèves, Rome et la Grèce le virent étudier tour à tour[1]. La connaissance de la langue grecque lui permit de comprendre ces immortels chefs-d'œuvre éclos au soleil de l'Attique, modèles incomparables de ce que l'humaine faiblesse réalisa de plus beau. Mais c'est aux auteurs latins qu'il donna la préférence. Son vigoureux esprit aimait à se tremper aux sources romaines : il y trouvait une plénitude, une force, une noblesse, une franche allure, plus imitables pour lui que la perfection pondérée et réglée des fils d'Athènes. Parmi ces auteurs, Quintilien fut ce-

---

[1] Bolland., 13 jan., n. 23, p. 67. — Dom Chamard, *Saint Martin à Ligugé*, p. 19. — M. le chanoine Aubert fixe la date de ce voyage vers 320. (*Hist. gén. du Poitou*, liv. II, p. 131.)

lui qu'il préféra[1]. Il aimait à le feuilleter, s'efforçant d'aspirer, pour ainsi dire, dans la lecture des pages où son souffle circulait encore, l'âme d'un orateur qui fut avant tout un homme de bon sens, de bon goût et de bon style. Il faut dire que Quintilien était alors en très haute estime. La prodigieuse renommée de ce pédagogue de l'éloquence avait porté son écho jusqu'à deux siècles de son temps. Sa Rhétorique[2] passait aux yeux des Romains dégénérés, si pauvres en gloires littéraires, pour le chef-d'œuvre des chefs-d'œuvre. Et c'est à ce livre que tous les jeunes gens en qui brûlait le feu sacré, aspirants au barreau ou aux charges publiques, allaient demander le secret des plaidoyers victorieux et des belles harangues.

Hilaire travaillait donc ainsi, poussé par le pressentiment d'une vocation inconnue. Cet art oratoire qu'il ambitionnait pour son éclat,

---

[1] Hieronym., *Ep. LXXXIV*. — Darras, *Hist. de l'Église*, t. IX, p. 457.

[2] Institution oratoire. Lire la piquante étude de M. Alex. Pierron, *Littérature romaine*, xxxviii, p. 545 et seq.

le jeune homme devait le posséder un jour. Mais ce n'est pas aux souvenirs laissés dans sa mémoire par le rhéteur païen qu'il devait emprunter son éloquence. La source en devait être plus profonde et plus riche; elle devait jaillir d'un cœur passionné pour la foi et pour les hautes vertus, et d'un génie impétueux fait d'intelligence perçante et d'indomptable volonté.

Devenu homme, Hilaire se maria. Il épousa une jeune fille belle et bonne, d'une famille illustre[1] et de la race de celles dont un grand poète devait dire plus tard :

Elle a trop de vertu pour n'être pas chrétienne[2].

Si elle ne croyait pas encore, la jeune épouse n'était pas loin de l'Évangile. L'heure approchait où la foi, tombant sur son âme, la devait saisir et ravir pour la vie[3].

De cette heureuse union une enfant naquit; elle fut appelée Abra, nom gaulois plein de sonorité et de douceur.

---

[1] J. Bouchet, *Annales d'Aquitaine*, p. 22.
[2] Corneille, *Polyeucte*, acte IV, scène III.
[3] Fortunat, *Vita S. Hilar.*, n. 3. — Dom Constant, n. 18.

Époux d'une femme charmante, père d'une enfant qui était la grâce même et que chaque jour embellissait, esprit délicat, apte aux jouissances élevées de l'étude, jeune et vigoureux, riche et noble, cet homme pouvait-il raisonnablement demander d'autres faveurs à la fortune?

Hélas! il semble que les prospérités creusent encore l'âme humaine et en agrandissent le vide immense. Hilaire, avec tout son bonheur, n'était pas heureux.

A quel tourment pouvait-il donc être accessible?

CHAPITRE II

UN PROBLÈME. — TROUBLE
LE REPOS ET LA FORTUNE. — LE VOL DE L'AIGLE
BELLE AMBITION. — LA REVUE DES DIEUX
LUMIÈRE. — LA BIBLE ET DIEU. — L'ÊTRE. — L'IMMENSITÉ
LA BEAUTÉ. — CONCEPTION DE LA FOI
DÉCOURAGEMENT. — LA VÉRITÉ ET LA MORT
L'ÉVANGILE SELON SAINT JEAN
RÉVÉLATIONS. — APAISEMENT ET JOIE

CHAPITRE II

Hilaire a raconté lui-même la douloureuse inquiétude qui tomba soudainement sur son âme au milieu de son opulence tranquille et de ses studieux loisirs[1]. Le problème de la destinée humaine se dressa un jour devant les yeux de cette raison habituée à réfléchir et mal à l'aise dans une croyance qui n'expliquait rien. « Pourquoi suis-je ici-bas? Quel est le but de ma vie? » Cette question, toujours présente à sa pensée et s'obstinant à se montrer dans sa

---

[1] *De Trinitate*, lib. 1. — *Vita S. Hilar. ex ipsius script. et veter. monumentis*, 3, 4. — Villemain, *Tableau de l'éloquence au IVe siècle* (saint Hilaire), p. 288 et suiv. — De Broglie, *l'Église et l'Empire au IVe siècle*, t. I, p. 354 et suiv. — Baronius, t. IV, p. 548 et suiv. — Tillemont, *Mémoires*, t. VII (saint Hilaire), art. 3, p. 436-437. — P. dom Ceillier, t. IV, ch. I, 1. — Godefroy Hermant, *Vie de saint Athanase*, t. II, liv. II, ch. XXVII, p. 131.

gravité redoutable, ne laissa plus ni paix ni repos au patricien hier si heureux. C'est comme s'il avait, ce jour-là, perdu tout à coup les meilleurs biens de l'existence.

Une sorte de fièvre le saisit; il part en quête d'une solution qui lui rende la paix, et avec la paix son bonheur évanoui.

Il jette ses regards autour de lui. Ce qui le frappe, c'est le calme qui l'environne et les richesses dont il est comblé.

Que lui manque-t-il? Rien de ce qu'on a droit d'attendre de la terre et du monde. Mais la vraie vie est-elle dans ce repos et dans cette abondance?

Suivons dans ses péripéties émouvantes la belle et féconde révolution que la foi et la raison vont accomplir graduellement dans cette âme.

« Le repos et l'abondance, se dit Hilaire à lui-même, s'ils ne sont unis, sont plutôt un mal qu'un bien. Le repos avec la pauvreté est comme un exil de la vie; et la richesse sans le repos est une infortune d'autant plus dure à porter, qu'elle met dans l'impossibilité de jouir des biens les plus désirés et les plus passionnément poursuivis.

« Admît-on, du reste, que ce soient là les avantages les plus appréciables de l'existence, il faut en convenir, ils sont peu éloignés des jouissances purement bestiales. Dans les ravins et les marais où elle vagabonde en liberté, la brute, satisfaite, trouve et l'exemption de tout labeur et l'assouvissement de sa faim.

« Oui, si n'avoir rien à faire et être gorgé de tout, si c'est là ce qu'il faut regarder comme le meilleur et le plus complet emploi de la vie, cette condition, il faut nécessairement l'admettre, sera commune, suivant la capacité de chaque espèce, et aux hommes et au vaste troupeau des animaux sans raison ! Encore le sort des bêtes est-il préférable au nôtre ; car la nature leur donne l'abondance de l'usage sans le souci de la possession[1]. »

Il continue avec la même rigueur de logique et la même élévation de pensée. A le suivre

---

[1] *De Trinitate*, lib. I, 1.

dans son vol vers la vérité, on dirait un aigle qui monte, ailes étendues, vers le soleil.

Il monte lentement mais puissamment, et à mesure qu'il s'élève les clartés grandissent, et les choses d'en bas, des hauteurs qu'il atteint, finissent par se rapetisser à tel point, qu'elles ne méritent plus même l'honneur d'un regard.

Pourquoi donc la vie? Pour quelque chose de meilleur qu'elle-même.

« Impossible de supposer que cette vie où nous sommes envoyés n'a pas pour but quelque progrès dans l'éternité; car alors il ne faut pas la réputer un présent de Dieu, cette vie, qui, torturée d'angoisses et fatiguée d'ennuis, ne ferait que se consumer en elle-même, depuis l'ignorance du premier âge jusqu'à l'imbécillité de la décrépitude...

« La vie ne saurait nous être donnée par un Dieu immortel pour cette unique fin de nous acheminer vers la mort; la bonté d'un tel bienfaiteur ne peut nous avoir accordé le sentiment de l'existence pour y attacher seulement la douloureuse nécessité de mourir[1]. »

[1] *De Trinitate*, lib. I, 2.

Ces découvertes de sa propre raison ne font que stimuler son désir de savoir. Il interroge les philosophes : « Je trouvai juste et salutaire, ajoute-t-il, le sentiment de ceux qui disent qu'il faut garder son âme dans la liberté de l'innocence, et quant aux misères de la vie, les prévoir avec sagesse, les éviter avec précaution et les supporter avec patience[1]. »

S'arrêtera-t-il dans les mitoyennes régions de cette sagesse stoïque ?

Il poursuit, avec un accent profond où l'on entend gémir la tristesse d'une déconvenue douloureusement ressentie :

« Cependant ces auteurs même ne me semblaient pas encore avoir la clef du pur bonheur. Leurs préceptes étaient vulgaires et simplement conformes au sens commun de l'humanité. Les méconnaître, c'est stupidité ; les violer une fois reconnus, c'est se ravaler jusqu'à l'ineptie de la bête brute. Mais mon âme avait hâte de faire autre chose que ce qu'il est criminel et funeste à l'homme de ne pas

---

[1] *De Trinitate*, lib. 1, 2.

faire. Elle aspirait à Dieu, auteur de ce bien suprême : la vie ; à Dieu, à qui elle se devait tout entière, qu'elle s'estimait déjà honorée de servir et vers lequel montaient toutes ses espérances.

« Là, lui semblait-il, elle trouverait contre les orages de la fortune la sécurité du port et le plus assuré repos. Comprendre et connaître Dieu fut, à partir de ce jour, le brûlant désir qui m'enflamma [1]. »

Belle ambition, mais combien difficile à réaliser pour un païen surtout, plein de préjugés sur la nature divine ! Hilaire l'entreprend néanmoins. Il fait comparaître devant son tribunal tout le peuple des dieux adorés jusque-là. Ils défilent sous son regard sévère : dieux de toute famille, dieux de tout sexe, dieux vieillis et remplacés, jeunes dieux nés d'hier, petits dieux, grands dieux, dieu-nature, force aveugle et fortuite, dieu sans amour, sans volonté, sans vie, indifférent à tout : multitude repoussante, au sein de laquelle se dressent, dans la gloire de leur étrange apothéose, des hommes, des bêtes de

---

[1] *De Trinitate*, lib. I, 3.

somme, des bêtes féroces, des serpents et jusqu'à des métaux, des pierres et de vils morceaux de bois!

Courber le front devant cela lui parut ridicule, indigne d'une créature humaine, impie. Une mortelle angoisse le torturait. Il trouve enfin la lumière, et voici quel admirable raisonnement le mit sur le chemin de la vérité.

« Je compris, dit-il, qu'il était indigne de Dieu d'abandonner au caprice la création sortie de ses mains. Je vis clairement que la nature toute-puissante et incorruptible ne peut avoir ni sexe, ni commencement, ni succession. J'eus la certitude que l'être divin et éternel devait être unique et indistinct, par la raison qu'il est sa propre cause et qu'il ne peut rien laisser en dehors de lui qui soit supérieur à lui. La toute-puissance et l'éternité ne peuvent être qu'à un seul, la toute-puissance n'ayant pas de degré, l'éternité n'admettant pas de date, et Dieu devant être toute durée et toute puissance. »

Hilaire en était là. Sa pensée, de son propre vol, s'était élevée jusqu'à la conception d'un

Dieu unique et infini, lorsque Dieu vint à son secours par une sorte d'intervention personnelle et miraculeuse[1]. C'est ainsi qu'il récompense d'ordinaire les bonnes volontés vaillantes. Laissons encore la parole au profond et sublime chercheur.

« J'étais agité par ces pensées et bien d'autres quand je tombai sur ces livres que la religion des Hébreux dit écrits par Moïse et les prophètes. J'entendis alors le Dieu créateur rendant témoignage en ces mots : « Je suis « celui qui est; dites aux enfants d'Israël : « Celui qui est m'a envoyé vers vous. » (Exode, III, 14.) J'admirai vivement cette parfaite définition de Dieu, qui traduisait la notion incompréhensible de la nature divine par l'expression la plus appropriée à l'humaine intelligence. Rien ne se conçoit, en effet, comme plus essentiel à Dieu que l'être, parce que celui qui est par essence ne peut avoir ni fin ni commencement, et que, dans la continuité d'une béatitude incorruptible,

---

[1] Redditus vero, veluti miraculo magno... christianus. (Baron., IV, ann. 355, p. 548.)

il n'a pu et ne pourra jamais ne pas être [1]. »

Son ravissement grandit à mesure que les textes divins se déroulent sous ses yeux. Parmi les versets qu'il lit un peu au hasard, les uns le confirment dans les convictions qu'il s'est faites ; des autres jaillissent d'intenses lumières, révélations inspirées et inouïes.

Il lit dans Isaïe ces sublimes paroles sur ce Dieu dont l'idée le tourmente : « Il a mesuré les mers dans le creux de sa main étendue ; il a pesé les cieux. De trois doigts, il soutient la terre ; il met dans sa balance les montagnes et les collines [2]. »

Plus loin dans le même prophète : « Le ciel est mon trône, et la terre mon marchepied. Quelle demeure pouvez-vous donc me bâtir ? et pourrai-je me reposer dans votre temple [2] ? »

Dans les chants incomparables de David, il rencontre des cris comme celui-ci : « Où fuir votre œil divin ? où me dérober à votre face ?

---

[1] *De Trinitate*, lib. I, 5 ; lib. VI, n. 19.
[2] Ps. XL, 12.
[3] Ps. LXVI, 1, 2.

Si je monte dans les cieux, vous y êtes ; si je m'abîme dans les enfers, je vous y trouve ; si, prenant dès le matin le vol de l'aurore, je vais fixer une tente aux extrémités des mers, c'est votre main qui soutient et conduit mon vol[1]. »

Ces grandioses images, qui lui font voir Dieu plus grand que tout, au-dessus de tout, débordant tout, l'émerveillent[2].

Cependant, tremblant et à genoux devant cette majesté incommensurable et inaccessible, il n'est pas encore content. Il pressent quelque immatérielle beauté à cette immensité sans rivage. Il voudrait contempler sa face ; pour sortir du trouble qui l'a encore une fois ressaisi, il demande au livre sacré duquel il a déjà tant appris de le lui faire entrevoir.

La Sagesse lui répond : « Le Créateur se révèle dans la grandeur de ses œuvres et la beauté de ses créatures[3]. »

Hilaire jette alors les yeux sur le monde. Il regarde le ciel, l'azur, la terre, l'Océan, toutes les splendeurs du vaste univers.

[1] Psalm. cxxxviii, 7 et seq.
[2] *De Trinitate*, 6.
[3] Sap. xiii, 5 ; Sec. lxx.

Quand il a tout vu, stupéfait, ébloui : « Je ne comprends qu'à peine, dit-il, et je ne puis parvenir à exprimer la beauté d'un petit oiseau, et je voudrais concevoir la beauté de Dieu!...

« Il est beau, il faut l'avouer, mais d'une beauté qui surpasse l'expression et le sentiment lui-même[1]. »

Il s'arrête longuement sur cette pensée et y abîme toute son âme. Sortant alors de sa méditation, comme l'éclair des profondeurs du nuage, une sublime idée lui traverse l'esprit : « Que Dieu soit si grand, dit-il, on ne peut le comprendre, il faut le croire[2]! » Hilaire en était arrivé, par le seul exercice de sa raison, à la conception de la foi! Résultat immense! pas de géant vers la pleine vérité!

Se repliant sur lui-même et comptant dans son âme les conquêtes de son esprit, le profond penseur s'arrête ici tout à coup presque découragé. Est-ce que la mort ne lui ravira pas un jour brutalement le trésor des divines

[1] *De Trinitate*, 7.
[2] *Ibid.*, 8.

connaissances qu'il vient d'acquérir? A la vue de ce corps fragile, il est pris de la frayeur du néant. Il a soif d'immortalité et d'impérissable félicité. Montrer à l'homme sa radieuse figure et puis le faire trébucher dans une mort sans espérance, cela lui paraît indigne de Dieu[1].

Obsédé par ces pensées pleines d'alarmes, il souffrait dans l'attente fiévreuse des clartés définitives. Ces clartés lui apparurent enfin.

L'Évangile selon saint Jean lui tomba sous la main; il l'ouvrit, il le lut[2]. Dès les premiers mots ses yeux se dessillèrent : « Au commencement était le Verbe, et le Verbe était en Dieu, et le Verbe était Dieu..., et le Verbe s'est fait chair[3]. » Hilaire s'était jusque-là péniblement agité dans la sphère inférieure des spéculations purement naturelles. Cette fois des lumières surhumaines lui pleuvaient du ciel.

« A partir de cette heure, s'écrie-t-il, mon

---

[1] *De Trinitate*, 10.
[2] *Ibid.*, 9.
[3] Joan., 1 et seq.

âme, pleine jusque-là de tumulte et d'inquiétudes, trouva plus d'espérance qu'elle n'en avait rêvé. Elle s'éleva à la connaissance de Dieu le Père, et salua dans le Fils les perfections qu'elle avait antérieurement reconnues en lui par sa perspicacité naturelle : l'éternité, l'immensité, la splendeur.

« ... Je compris que le Dieu Verbe s'est fait chair, afin que, par ce Verbe incarné, la chair même pût s'élever jusqu'à Dieu. Et pour nous faire voir que le Verbe incarné n'est pas autre chose que le Verbe Dieu, et que la chair qu'il a prise n'est pas différente de la nôtre, c'est parmi nous qu'il a habité. En y habitant, il reste Dieu... En daignant prendre notre chair, il ne perd pas sa dignité propre. Fils unique du Père, plein de grâce et de vérité, parfait par sa nature, mais véritablement doué de la nôtre.

« Mon âme transportée embrassa la doctrine de ce divin mystère s'élevant ainsi à Dieu par sa chair même, et appelée par la foi à une naissance nouvelle [1]. »

---

[1] *De Trinitate*, 11.

On dit que la découverte d'une vérité mathématique, la plus aride des vérités, remplit l'âme d'une joie si douce, qu'elle va quelquefois jusqu'à faire pleurer. Quelle volupté le patricien philosophe de Poitiers ne dut-il pas ressentir, quelles larmes ne dut-il pas répandre en cette fin de toutes ses angoisses, quand la vérité religieuse, la plus importante et la plus chère des vérités, tout à coup, après tant d'efforts laissés sans autre récompense que les lueurs incertaines et vagues des investigations rationnelles, lui apparut, éblouissante et souriante, aux premières pages de l'Évangile ! Son cœur se fondit en adoration et en reconnaissance, et son amour envers Dieu devint tout de suite une passion brûlante à laquelle il allait livrer sa vie et tout sacrifier.

CHAPITRE III

PAS DE MILIEU. — UN BEAU JOUR
VIE NOUVELLE
HILAIRE ET LES HÉRÉTIQUES. — FLAMME APOSTOLIQUE
THÉOLOGIEN ET POÈTE

CHAPITRE III

Il est de droites et sincères natures pour lesquelles il n'y a point de milieu ni de partage. Quand elles se donnent, elles ne calculent pas. Elles ne retiennent rien d'elles-mêmes ou de ce qui les touche; elles se livrent sans arrière-pensée, sans arrière-désir, sans mesure. Elles ont à peine vu la route à suivre, qu'elles y marchent déjà. Pour elles, vouloir la justice et l'accomplir, c'est tout un [1].

Hilaire était de ces natures-là.

Quant à la double lumière des vérités rationnelles et révélées, il connut sa voie, il s'y jeta tout entier et comme éperdument.

---

[1] Bonum non tam cogitandum est, quam exsequendum. Justitiam enim velle, hic erit fructus ut fiat. (Hilar., *Tract. in XIV Psalm.*, n. 6.)

« Mon mal, s'écria-t-il, si c'est un mal de croire, est un mal sans remède ; mon erreur, si c'est une erreur de confesser le Dieu et le Christ de l'Évangile, est une erreur irréformable. Mon âme s'est pénétrée, ma raison s'est imbibée de ces hautes doctrines. Nul ne m'en pourra guérir. Pardonnez-moi, Dieu tout-puissant ; je puis mourir dans ma croyance, je n'en puis pas changer. Ils viennent trop tard pour moi, les docteurs impies qu'a produits notre siècle. Ma foi, cette foi dont vous-même m'avez instruit, n'accepte pas ces maîtres nouveaux et tardifs. Avant qu'il fut question d'eux, je vous ai donné ma créance et j'ai été régénéré en vous. Tel mon baptême m'a fait, tel je suis et serai à jamais[1]. »

C'est avec cette foi enthousiaste et décidée qu'il entra dans la religion chrétienne. Il se mit d'abord au-dessus des scrupules égoïstes et imprudents des convertis d'alors. Pour mourir avec plus de sécurité, ou peut-être

---

[1] *De Trinit.*, lib. VI, 20, 21.

pour vivre plus libre, certains catéchumènes différaient leur baptême jusqu'au dernier soir de leur vie. Pour lui, il avait soif de pureté, de charité, de perfection ; il ne voulut rien laisser entre son âme et le Dieu qu'il venait de découvrir au milieu d'une joie si grande; il demanda le baptême et le reçut. Beau jour qui vit sans doute l'eau sainte couler à la fois sur les trois fronts du patricien, de son épouse et de sa jeune enfant[1]. Heureux jour qui les fixa tous pour l'éternité dans le sein de la société choisie. Jésus-Christ, entré dans le foyer hier encore païen, n'en sortira plus et y accomplira des merveilles.

Le baptême fut, en effet, le point de départ d'un nouvel élan ; ce fut vraiment pour lui une nouvelle naissance. Il embrassa la cause de la foi avec une ardeur inexprimable. Indifférent jusque-là aux opinions religieuses des personnes avec lesquelles il était en relation, à partir de ce jour il ne fréquenta

---

[1] Dom Chamard, *Origines de l'Église de Poitiers*, ch. VIII, p. 162.

plus que des chrétiens orthodoxes comme lui. Arrière les païens ! arrière les juifs ! arrière les hérétiques ! Ses yeux ne pouvaient plus supporter la vue de ces contradicteurs de la vérité. Est-il invité à une table où il risque d'en rencontrer quelques-uns, il décline l'invitation. Les rencontre-t-il dans la rue ou sur le chemin, il se détourne d'eux et ne leur rend même pas le salut amical ou poli qu'ils s'empressent de lui donner [1]. Zèle excessif sans doute. C'est un défaut assez commun chez les nouveaux convertis, de pousser la vertu jusqu'à ces excès. Mais c'est là un noble et généreux défaut, et Dieu ne tarde pas à mêler le miel à cette force un peu farouche [2]. La charité sans bornes finit toujours par s'installer dans l'âme où Jésus-Christ règne. Ce zèle trop ardent, la science religieuse et l'amour entendu des âmes l'adouciront bientôt. Quand Hilaire se sentira, plus tard, sur les épaules la lourde responsabi-

---

[1] Fortunat, *Vita S. Hilar.*, lib. I, n. 3.
[2] *Ind.*, xiv, 18.

lité du salut des peuples, il renouera ses relations brisées, il ira au-devant des brebis égarées, il tendra les bras aux païens, aux juifs et aux hérétiques comme aux autres, afin de les emporter tous dans le sein de Dieu.

Déjà la flamme apostolique s'est fait de son cœur un foyer actif et brûlant. Le nouveau converti se mêle aux assemblées chrétiennes. Tous les fidèles sont ses frères : il les voit, il leur parle. Sans craindre d'humilier sa noblesse patricienne, il s'en va parmi les flots du bas peuple. Il se fait prédicateur, il prêche la Trinité, ce divin mystère dont le nom seul lui rappelle tant d'angoisses et tant de douceurs; le Ciel, vers lequel se portent désormais toutes ses espérances, séjour de cette incorruptible béatitude qu'il a si longtemps appelée et rêvée sans la connaître; toutes les vérités, tous les devoirs, toutes les vertus. Sa parole enflammée enflammait, sa conviction souveraine subjuguait; une lumière et une grâce sortirent de lui [1].

[1] Fortunat, *Vita S. Hilar.*, lib. I, n. 3. — Bolland., 13 jan., n. 4.

Ce qui donnait à ce libre apostolat une autorité encore plus décisive, c'était la vie de l'apôtre[1]. Il s'était mis dès le jour de sa conversion, et surtout depuis son baptême, avec une héroïque générosité, à la pratique des conseils évangéliques et des règles ecclésiastiques elles-mêmes. On le voyait assidu aux réunions chrétiennes, recueillant les paroles du pieux évêque Maxence, son maître et son père dans les choses de Dieu[2], et prolongeant durant de longues heures ses prières au pied des autels. Son principe était déjà celui qu'il devait si heureusement formuler un jour : « Pas de saint dont la vie soit autre chose qu'une longue prière[3]. » Ce laïque valait un prêtre[4]. Il était pieux et pur comme un ange, et austère comme un cénobite.

---

[1] Optimum sit exemplo potius docere quam dictis. (Hilar., *Comment. in Matth.*, ch. v, n. 15.)

[2] Dom Chamard, *Origines de l'Église de Poitiers*, ch. viii, p. 161.

[3] Sancti cujusque viri vita omnis oratio. (Hilar., *Tract. in I Psalm.*, n. 7.)

[4] O quam perfectissimum laicum cujus imitatores ipsi etiam esse desiderant sacerdotes! (Fortunat, *Vita S. Hilar.*, lib. II, n. 3.)

Tout en se faisant le catéchiste du peuple, Hilaire n'en continuait pas moins ses études religieuses. Son génie, impatient des obscurités et des doutes, appelait à grands cris la pleine lumière et les larges horizons. Le désir de monter et de voir faisait frissonner les ailes de son âme et le soulevait. Son cœur, d'autre part, éprouvait le tourment d'un vaste et surnaturel amour. Stimulé par ce double besoin, le philosophe devenait peu à peu grand théologien, et ne devait pas tarder à devenir l'un des premiers poètes chrétiens de l'Occident [2].

Théologien. Lorsque nous analyserons au cours de ces pages ses nombreuses œuvres, nous verrons quel trésor de divine sagesse s'était accumulé dans sa pensée.

Poète. Nous l'entendrons chanter sur les lointains rivages de son exil, et, plus tard, vieil évêque au cœur toujours jeune, dans sa paisible Église de Poitiers, ces hymnes pieuses [2],

[1] *Isid.*, Præf., n. 20.
[2] Hieronym. vir. ill. c. 100. — *In Epist. Galat.*, lib. II. — Bolland., 13 jan. — Tillemont, VII, p. 435. — Dom Constant, *Præf. gen.*, n. 20, 21.

ces brûlants cantiques qu'on croyait perdus, mais depuis peu, grâce à Dieu, rendus en partie à l'admiration universelle[1].

Pour l'heure, il fréquentait les savants de sa ville natale, lisait et relisait les Livres saints et méditait, sans écrire encore, les résultats de ses méditations.

Le soldat de Jésus-Christ [2] préparait silencieusement ses armes en attendant l'heure prochaine des batailles.

---

[1] *Studi e Documenti di storia e diritto,* anno V, fascicoli 1º-2º (Gennaio-Giugno, 1884). — *I Misteri e gl'inni di S. Ilario vescovo di Poitiers,* etc... (G.-F. Gamurrini).

[2] Athleta Christi. (Brev. d'Anne de Prye.)

CHAPITRE IV

(Vers 353)

VIE HEUREUSE. — LA GLOIRE
MORT DE SAINT MAXENCE, ÉVÊQUE DE POITIERS
ÉLECTION D'HILAIRE. — LES ÉVÊQUES MARIÉS
DEUX AMES CHASTES. — SACRIFICE
IDÉAL. — HILAIRE ORATEUR
LES COMMENTAIRES SUR SAINT MATTHIEU
ENTHOUSIASME

CHAPITRE IV

Les jours suivaient les jours. Hilaire avait atteint cet âge de pleine maturité où l'homme possède enfin son âme, et peut compter trouver en lui-même toutes les forces nécessaires aux grandes luttes de la vie. Les heures se passaient entre une femme tendrement aimée et une fille charmante, dans la plus ravissante harmonie d'aspirations et de pensées. Rien ne venait troubler dans son uniformité douce sa tranquillité laborieuse. Content des joies modestes qu'il trouvait à son foyer et dans l'étude ardemment poursuivie des divins mystères de la foi, il était loin, certes, de penser à la gloire. Il était déjà, du reste, assez haut en Dieu pour la dédaigner. La gloire vint néanmoins le trouver[1]. Une popularité immense, faite d'admiration pour son génie et de vénération pour sa sainteté, s'attacha à sa personne et fit voler son nom dans le vent du siècle jusqu'au delà des frontières de la Gaule[2].

L'évêque de Poitiers vint à mourir en ce temps-là. C'était Maxence, un frère de ce bon et pieux Maximin de Trèves, qui, Poitevin de naissance, était venu mourir, quelques années auparavant, à Silly, humble berceau d'une noble et sainte existence[3]. Grande émotion dans l'Église de Poitiers ! Suivant la coutume primitive[4], le peuple se rassemble en hâte ; il arrive dans la basilique comme un

---

[1] De tous pays venaient gens à Poitiers pour ouyr sa sapience. (J. Bouchet, *Annal. d'Aquit.*, p. 23.) — Excelsa quondam arbor in sæculo, Hilarius ædificavit Ecclesiam Dei. (Hieronym, *In ipsa.*) — Offic. prop. Pictav., 13 jan.

[2] Fortunat, *Vita S. Hilar.*, lib. I, n. 4.

[3] M. Lecoy de la Marche, ch. III, p. 136. — Biblioth. nat., F. lat. 4991 (XIIe siècle), 6042 (XIIIe siècle), 4955 (XIIIe siècle). — Besly, *Évêques de Poitiers.*

[4] Fleury, *Hist. ecclés.*, liv. XI, n° 19. — Morin, *De Sacris ordinationibus*, p. 265, in-f°, 1655. — *Traité historique et critique de l'élection des évêques*, t. I, p. 221 ; in-8°, Paris, 1792.

flot. Qui élèvera-t-il au trône pontifical ? Où trouver un saint à qui donner la succession du saint qui vient de mourir?

L'anxiété, si même elle exista, ne fut pas longue. Une même pensée agitait toutes les âmes. Un même nom s'offrait à toutes les mémoires. Tout à coup, succédant à ce confus murmure qui plane sur les foules, des acclamations formidables retentissent et font trembler les voûtes : « Hilaire évêque ! Il est digne ! Il est le plus digne ! Hilaire évêque [1]. »

Jamais la voix populaire, cette fois bien d'accord avec la voix de Dieu, ne s'était manifestée d'une façon plus spontanée, plus imposante et plus impérieuse.

Hilaire, averti, veut fuir ; mais on s'empare de lui et on le transporte de sa demeure patricienne au palais épiscopal, au milieu d'ovations indescriptibles. On eût dit, en effet, que le peuple avait le pressentiment des grandes choses que cet homme allait accomplir et de l'immortel honneur qui allait en rejaillir

[1] C'était l'acclamation d'usage à cette époque. (Dom Chamard.)

sur son Église et sur sa ville natale elle-même [1].

On voyait souvent encore, au IV° siècle, des hommes mariés investis du sacerdoce et même de l'épiscopat. Les fidèles allaient chercher leurs chefs parmi les plus exemplaires et les plus dignes d'entre eux, quelle que fût leur condition. Seulement, à partir de son élévation à l'une ou l'autre de ces dignités, il n'y avait plus d'époux pour l'élu du peuple dans la femme à laquelle le mariage avait antérieurement uni sa destinée. On n'eût pas compris que le ministre de Dieu descendît des hauteurs où le plaçait la vénération chrétienne, dans cette sphère immatérielle qu'habitent les anges et les saints. Celui qui aurait eu un enfant après sa consécration eût été regardé comme un adultère [2].

Cette nécessité fut-elle pour le nouvel évêque la source de quelque répugnance? Nullement.

[1] Fortunat, *Vita S. Hilar.*, lib. I, 4.
[2] Hieronym., *Contra Jovin.*, lib. I, cap. XXIV; *Contra Vigilant.*, n° 2. — S. Epiphan., *Hæres.*, LIX, n° 4, apud Patrol. græc., t. XLI, col. 1023. — Baron., *Ann. Chr.*, 355, p. 548. — Oct. Cf. dom Chamard, *Origines de l'Église de Poitiers*, ch. VIII, p. 164, note 1.

Il y avait déjà longtemps qu'Hilaire et sa compagne avaient compris ce qu'il y a d'élevé et de doux dans la chasteté parfaite, sans que leur fidèle amour en fût amoindri ; ils vivaient, depuis leur régénération, de cette vie mortifiée dans laquelle l'âme, dégagée des sens, conserve la pleine liberté de ses mouvements et de son vol. Nulle basse attache, nulle obligation de justice n'enchaînait Hilaire à son foyer. Quelque chose aurait pu le retenir : le déchirement de son cœur d'époux et de père, les larmes d'une femme et d'une fille. Mais ils étaient tous les trois de ceux qui savent qu'il faut abandonner tout pour Jésus-Christ, et broyer jusqu'à son propre cœur pour marcher à sa rencontre. La séparation, du reste, n'était pas l'éloignement. Ils restaient, sinon sous le même toit, du moins sous le même ciel du pays natal et dans les murs de la même cité. Rien ne l'arrêtait donc ; il pouvait se livrer tout entier, corps et âme, à cette vaste famille spirituelle pour laquelle Dieu venait de le revêtir d'une paternité nouvelle et plus sublime. C'est ce qu'il fit généreusement et sans attendre. Hilaire quitta son habitation domestique[1], et vint s'établir auprès de son église cathédrale, au flanc méridional de l'enceinte tracée jadis par le bâton de saint Martial, ce premier apôtre des Gaules[2].

Évêque ! ce mot éveillait dans l'esprit d'Hilaire l'idée de la plus haute magistrature et des plus graves obligations. Le pontife, à ses yeux, était un prince, un prince pour la dignité et les vertus. Pureté de vie et savoir, il devait avoir, selon lui, cette double auréole et ce double prestige. « Le saint, s'il n'est savant, disait-il, ne rend de service qu'à lui-même ; et s'il n'est saint, le savant n'a qu'une science sans autorité. La vertu est le plus bel ornement du savoir, et le savoir, le plus bel ornement de la vertu[3]. » — « Un évêque, disait-il encore, ne peut avoir une foi en l'air et sans fondement. S'il lutte, il faut qu'il ait

---

[1] Basilique de Saint-Hilaire-de-la-Celle. (Mgr Pie, *Œuvres*, VI, p. 313.)

[2] Bouchet, *Annal. de l'Aquit.*, 1re partie, ch. xi, p. 37. — Mgr Pie, *Œuvres*, VI, p. 315, 316.

[3] Hilar., *De Trinit.*, lib. VII, n° 1.

toutes les chances[1] ! » Avec la sainteté, la science, le courage, l'abnégation, le dévouement intarissable, la charité brûlante : tel est l'idéal qu'il se forme au début de sa carrière et qu'il va, par la grâce de Dieu, pleinement réaliser[2]. Car toutes ces qualités, il les a peu à peu, au cours des jours et par la constance de ses efforts, accumulées dans son âme; elles n'attendent que l'occasion pour éclater au dehors, éblouissantes et irrésistibles.

Quel jour pour Poitiers, quand le nouvel évêque fit entendre pour la première fois, du haut de la chaire sacrée, cette grande voix que saint Jérôme comparait aux flots majestueux et rapides du Rhône[3], et qui devait se répercuter dans les siècles! Ce fut comme un lever de soleil. Les clartés jaillissaient à flots de ce sublime génie, les flammes de ce cœur embrasé. Il prit l'Évangile, l'ouvrit à la pre-

---

[1] Hilar., *De Trinit.*, lib. XII, n. 20.

[2] Cum populum regeret divina mente sacerdos,
  Servabat legis fœdera sollicitus.
              (Fortunat, *Carm.*, lib. II, 16.)

[3] Hieronym., Præf. in II lib. *Comment. ad Galat.*

mière page, et se mit à l'expliquer en suivant pas à pas le récit de l'auteur sacré. La forme de ces discours ne nous est pas parvenue intacte. Les *Commentaires sur saint Matthieu* n'en renferment que la substance condensée. Pas un mouvement, pas un cri ; une langue précise et nerveuse, une vérité presque nue. Mais il est facile, quand on connaît l'homme par ses œuvres postérieures, de rendre souffle et vie à ces pages débordantes d'idées si belles. Sérénité, vigueur, vues originales et profondes, foi imperturbable, vif sentiment de la vérité évangélique, ces vertus de l'éloquence s'y montrent éclatantes comme le jour. En relisant ces pages, que saint Jérôme, son plus ardent admirateur, regardait, un siècle plus tard, comme inspirées [1], l'on comprend sans peine l'enthousiasme qui saisit la multitude dès les premiers essais [2], grandit

---

[1] Hieronym., *Proœm. in Explanat.* — Origen., *in Luc.* — Patrol. lat., t. XXVI, col. 220.

[2] Il faut reporter au même temps une exposition de l'Évangile selon saint Luc et plusieurs homélies, dont saint Jérôme et saint Augustin parlent souvent. — Voir M. le chanoine Aubert, *Hist. gén. du Poitou*, p. 179.

encore la renommée d'Hilaire et le plaça du premier coup au nombre des plus grands évêques de l'Église contemporaine [1].

[1] *Vita S. Hilar. ex ipsius scriptis*, n. 24. — *Hist. litt. de la France*, t. I, p. 1 (saint Hilaire), p. 148.

CHAPITRE V

354

TRÈVES ET POITIERS. — HEUREUSE NOUVELLE
L'ENTHOUSIASME DE L'ÉTRANGER. — VOYAGE
SAINT HILAIRE ET SAINT MARTIN
PREMIÈRE RENCONTRE. — MIRACLE. — SAINTE AMITIÉ
LE MAITRE ET LE DISCIPLE
LES FRÈRES. — SUEURS BÉNIES. — LA LUTTE

CHAPITRE V

Le pays où le nom d'Hilaire retentit avec le plus d'éclat, à partir du jour où sa conversion et son génie le révélèrent au monde, ce fut la vieille ville de Trèves. En voici la cause.

Deux évêques, Agricius et Maximin, venus de la capitale de l'Aquitaine dans la capitale de la Gaule-Belgique, avaient dès longtemps établi entre les deux villes des relations de sympathie et une sorte d'amitié fraternelle. Une petite colonie de compatriotes s'était fixée près des pontifes. Transplantés sur cette terre lointaine, les Poitevins, si à l'aise qu'ils y fussent, ne pouvaient se désintéresser de la mère patrie. De plus, à cette heure même Paulin, un autre fils de l'Aquitaine, était assis sur le trône de Maximin. Les cités sœurs, d'ailleurs toutes deux chrétiennes et orthodoxes, avaient, on le voit, mille raisons de se connaître. Rien d'important ne se passait ici qu'on ne le sût là-bas ; rien là-bas, qu'on ne le sût ici. Il y avait toujours sur les chemins quelques voyageurs allant de l'une à l'autre ; c'était un perpétuel échange de courriers. Épreuves et joies étaient communes [1].

Hilaire évêque ! Quand cette nouvelle parvint à Trèves, ce fut une explosion d'enthousiasme aussi sincère et presque aussi vive qu'à Poitiers même. Tous les catholiques tressaillirent d'espérance et saluèrent de loin l'astre nouveau qui se levait sur l'Église.

Il y en eut un parmi eux, un étranger, un soldat devenu moine [2], âme tendre et impétueuse, avide de sainteté pour elle-même et de gloire pour l'Église, que les récits populaires émurent plus profondément. Cet homme, venu des plaines de la Pannonie et des camps de

---

[1] M. Lecoy de la Marche, *Saint Martin*, ch. III, p. 135 et suiv.

[2] Dom Chamard, *Saint Martin et son monastère de Ligugé*, ch. III et IV.

César jusqu'à Trèves, où l'avait attiré la présence de saint Maximin et de ce sublime exilé, héros des grandes luttes d'Orient, Athanase, reprit encore une fois son bâton de voyageur et s'achemina, à travers les vastes forêts de la Gaule, vers cette ville de l'Aquitaine où le nouvel astre montait à l'horizon dans la splendeur de son magnifique lever [1].

On était au mois de mars 354 [2]. Un jour, tout près de l'ancien sanctuaire de Saint-Martin-entre-les-Églises [3], un inconnu aborde Hilaire. C'était un homme petit de taille et trapu, mais robuste et, semblait-il, d'une extraordinaire agilité. Son visage, à peine régulier, était beau cependant, mais de cette beauté supérieure qui vient toute de l'âme et qui en est le rayonnement sur la chair. Elle était faite de pureté, de sérénité, de droiture, de force et d'infinie douceur. Tel qu'il était, cet inconnu avait je ne sais quel charme aus-

---

[1] Clarissimum Ecclesiæ sidus. (*Vita ex ipsius scriptis*, n. 1.)
[2] Dom Chamard, *Saint Martin et son monastère de Ligugé*, ch. III, p. 17.
[3] Attenant à la cathédrale et récemment relevé de ses ruines.

tère auquel il était impossible de se dérober. Une séduction irrésistible sortait de lui [1]. L'évêque et l'étranger s'entretinrent longuement, puis se retirèrent ensemble. Chose merveilleuse ! les dalles sur lesquelles ils s'étaient arrêtés dans cette première rencontre avaient gardé la miraculeuse empreinte de leurs pieds [2]. Une curiosité avide s'empara de toute la ville. « Quel est donc cet homme ? » se disait-on. « D'où vient-il ? Que veut-il ? » On connut enfin l'histoire de l'étranger, et l'on confondit dans une même vénération Martin [3], l'ancien soldat devenu religieux, et le grand évêque qu'il avait choisi pour son maître dans l'apprentissage des hautes vertus chrétiennes [4].

[1] Lecoy de la Marche, *Saint Martin*, ch. v, p. 337-338.

[2] Usque nunc etiam, in cœnobio Sancti Petri Pictavis, ubi primo se obviaverunt (Hilarius et Martinus), ante ecclesiam quæ postmodum constructa est in honorem prædicti sancti Martini, eorum vestigia solo impressa manent. (*Codex ms.*, Bibliothec. reg.) — Dom Chamard, *Orig. de l'Égl. de Poitiers*, p. 184, note 3.

[3] « Sainct Martin, qui avoit abandonné la chevalerie mondaine, poursuivant la spirituelle, arriva à Poictiers pour estre disciple de sainct Hilaire ; car il étoit ja baptisé. » (J. Bouchet, *Annal. d'Aquit.*, p. 37.)

[4] Sulpit. Sever., *Lib. de vita sancti Martini*, iv. — La *Vie*

Hilaire et son disciple s'étaient pris l'un pour l'autre, dès le premier regard, de cette tendresse épurée, mais passionnée cependant, qui s'alimente dans le cœur des saints à la même source que le surnaturel amour qu'ils donnent à Dieu. Comment, du reste, ces deux âmes ne se seraient-elles pas comprises ? Elles étaient sœurs par les nobles et généreux instincts de leur nature, par le zèle ardent qui les dévorait l'une et l'autre, et jusque par cette intelligence des choses éternelles qui devait faire du disciple d'Hilaire, sinon un écrivain de sa taille, du moins un des orateurs les plus puissants et les plus populaires qui furent jamais.

Hilaire jugea du premier coup d'œil quelles ressources il y avait dans cette âme et quelle force pouvait être ce jeune homme. Il résolut de l'attacher à son Église. Il manda Martin et lui offrit l'ordre du diaconat. Refus. L'évêque insiste; le disciple persiste. En vain Hilaire revient-il à la charge et essaye-t-il de faire va-

de saint Martin, évêque de Tours, etc., p. 21 et suiv., imprimée à Tours M. DC. XCIX, avec privilège du roy.

loir toutes les considérations divines et humaines. Ses efforts se brisent contre une humilité invincible. La dignité du diaconat effrayait Martin. Il fallut qu'Hilaire inventât un expédient. « Puisque vous refusez les ordres majeurs de la cléricature, lui dit-il un jour, je vous donnerai ce qui vous convient, le plus dédaigné des ordres inférieurs, celui d'exorciste. Cet ordre vous conférera, du reste, pleine puissance contre le démon, votre ennemi. » Martin consentit cette fois et reçut l'ordre d'exorciste. C'était, d'après la discipline alors en vigueur dans l'Église, un lien indissoluble : il appartenait désormais et pour toujours à l'Église de Poitiers [1].

Hilaire le réunit ainsi au petit troupeau privilégié, composé de clercs et de moines, auquel son palais épiscopal servait d'asile, et dont il était le père et le guide : sorte de séminaire où il essayait de former des pasteurs pour les générations à venir. Les aspirants au sacerdoce avaient là, certes, le meilleur maître qui

[1] Bolland., 13 jan., n. 28, p. 68. — Dom F. Chamard, *Saint Martin et son monastère de Ligugé*, ch. III, p. 23 et 24.

se puisse rêver, et le plus intelligent initiateur aux vertus qui font les saints, comme aux sciences qui font les docteurs des peuples. Tous du reste le sentaient, et Hilaire n'avait qu'à abaisser les yeux sur les *Frères* [1] (c'est de ce doux nom qu'ils s'appelaient entre eux) pour voir comme à la lumière du jour que ses sueurs n'étaient pas perdues. Juste, Martin, Léonius grandissaient à ses côtés en sainteté et en doctrine. L'évêque et son Église pouvaient se bercer des plus doux rêves : le présent répondait de l'avenir.

L'évêque n'a qu'un devoir : instruire et gouverner son troupeau. Semeur de vérités et de vertus, c'est le champ qui lui est échu en héritage qu'il doit avant tout labourer, retourner, ensemencer, arroser, féconder. Mais est-ce qu'un évêque peut enfermer son âme dans les limites d'un diocèse ? Est-ce qu'il peut, quand l'Église dont il est prince et père souffre et combat, se désintéresser des luttes qu'elle soutient et des tempêtes qu'elle essuie ? — Non,

---

[1] Sulpit. Sever., *Vita S. Martini*, v.

un jour vient où son zèle l'emporte. Il revêt son armure comme un guerrier et entre en lice. C'est ce que l'évêque de Poitiers va faire. L'atmosphère est déjà lourde, comme à ces heures sombres qui précèdent les grands orages. L'Église va avoir à souffrir les plus cruelles douleurs et à combattre les plus rudes combats. L'Orient est déjà en feu. Hilaire voit le péril, son cœur s'émeut, et il s'apprête à se dresser devant l'ennemi, champion intrépide de la bonne cause.

CHAPITRE VI

(353-355)

LA DOCTRINE D'ARIUS
L'ARIANISME SUR LE TRÔNE. — LA PERSÉCUTION
ARLES ET MILAN. — HILAIRE ENTRE EN LICE
LETTRE A CONSTANCE. — HABILETÉ ET AUDACE. — L'AVENIR

CHAPITRE VI

C'était le temps où la doctrine arienne, partie d'Alexandrie, menaçait d'envahir l'univers [1]. On connaît cette erreur fameuse. Elle fut la première, la plus impie et la plus terrible des hérésies qui aient jamais déchiré le sein de l'Église. « Arius s'inscrivait en faux, non pas seulement contre tel ou tel point de la doctrine de Jésus-Christ, mais contre la divinité de Jésus-Christ lui-même, de Jésus-Christ envisagé dans sa propre personne et dans sa na-

[1] Arius, curé d'un district d'Alexandrie, fut l'auteur de cette détestable doctrine. Né en Cyrénaïque vers 280, il mourut à Constantinople en 336. Il fut solennellement condamné par le concile œcuménique de Nicée, en 325. Nous ferons mieux connaître ce trop célèbre personnage dans la dramatique *Histoire de saint Athanase*, que nous nous proposons de publier prochainement.

ture la plus relevée, dans sa nature céleste. Par cette audacieuse négation, le Verbe de Dieu devenait une créature : la plus parfaite, la plus ancienne de toutes, si l'on veut, mais enfin une créature ; le Fils n'était plus coéternel, ou à tout le moins consubstantiel au Père.

« Le système d'Arius, pas plus au ciel que sur la terre, ne laissait rien subsister de ce que le chrétien adore. Avec la divine Incarnation et la divine Rédemption succombait avant tout le premier des mystères, le mystère de la Trinité divine, et par là s'évanouissaient toute connaissance et tout culte du vrai Dieu. Car, ainsi que notre saint docteur l'a fait observer tant de fois, si le Verbe n'est pas vraiment Fils, le principe duquel il procède n'a pas droit au nom de Père. La suppression de la filiation divine entraîne celle de la divine paternité. Et alors que reste-t-il du Dieu véritable qui s'est révélé à nous par les prophètes et par l'Évangile, c'est-à-dire du Dieu en dehors duquel il n'y a qu'idole et mensonge [1] ? »

[1] Mgr Pie, *Œuvres*, VI, p. 558.

Cette doctrine équivalait, comme on le voit, à un véritable déicide, et le siècle qui l'avait vue naître et qui l'acceptait s'en allait tout droit à l'abîme [1]. Les nouveaux apôtres, en niant le Christ de l'Évangile, prêchaient un autre Christ et un autre Dieu [2]. C'était une foi nouvelle qu'on voulait fonder, comme si la foi n'eût pas existé, inscrite depuis trois siècles dans le cœur des fidèles [3].

L'avènement d'Hilaire à l'épiscopat avait coïncidé avec l'époque la plus orageuse de ce siècle orageux qui fut le quatrième. L'arianisme, monté sur le trône avec le fils de Constantin, Constance, ce despote à courte vue, se servait, pour égorger l'orthodoxie, du glaive de l'empire [4]. Une rumeur formidable, dans laquelle se heurtaient et se mêlaient des injures de bourreaux et des cris de victimes, s'élevait des villes d'Orient et remplissait le monde. Seule, par-dessus tout, éclatante et obstinée,

---

[1] Hilarius, *Tract. in I Psalm.*, n. 3. Ignorantes non minoris impietatis esse, Deum fingere, quam negare.
[2] Hilarius, *De Trinit.*, lib. XI, n. 4.
[3] Id., *Ad Constant.*, lib. II, n. 6.
[4] Lebeau, *Hist. du Bas-Empire*, II, liv. VII, p. 2.

la grande voix du lutteur intrépide, de l'immortel Athanase, retentissait, revendiquant la liberté de la croyance et répondant aux innovations hérétiques par le *Credo* de Nicée. Spectacle lamentable et inouï ! un empereur chrétien persécutait des chrétiens avec la brutalité barbare des premiers persécuteurs. Le trouble grandissait et envahissait tout comme une mer qui monte. Les âmes, désorientées, tremblaient, anxieuses [1].

Que de fois Hilaire, averti par les récits qui circulaient dans les foules, avait pleuré en silence les malheurs de l'Église ! La Providence, en rapprochant de lui le théâtre des scènes odieuses de la persécution, allait encore augmenter sa douleur et le jeter bientôt, frémissant, dans la mêlée ardente [2].

C'était vers la fin de l'an 353. Constance, vainqueur de Magnence, l'audacieux usurpateur de l'Occident, avait poursuivi ses marches

---

[1] Hilar., *De Synod.*, p. 1151, n. 2; *Ad Constant.*, lib. 1, 1-6. — Baron., IV, *Ann. chr.* 355, n. 88, 89.

[2] Beatus Hilarius, Arianorum potentissimus atque acerrimus expugnator. (Facund. Hermianens., lib. I, ch. IV.) — Baron., IV, *Ann. chr.* 355, n. 72.

triomphantes jusque dans le midi de la Gaule. Il s'était arrêté dans la ville d'Arles. Entouré d'évêques ariens, ses âmes damnées [1], toujours là pour exciter son ardeur de sectaire, l'empereur, sous prétexte d'en finir avec l'éternelle controverse qui divisait l'Église, après cent conciles déjà rassemblés, en convoqua un autre [2] dans la ville même où il résidait [3]. Dans la réalité, ce qu'il voulait, c'était la

---

[1] Sulpit. Sever., *Hist.*, lib. II, n. 55.

[2] *Vita S. Hilarii ex ipsius script.*, n. 26. — Bolland., 13 jan., n. 27, p. 68. — Hilar., *Fragment.*, p. 1331. — Sulpit. Sever., lib. II, cor. 52-55. — Socr., lib. II, ch. v. — Sozom., lib. IV, ch. v. — Hermant, *Vie de saint Athanase*, t. I, liv. VI, ch. xxvii-xxix. — Fleury, *Hist. eccl.*, liv. XIII, ch. x. — Till., *Ariens*, 49, 50. — Héfélé, *Hist. des conciles*, t. II, p. 32 et suiv.

[3] « Séjour du préfet de l'empire, illustre par ses monuments, remplie de Celtes et de Grecs qui venaient échanger dans ses murs leur langue et leurs marchandises, elle tenait, pour ainsi dire, dans ses mains la clef de l'Europe méridionale, en reliant, soit par la route des Alpes, soit par le littoral de la Méditerranée, Rome à l'Italie, aux Gaules et à l'Espagne. Les deux bras du Rhône et les deux grandes voies romaines lui apportaient les tributs des nations. Enfin les collines qui la couvrent et les îles célèbres qui s'élèvent au milieu des étangs dont elle était entourée, ajoutaient encore aux charmes du paysage et aux richesses d'une terre chantée par les poètes comme une terre aimée des dieux. » (Mgr Besson, *Panégyr. de saint Trophime*, 1883.)

condamnation d'Athanase et l'abolition du dogme dont ce grand homme s'était fait le champion indomptable [1].

Le concile, impressionné par la présence de l'empereur et par ses menaces, faiblit. Les légats du pape eux-mêmes eurent la lâcheté de souscrire aux volontés du despote.

C'était fini, l'Orient et l'Occident s'embrassaient dans l'hérésie.

Libère, le vieux pape, pleura amèrement à cette nouvelle et protesta en demandant la convocation d'un nouveau concile à Milan [2].

Constance accorda volontiers la demande. Qu'avait-il à redouter ? N'avait-il pas éprouvé ce que peut, même sur une âme d'évêque, le prestige de la force et l'éclair du glaive impérial ?

A Milan, la lutte fut ardente. Il y avait là des évêques dignes de ce nom, capables de

---

[1] V. le P. de Ravignan, *Panégyrique de saint Hilaire*, t. IV, p. 626.

[2] Duplici affectus mœrore, mihi moriendum magis pro Deo decrevi, ne viderer novissimus delator, aut sententiis contra Evangelium commodare consensum. (Hilar., *Fragm.*, VI, p. 1335, n. 3.) — Mansi, t. III, p. 201.

résister en face à la toute-puissance et accessibles à nulle autre crainte qu'à la crainte de Dieu. Lucifer de Cagliari, Eusèbe de Verceil et d'autres se couvrirent en ces jours-là d'une impérissable gloire [1]. Mais, hélas! en dépit de leurs magnanimes efforts, le résultat fut le même que naguère au concile d'Arles. La majorité fut pour l'empereur contre Athanase, pour le persécuteur contre le persécuté, pour l'hérésie contre la foi [2].

Outré par la résistance et enfiévré par le succès, Constance se redressa contre tous ceux qui avaient été assez hardis pour le regarder en face et qui restaient assez forts pour ne pas plier sous sa main. Paulin de Trèves, pour n'avoir pas voulu signer le rescrit d'Arles, languissait déjà, promené d'exil en exil, dans l'abandon terrible où il devait bientôt lente-

---

[1] Bien qu'une ancienne *Vie de saint Eusèbe de Verceil* (Mansi, *Concil.*, III, 247) joigne le nom d'Hilaire aux noms de ces glorieux confesseurs, il paraît certain que l'évêque de Poitiers n'assistait pas au concile de Milan.

[2] Hilar., *Ad Constant.*, lib. I, n. 8. — Athanas., *Ad Monach.*, t. I, p. 363; *Apol.*, I; *De fuga*, p. 322. — Ruf., lib. X, c. xx. — Soc., lib. II, c. xxxvi. — Theod., lib. II, c. xv. — Sulpit. Sever., lib. II, 55.

ment mourir. Ce fut le tour des évêques courageux et incorruptibles de Milan. Eusèbe de Verceil, Denys de Milan, Lucifer de Cagliari furent arrachés à leur siège, remplacés par des ariens et semés violemment aux extrémités de l'empire. Le pape lui-même, ne voulant pas ratifier les décrets impies du concile, fut enlevé de Rome à la faveur des hérésies et banni à son tour [1].

L'Église en était là ! Jours de malheur ! des officiers impériaux allaient frapper au seuil de tous les évêchés : « Signez ! » disait-on aux évêques, en leur présentant le rescrit d'Arles et de Milan. S'y refusaient-ils, on les arrêtait. Et si le peuple mutiné s'opposait au départ de son pasteur, les soldats, l'épée nue, tombaient sur la foule, enchaînaient les uns, battaient les autres, fouettaient les vierges publiquement dépouillées et laissaient, en s'en allant, la ville infortunée dans la consternation et dans le deuil [2].

Partout des violences ; partout des intru-

---

[1] Héfélé, *Hist. des conciles*, t. II, p. 34 et suiv.
[2] *Id., ibid.*, t. II, p. 38, note 1.

sions ; partout des scandales ; partout la torture, la flagellation, l'exil ; partout du sang et des larmes [1].

Quand la nouvelle de tant de calamités réunies tomba sur l'âme d'Hilaire, le saint évêque en fut tout meurtri. L'honnête homme, le chrétien, le pontife, tout en lui se révolta [2]. Il poussa un cri qui fut entendu de la Gaule tout entière. Ses collègues dans l'épiscopat s'assemblent à sa voix [3], anathématisent à l'unanimité Ursace et Valens, les deux promoteurs du concile et les deux meneurs de la cabale arienne, et chargent l'évêque de Poitiers de se faire leur interprète et de porter aux pieds du prince la plainte des peuples [4].

Hilaire eut le courage, quel que fut le péril,

---

[1] L'exil surtout dépeuplait les cités. C'était un spectacle cruel qui choquait jusqu'aux païens eux-mêmes. Sur les grandes routes on ne rencontrait, disaient-ils, que des prêtres émigrants, si nombreux, qu'il n'y avait plus de place pour les autres. (Gervaise, *Hist. Tripart.*, liv. III, p. 35.)

[2] Baron., IV, *Ann. chr.*, 355, n. 72, p. 548.

[3] Hilaire convoqua très probablement à Poitiers même un concile composé de tous les évêques des Gaules qui n'étaient pas à Milan.

[4] Hilar., *Cont. Constant.*, lib. I, n. 2, p. 1238. — *Ann. chr.*, 356, n. 107, p. 575.

d'écrire à Constance et de demander la liberté religieuse à son pire ennemi. Il le fit avec la franchise d'un homme sincère, avec l'autorité impérieuse d'un évêque qui défend la foi et la modération savante d'un homme du monde. Cette première lettre à Constance est un chef-d'œuvre d'éloquence ferme et courtoise [1].

« Libéral par nature, dit-il en commençant, prince, heureux Auguste, vous l'êtes aussi par volonté. Que de fois déjà, de la source de votre bienveillance paternelle, la miséricorde a jailli à flots! Aussi ai-je l'espoir d'être exaucé à mon tour. Hélas! ce n'est pas avec des paroles, c'est avec des larmes que nous venons vous conjurer de mettre un terme à l'oppression qui afflige l'Église catholique, aux insoutenables persécutions, aux sanglants outrages qu'elle subit, choses trois fois déplorables, de la part de nos frères. Veuillez donc donner des ordres pour que les magistrats à qui incombe l'administration des provinces restent dans les limites de leurs attributions, ne s'occupent plus

[1] Baron., *Ann. chr.*, t. V, 360, n. 3.

de religion, cessent désormais, dans leur présomption usurpatrice, de juger des évêques et d'employer toutes les tortures, menaces, supplices, terreurs, pour opprimer des hommes inattaquables.

« Votre haute et admirable intelligence le comprendra : il n'est ni bon ni convenable de pousser des hommes à se soumettre, malgré eux et sous l'empire de la violence, à des prélats qui n'ont d'autre occupation que de semer partout les germes corrompus d'une doctrine adultère. Prince, vous travaillez, vous gouvernez l'État par de sages principes ; comme un soldat au guet, vous veillez jour et nuit afin que tous vos sujets jouissent des douceurs de la liberté.

« Eh bien ! il y a tout autant de raisons d'apaiser les troubles et de resserrer les nœuds brisés, si vous voulez que chaque citoyen puisse, libre de toute servitude, vivre à sa guise. Écoutez cette voix des opprimés qui en appellent à votre clémence. Ils vous crient :
« Je suis catholique, je ne veux pas être héré-
« tique ; je suis chrétien, je ne veux pas être

« arien ; non, j'aime mieux mourir que de cé-
« der au pouvoir humain et souiller la virginité
« pure de ma foi[1] ! »

« Ne comprenez-vous pas, très glorieux empereur, que c'est le comble de l'injustice d'arracher les troupeaux de Jésus-Christ à leurs légitimes pasteurs, de rompre par l'épée des liens que la charité catholique a formés dans l'Esprit-Saint ?

« Vous voulez la paix, dites-vous. Ne contraignez donc pas les consciences fidèles à une alliance impossible entre la vérité et l'erreur, entre les ténèbres et la lumière, entre la nuit et le jour.

« La paix, si l'on peut appeler de ce nom le triomphe de la brutalité et de la force, n'existe que pour les fauteurs de l'arianisme. Eux seuls ont la liberté de propager partout le venin de leurs erreurs. Cependant les plus illustres d'entre les pontifes, de vénérables évêques dont la sainteté et le courage sont admirés de tout l'univers, languissent dans l'exil, relégués

---

[1] Ce qui suit n'est que la traduction abrégée, mais fidèle cependant, de M. Darras. (*Hist. de l'Église*, t. IX, p. 403.)

au désert, déportés chez les nations barbares. Pour que la liberté fût égale, il faudrait commencer par rappeler sur leurs sièges ces glorieux confesseurs de la foi...

« Quel droit, quel privilège peuvent donc revendiquer les ariens ? Il y a quatre cents ans bientôt que le Fils unique de Dieu daigna descendre du ciel pour racheter le genre humain. Depuis lors, les apôtres, les docteurs, les martyrs, n'ont pas manqué dans l'Église. Jamais cependant on n'y connut la doctrine arienne... Tous les noms des fauteurs de l'arianisme sont des noms contemporains : Eusèbe de Nicomédie, Eusèbe de Césarée, Narcisse de Néroniade, Théodore d'Héraclie, Étienne d'Antioche, Acace de Césarée, Ménophante d'Éphèse. Faut-il y joindre ces deux jeunes téméraires, dont l'ignorance égale la présomption, Ursace et Valens ?...

« N'oubliez pas, auguste empereur, que votre Dieu ne veut pas d'hommages forcés. La foi qu'il demande ne saurait s'exiger par des tortures. Il repousse les adorations hypocrites.

« Que signifient donc les fers dont on charge

les mains de prêtres vénérables, pour les forcer à croire ou à ne croire pas? Les évêques sont jetés au fond des cachots; les fidèles sont gardés à vue par une soldatesque armée ; les vierges du Seigneur sont livrées aux brutalités de la foule ; on appelle à ces spectacles qui font rougir la pudeur une multitude avinée. Que leur demande-t-on cependant : Êtes-vous chrétien? Non, mais : Êtes-vous arien ? Toutes ces atrocités se commettent au nom de l'empereur. »

Et le noble évêque continue sur ce ton, dénonçant au prince qu'il croit meilleur qu'il n'est les crimes horribles des ariens. Puis le manuscrit qui nous a conservé cette première épître d'Hilaire s'arrête, brusquement interrompu. C'est regrettable. Cependant ce qu'on vient d'en lire suffit pour nous permettre de juger de l'habileté et de l'audace de l'écrivain. Si la forme est réservée et même douce, le fond est austère comme l'implacable vérité.

Constance, en recevant cette lettre, bondit, deux fois humilié d'être blâmé et bravé. Le tyran ne pensait pas à Hilaire, peut-être même ne le connaissait-il pas. Ce cri que cet homme lui jetait, par-dessus les montagnes, de sa ville perdue dans les Gaules, lui révéla son existence et sa force, et il éprouva le désir qu'il éprouvait devant toutes les résistances et toutes les grandeurs, le désir de l'écraser. Quelques jours encore, et sa main va s'appesantir cruellement sur le généreux évêque [1]. Hilaire, jugé digne de souffrir pour la grande cause, n'aura plus ni paix ni repos [2]. Avenir troublé et pourtant splendide! La souffrance est une bénédiction. L'âme grandit et s'embellit dans l'épreuve, et, pour les soldats de Jésus-Christ, qui ne le sait? il y a des défaites qui triomphent à l'égal des plus belles victoires.

[1] Baron., *Ann. chr.*, t. IV, 355.
[2] Iniquitas enim prædicatorem necesse est oderit veritatis.

CHAPITRE VII

(355-356)

CALME ET PROSPÉRITÉ. — UN SONGE
DOULOUREUSE SÉPARATION. — LES COLÈRES
TENTATIVE CONTRE HILAIRE
A BÉZIERS. — L'ATTAQUE ET LA DÉFENSE. — TUMULTE
ÉDIT DE PROSCRIPTION. — L'ATHANASE DES GAULES

CHAPITRE VII

Hilaire attendait, calme, le résultat de sa tentative hardie. Tout, autour de lui, partageait sa paix. Son Église prospérait à merveille sous ses yeux, et si l'écho de la persécution arrivait jusqu'à elle, la persécution elle-même lui restait inconnue[1]. Elle conservait, sans que personne osât encore y porter atteinte, cette pureté des saines croyances qu'il appelait naguère l'intacte virginité de la foi[2]. Sans appréhensions, parce qu'il était au-dessus de toute crainte, l'évêque de Poitiers était tout entier au bonheur de voir fleurir la vérité et la vertu dans le champ confié à ses soins, quand un événement inattendu

---

[1] Hilar., *De Synod.*, n. 2-3.
[2] *Ad Constant. August.*, lib. I, n. 2.

vint lui apporter la plus douloureuse surprise.

Qu'était-ce donc?

Oh! rien d'absolument grave : son cœur d'homme était seul atteint. Il en souffrit cependant beaucoup, car Hilaire s'attachait à ses amis avec une vraie passion.

Un jour Martin, le plus aimé de ses disciples, se présenta devant lui. Il était triste et baissait le front : « Père, dit-il, j'ai fait cette nuit un songe étrange! » Et le jeune homme se mit à lui raconter que Dieu lui avait ordonné pendant son sommeil de retourner en son pays natal. « Mon pays, ajouta-t-il, est plongé dans les ténèbres de l'idolâtrie : je dois aller y faire briller la lumière de la foi. C'est une mission que Dieu me donne; je le sens à l'obsession de la pensée qui me tourmente, au sentiment irrésistible et profond qui me trouble et qui me pousse. »

Pendant qu'il parlait, de grosses larmes roulaient dans les yeux de l'évêque et ruisselaient sur ses joues.

Quand Martin eut achevé : « Puisque Dieu

vous appelle, dit Hilaire en sanglotant, allez, mon fils! Mais, au nom de ce même Dieu, revenez bientôt; c'est à cette terre des Gaules que vous devez votre vie! »

Ils s'embrassèrent longuement et se séparèrent, le cœur mortellement serré.

Le jeune homme, marchant vers le soleil levant, se dirigea vers les lointains rivages de la Pannonie. La Providence, pendant ce voyage, veillera sur son élu. Fidèle à sa promesse, Martin reviendra, sa mission accomplie, dans ce palais épiscopal où il a rencontré, avec la douceur d'une hospitalité généreuse, les plus beaux exemples, les plus éclatantes lumières et les plus tendres affections. Mais ce ne sera qu'après de longues souffrances et de terribles orages. Ils trouveront alors, dans la joie presque inespérée de se revoir, la récompense de leur mutuel sacrifice [1].

---

[1] *La Vie de saint Martin de Tours*, M. DC. XCIX, 1er livre, p. 23 et suiv. — *Saint Martin*, par Lecoy de la Marche, III, p. 135. — *Saint Martin et son monastère de Ligugé*, par Dom Chamard, ch. III, p. 24.

Cependant de grandes colères mugissaient contre Hilaire sur les rives du Rhône. Saturnin d'Arles, Paterne de Périgueux, tous les ariens que l'audacieux évêque avait naguère flétris et séparés de sa communion cherchaient un moyen de se venger [1]. Ils écrivaient à Constance, ils faisaient des démarches auprès du César-Julien, créé depuis quelque temps gouverneur des provinces transalpines. Mais Constance était trop loin, Julien trop occupé dans sa lutte contre les barbares et trop insouciant pour l'heure des débats religieux [2]. Efforts et peines furent perdus. Faute de mieux, il fallut recourir à la convocation d'un concile.

Béziers fut choisi pour le rendez-vous.

Il semblerait que l'esprit de discorde n'eût pas pu s'élever jusqu'au sommet où cette ville est assise dans le charme célèbre de son site incomparable [3].

Il n'en fut rien.

---

[1] Hilar., *Fragm.*, 11, p. 1355.
[2] Ammian. Marcell., lib. XV. — Baron., IV, 549-550.
[3] Si vellet Deus in terris habitare, Biterris.

Quand Hilaire arriva, Saturnin d'Arles, ce mauvais génie[1], avait déjà la présidence. La froideur de l'accueil qu'on lui fit, certaines paroles acérées, certains regards haineux lui révélèrent du premier coup à quelles fins ces hommes s'étaient rassemblés. Il ne s'agissait pas de condamner les ennemis de l'Évangile; l'ennemi, c'était lui-même.

Pénible, mais nécessaire aveu! les sentiments les plus vils s'agitaient au cœur des dépositaires de la foi. L'orgueil et la haine régnaient en eux, implacables, farouches, à la place sacrée où l'on eût dû voir fleurir le bel amour de la vérité et des âmes.

Hilaire en souffrit beaucoup, mais n'en fut ni scandalisé ni déconcerté. Il conserva sa fière et digne attitude, résolu à combattre sans lâcheté et résigné d'avance à tout subir, l'outrage, l'exil, la mort même, plutôt que de trahir son divin mandat de successeur des apôtres.

Il entendit soutenir là pour la première fois

---

[1] Vir sane pessimus et ingenio malo pravoque (Sulpit. Sever., lib. II.) — Hilar., *In Auxenti*.

les doctrines ariennes[1]. Ce Verbe, qu'il avait adoré avec tant d'émotion aux premières pages de saint Jean, n'était plus vraiment Dieu. Créature comme tout ce qui est sorti de Dieu, rien ne lui appartenait en propre. C'était un homme choisi, un élu des caprices divins, une substance capable de transformations et de perfectionnement, fragile et muable.

On parla de souscrire à ces vérités nouvelles et de condamner encore une fois leur adversaire acharné, cet Athanase d'Alexandrie dont cent condamnations n'avaient encore pu vaincre l'inqualifiable entêtement.

En entendant ce langage, Hilaire n'y put tenir. Il se redressa de toute sa hauteur, et, toisant de son ferme et fier regard tous ces artisans d'iniquité, corrupteurs dépravés de la foi évangélique[2] : « Vous blasphémez! » dit-il, et, dans cette langue hardie et sincère qui était la sienne, il protesta contre ce qu'il avait été forcé d'entendre devant les évêques réunis de la Gaule et des nations voisines.

[1] Hilar., *Ad Constant. imperat.*, lib. I, n. 2.
[2] Hilar., *Fragment.*, I, n. 5.

A un moment, il arrêta son œil de feu sur Saturnin d'Arles et ses partisans : « Je m'offre à montrer, s'écria-t-il, comment ceux-ci sont hérétiques !... Je m'offre à montrer aussi qu'en demandant la condamnation d'Athanase, ce qu'ils veulent, c'est la condamnation de la vérité. On veut corrompre et changer l'Évangile, ruiner la foi, et, par une fausse confession du nom de Jésus-Christ, introduire l'erreur dans la société chrétienne!... »

Les ariens eurent peur de cette rude franchise. L'orateur fut interrompu par mille cris et ne put donner aux choses l'étendue, l'ordre et la netteté qu'elles méritaient. Vainement les supplia-t-il de lui accorder la liberté de la parole. Ils se bouchèrent les oreilles et refusèrent de l'entendre[1]. Insensés qui s'imaginaient pouvoir tromper Dieu en fermant volontairement les yeux à la lumière et en agissant à l'aveugle de propos délibéré! Un orage formidable s'éleva contre l'intrépide contradic-

---

[1] Hilar., *Contra Constant. imperat.*, lib. I, n. 2. — Baron., IV, *Ann. chr.* 356, n. 108, p. 575.

teur et éclata sur sa tête en une sentence de déposition [1].

C'était le prélude d'une iniquité plus grande. Grâce aux excitations perfides d'Ursace, de Valens et de Saturnin d'Arles [2], Constance et Julien, l'un par politique, l'autre par indifférence coupable, intervinrent dans la lutte et lancèrent contre l'évêque de Poitiers un ordre d'exil [3], sous l'inculpation d'un crime abominable.

Quel crime?

L'histoire, qui n'y a jamais cru, ne le rapporte pas. L'illustre accusé n'en a rien dit lui-même, sinon que l'action qui lui fut alors imputée était indigne du caractère sacré d'un évêque et de l'honneur même d'un simple laïque [4].

Quoi qu'il en soit, les glorieuses épreuves

---

[1] Bolland., 13 jan., n. 29, p. 68. — Héfélé, *Hist. des conciles*, t. II, p. 45.

[2] Hilar., *De Synod.*, n. 2. — *Ad Constant. August.*, lib. II, n. 2. — Dom Constant, n. 38.

[3] Godefroy Hermant, *Vie de saint Athanase*, t. II, p. 137 et suiv. — Till., t. VII, p. 440.

[4] Hilar., *Ad Constant. August.*, lib. II, n. 2.

ont commencé pour Hilaire. Il s'en ira sur la terre étrangère expier le crime de n'avoir pas voulu entrer dans ce qu'il appelait la *Synagogue de l'Antéchrist.*

Il méritera désormais le beau nom que lui a décerné la juste postérité : il était l'Athanase des Gaules, l'homme de l'orthodoxie en Occident, plus fort que la contradiction et que la persécution, éloquent défenseur et martyr magnanime des saintes croyances[1].

---

[1] Il n'y a que deux chapiteaux sculptés dans l'église Saint-Hilaire : l'un représente la mort du saint Pontife, et l'autre la fuite en Égypte.

Mgr Barbier de Montault a trouvé le rapport qui existe entre ces deux scènes.

Aux jours de la fuite en Égypte, la sainte Famille, surprise par le soir, avisa à Héliopolis le portique d'un temple païen pour y passer la nuit. Mais l'enfant Jésus était à peine entré, que toutes les statues du temple idolâtrique s'écroulent à la fois. Le prêtre de garde accourt au bruit et trouve les saints voyageurs sous le porche.

Or ce prêtre était saint Aphrodis, lequel, converti sur l'heure par Jésus-Christ lui-même, quitta son pays, vint dans les Gaules, et devint le premier évêque de cette ville de Béziers, où Hilaire fut condamné à l'exil.

DEUXIÈME PARTIE

PENDANT L'EXIL

(356-360)

> Exsulamus semper, dummodo incipiat verum prædicari.
> (Hilar., *De Synod.*, 78.)

CHAPITRE I

(356)

LES DEUX EXILÉS. — LE LIERRE ET LE CHÊNE
TRISTESSE ET CONSOLATION
BELLE ATTITUDE. — EN PHRYGIE. — L'ÉGLISE D'ORIENT
CHAOS. — SEMI-ARIENS. — CONCILIATION
ADMIRABLE PATIENCE D'HILAIRE
LES SECTES ET LA VÉRITABLE ÉGLISE

CHAPITRE I

Un autre prélat avait été foudroyé en même temps qu'Hilaire et condamné au même exil dans le concile inique de Béziers. C'était Rhodane, de Toulouse, âme pieuse et douce, mais nature excessive et fragile, qui s'était attaché au grand évêque comme le lierre au chêne robuste[1]. L'instinct de la faiblesse est de chercher l'appui de la force; l'instinct de la force, de se pencher vers la faiblesse. Ce fut là ce qui rassembla ces deux hommes si

---

[1] Hilarius Pictavorum episcopus damnatur exsilio; Rhodanium quoque Tolosanum (Dosanum) antistitem qui natura lenior, non tam suis viribus quam Hilarii societate, non cesserat arianis, eadem conditio implicuit.(Sulpit. Sever., lib. II, c. xxxix.) — Ruff., lib. I, c. xix. — Faust. et Narcell., *Libell.,* n. 7.

différents de caractère et les unit dans l'accord des mêmes pensées et le support des mêmes infortunes. Une vive amitié lia les deux proscrits l'un à l'autre : goutte de miel au bord de leur commun calice, mutuelle consolation dans leur commun malheur.

Les saints confesseurs prirent donc ensemble la route de la Phrygie, lointain séjour assigné à leur exil[1]. Ils cheminaient côte à côte, tristes et consolés tout à la fois. Tristes! L'évêque de Toulouse laissait derrière lui une Église toute meurtrie par les violences ariennes[2]; Hilaire, un peuple qui lui était cher, et, parmi ce peuple, une épouse et une fille auxquelles il conservait, sous le froc épiscopal, une tendresse dont la religion avait surnaturalisé, mais non éteint l'ardeur; tous deux, une patrie en deuil[3]! Et consolés, malgré tout! Car, en dépit des faux apôtres, nom flétrissant qu'Hilaire donne aux évêques hérétiques, leur pays restait décidément ortho-

---

[1] Hieronym., *Lib. de Script. Eccl.*
[2] Hilar., *Contra Constant. imperat.*, n. 11.
[3] Gallia lacrymas fundat. (*Brev. Pict. ad Laud.*)

doxe, et l'épiscopat des Gaules, tout entier fidèle aux traditions de la foi, suivait du plus sympathique regard les deux frères injustement bannis. Et puis, l'Évangile ne le dit-il pas ? il y a une joie singulière et profonde au fond de toute souffrance généreusement endurée pour la justice [1].

Pendant tout ce voyage et les dures années qui suivirent, Hilaire fut admirable. Jamais âme ne se montra peut-être plus grandement belle et plus maîtresse d'elle-même. Brutalement jeté hors de sa patrie, il changea de résidence, non de conduite. Même héroïque amour de la vérité, même foi inébranlable qu'aux jours où il était pleinement libre [2]. Malgré l'injuste oppression qu'il subissait, aucune révolte, aucune parole acerbe, aucun orgueil, aucun abattement, aucune plainte. Ses traits paisibles offraient aux regards l'éternel sourire d'une charité sans bornes et le

[1] Matth., v, 10.

[2] Vinctus amore Dei, contemto principe mundi
Intemerata fides pertulit exsilium.
(Fort., lib. II, carm. 16.)

reflet sublime d'une force à l'épreuve de tout [1].

C'est vers la fin de l'année 56 que les deux exilés, après mille fatigues, arrivèrent au terme de leur voyage, au fond de l'Asie Mineure, dans cette Phrygie étrange qui avait été jadis la terre classique de Cybèle et d'Athys, et dans laquelle venait à peine de s'éteindre l'hérésie orgiastique de Montan [2]. Quels spectacles pendant la route ! quels spectacles à l'arrivée ! Pauvre Église d'Orient ! à peine conservait-elle quelques vestiges de sa vieille foi ! C'était partout l'erreur et ses suites qu'Hilaire a si énergiquement dépeintes [3]. La fièvre des chicanes dogmatiques avait étouffé en elle, avec la simplicité des croyances, le germe des vertus chrétiennes. Chacun se faisait un évangile à sa guise. Ariens, semi-ariens, mille sectes sans nom se déchiraient

---

[1] Inter procellas persecutionum ita immobilis perstitit, ut per invictæ fidei fortitudinem etiam confessoris ceperit dignitatem. (Cassian., *De Incarn.*, lib. VII, c. xxiv.)

[2] Minucius Felix, § 5-6. Discours de Cœcilius.— Albert Réville, *Tertullien et le montanisme.* (Revue des Deux-Mondes, 1er novembre 1864.)

[3] Hilar., *Tract. in CXXXVIII Psalm.*, n. 45, col. 524.

et se dévoraient. Scandales, schismes, machinations perfides, clameurs de haine, flots de sang; c'était le tumulte et la nuit, une confusion extrême, un vrai chaos; à peine un évêque qui fût pur de toute hérésie. Ceux qui se rapprochaient le plus d'Hilaire et de la foi orthodoxe, Éleuse de Cysique[1], Basile d'Ancyre, Eustate de Sébaste, partageaient sur Jésus-Christ les opinions flottantes et pleines de sous-entendus hypocrites, dont Eusèbe de Césarée s'était fait le défenseur à Nicée, au grand concile. « Jésus-Christ est le Verbe, nous en convenons, disaient-ils, Dieu de Dieu, lumière de lumière, engendré du Père avant tous les siècles, agent puissant dans la création des choses. Mais c'est tout ce que nous pouvons accorder. Nous ne pouvons dire avec vous qu'il est coéternel et consubstantiel au Père. Il y a une ressemblance dans la substance, oui; mais une parfaite égalité, non! » Ils appuyaient ces opinions insoutenables de raisonnements subtils et de textes mal com-

---

[1] Hilar., *De Synod.*, n. 63.

pris ou défigurés. Faction composée d'aveugles et de fourbes! En dehors de ces trois évêques, à peine l'œil attristé d'Hilaire pouvait-il trouver, dans les dix provinces de l'Asie romaine, un seul prélat qui eût quelque idée nette sur Dieu. Les vertus des cieux semblaient ébranlées; les colonnes du temple éternel jonchaient le sol ou vacillaient; le royaume de Dieu était divisé. C'était, si on ose le dire, à désespérer, en dépit de la parole de Jésus-Christ, du sort de la vérité dans le monde [1].

Hilaire n'en désespéra pas.

Il frémissait pourtant. Il y avait parfois dans cette âme passionnée de terribles orages. On lui disait : « Vous avez une plume qui vaut une épée. Faites-vous donc soldat! Combattez, renversez, flétrissez tous ces évêques infidèles qui déchirent le sein de leur épouse. Vengez l'Église et vengez-nous! » Le fait est que les crimes des hérétiques fournissaient

---

[1] Godefroy Hermant, *Vie de saint Athanase*, t. II, liv. VII, p. 141. — Tillemont, *Hist. eccl.*, VII, p. 443. — *Les Ariens*, § 61.

une riche matière à un génie comme le sien. Hilaire fut plus fort que lui-même. Il se refusa à toute intervention directe dans la lutte. Il répondait : « Non. Je paraîtrais venger mes injures personnelles. C'est une âme impétueuse qui ne se contient plus, dirait-on. Du reste, ajoutait-il, ce n'est pas par des paroles amères ou violentes que d'ordinaire on subjugue les hommes. L'unique remède pour le présent, c'est la tolérance [1]. » Patience admirable et presque surhumaine ! cet homme qui nous apparaîtra bientôt, debout dans la mêlée, frappant des coups terribles, put dominer en lui le sentiment le plus violent peut-être de la nature, l'indignation, pendant près de quatre ans. Il resta là, comme cloué dans son impassibilité souffrante, muet pendant que son cœur saignait des milles blessures de l'Église. « Jusqu'ici, écrivait-il la quatrième année de son bannissement, je n'ai pas fait un seul reproche, je n'ai publié ou prononcé aucun discours, pas

---

[1] *Vita Hilar. ex ipsius script.*, n. 41.

un mot contre cette secte qui se disait faussement l'Église de Jésus-Christ et qui est reconnue aujourd'hui pour être la synagogue de l'Antéchrist, rien qui fût à la hauteur de son impiété[1]. »

Bien plus, surmontant ses répugnances, il tendit la main à ses ennemis. Lui qui, jeune néophyte, refusait le salut, dans sa ville natale, à tout ce qui n'était pas catholique, vieil évêque, il salua des excommuniés. Il les aborda, il leur parla, afin de les ramener à la vraie lumière; il alla jusqu'à entrer dans leurs églises, à mêler ses prières à leurs prières, et, sauf la communion, à agir avec eux comme avec des frères[2]. Il n'y a que la charité de Jésus-Christ pour inspirer des condescendances pareilles. L'esprit des sectes est intolérant : l'esprit de la véritable Église pousse la conciliation jusqu'à ses dernières limites. Il attend avec une patience infinie le réveil possible des bonnes volontés, et,

---

[1] Tillemont, *Hist. eccl.*, t. VII, ch. VII, p. 443. — Hilar., *Contra Constant. imperat.*, 2.

[2] Pacis optanda sperare suspensa licet communionis societate.(Hilar., *De Synod.*, 63, 90.)

avant de l'écraser, laisse fumer la mèche encore chaude, jusqu'à ce que sa dernière étincelle, si elle doit s'éteindre, soit éteinte sans espérance [1].

[1] Matth., xii, 20.

CHAPITRE II

(356-358)

BELLES PAROLES
SOURCES OU LE PROSCRIT PUISE SON COURAGE
JOB. — PAGE D'UN LIVRE PERDU

CHAPITRE II

Témoin des malheurs de l'Église, et victime lui-même de l'oppression qui pesait sur elle, Hilaire, nous le disions tout à l'heure, ne désespéra jamais. L'excès même du désordre le confirmait dans sa foi et ranimait sa confiance. Se rappelant les paroles de saint Paul : « Il viendra un temps où les hommes ne voudront plus de la saine doctrine [1], » — « nous y voilà, disait-il, notre exil en est la preuve. Les impies, impatients de la vérité, afin de suivre les maîtres qui leur vont, relèguent ses prédicateurs au bout du monde. C'est bien. Oh ! joie d'être bannis. Bénissons le Seigneur d'avoir accompli en notre personne la prophétie de l'Apôtre [2]. »

[1] II Tim., IV, 3. — I Tim., IV, 1.
[2] Hilar., *De Trinit.*, lib. X, n. 2-4.

Souffrir avec résignation et bonheur, cela suppose une foi profonde et une admirable force d'âme. Ce n'est pas encore cependant le plus bel effort du chrétien. Le plus sublime héroïsme, celui qui se rapproche le plus de l'héroïsme de Jésus-Christ, Sauveur des hommes, c'est de sacrifier à Dieu, non seulement le présent, mais l'avenir, et de consentir pour le salut de ses frères à des souffrances sans autre terme que la mort.

Hilaire s'éleva jusqu'à ces hauteurs.

Loin de son foyer, loin des siens, loin de sa patrie, loin de son peuple, livré, sans toit et sans repos, à tous les caprices de la mauvaise fortune, entouré d'ennemis dogmatiques dont l'esprit de secte pouvait faire des meurtriers, il offrit à Dieu en sacrifice, pour le triomphe de la bonne cause, sa liberté, sa vie et tout ce qui lui restait de chères espérances. « Demeurons éternellement proscrit, s'écriait-il un jour, pourvu que la vérité soit prêchée[1]. » Noble mouvement d'une âme vrai-

---

[1] Hilar., *De Synod.*, n. 78.

ment apostolique, parole si belle, qu'elle suffirait à immortaliser un homme.

Où donc Hilaire trouvait-il cette générosité? Dans son cœur, dans ces méditations solitaires qui n'avaient d'autre objet que les choses éternelles; dans les sacrés entretiens de la foi; mais aussi, et surtout peut-être, dans les saintes Écritures, qu'il lisait et méditait sans relâche, pendant ces longues journées, pendant ces nuits plus longues de l'exil[1]. »

Toutes les situations de la vie ont leurs représentants et leur fidèle image dans le divin livre. Il y a des cantiques pour ceux que l'amour dévore, des hymnes d'allégresse pour ceux que la joie exalte, des chants de combat pour ceux que Dieu jette dans la mêlée des batailles, des modèles pour les rois, pour les pères de famille, pour les époux et les épouses, pour les enfants, pour les riches et les pauvres. Mais, comme la douleur est

---

[1] In illo solitudinis quieto otiosoque secreto, cum nihil in oculos et in mentem effusionis incurreret, solis est divinis studiis negotiosus. (Hilar., *Tract. in LXII Psalm.*)

la loi ordinaire de l'existence, il y a surtout des modèles et des chants pour ceux qui souffrent.

Dès les premiers jours de son exil, Hilaire tourna les regards de sa pensée vers ce vieillard dont les plaintes inspirées ont ému toutes les générations, et dont la sublime attitude en face des plus inénarrables infortunes a servi d'exemple à tous ceux sur qui la verge du Seigneur est un jour tombée. Job, livré à Satan, privé de ses enfants, de ses biens, de tout ; Job, seul et raillé dans sa plus grande détresse, c'est vers cette douloureuse figure du passé biblique qu'Hilaire se sentit attiré par la mystérieuse sympathie de la souffrance. Il était, lui aussi, livré à l'ange des ténèbres, privé, comme le patriarche iduméen, de ses enfants, de ses biens, de tout; seul et raillé, pour son orthodoxie, par les hérétiques triomphants et méprisants. Que si la lèpre ne rongeait pas sa chair, son corps n'en était guère plus épargné. Il languissait et s'épuisait sur cette terre d'angoisse et de privations, sous ce ciel d'Orient pour lequel il n'était pas né, et qui le brûlait de ses rayons torrides.

Il ouvrit donc ce livre de douleur et se mit à en sonder les profondeurs mystiques[1]. Il confia à l'écriture les pensées que cette lecture fit naître dans son esprit, les élans d'amour et de résignation qu'elle fit jaillir de son âme, et en forma ce beau traité perdu dont saint Augustin parlait, quelques années plus tard, avec tant d'éloge, et qui semble avoir enthousiasmé l'antiquité chrétienne[2].

Une seule page nous en est restée, précieuse épave échappée au naufrage du reste. Elle explique en partie le mystère de cette âme vaillante, qu'aucun obstacle n'arrêta jamais. Aux yeux d'Hilaire, les tentations et les persécutions sont moins un mal qu'une occasion de victoire. C'est une seconde épreuve, destinée à réparer le désastre de la première.

Voici cette page; lisez.

« Grande et admirable est, en vérité, la

---

[1] Dom Constant, *Vita S. Hilar.*, n. 44. — Tillem., VII, 443. — M. le chanoine Auber, *Hist. gén. du Poitou*, liv. III, p. 191.

[2] S. Augustin, *Contra Julian.*, lib. II, c. viii, n. 27.— *Lib. de Nat. et Grat.*, c. lxii. — Præf. gen. apud Benedict., n. 26.

miséricordieuse bonté de notre Dieu. Celui qui, en faisant tomber Adam, nous a ravi la féconde intégrité de notre première et bienheureuse nature, est devenu l'involontaire instrument par qui nous méritons de reconquérir les biens perdus.

« En ce temps-là le démon, cédant à l'envie, nous a fait une blessure ; aujourd'hui, ses efforts pour nuire ne servent le plus souvent qu'à sa défaite.

« Il a beau, fort par l'infirmité de notre chair, diriger contre nous toutes les flèches de son carquois, allumer en nous les flammes impures, nous exciter à l'ivresse, nous pousser à la haine, faire luire son or, ranger ses armées en bataille, irriter encore les bouches prêtes à maudire : tous ses traits perfides viennent s'émousser contre l'inattaquable fermeté de nos âmes, et nous nous trouvons purifiés du péché par la gloire de ce triomphe.

« Il est écrit : « L'homme né de la femme « pourra-t-il recouvrer l'innocence [1] ? » Sans

---

[1] Job, xxv, 4.

ennemis il n'y a pas de combat; sans combat il n'y a pas de victoire. Tant que nous n'avons pas dompté les vices révoltés contre nous, nous restons impurs avec nos vices. Mais si le tyran de notre corps est vaincu dans ses propres embûches, de cette lutte de nos passions contre nous nous sortons purifiés.

« Il faut le savoir, et ne l'oublier jamais: nos corps sont la matière de tous les vices. C'est par eux que nous sommes flétris et souillés, par eux que la pureté et l'innocence nous échappent. Mais voici qui doit nous réjouir: pour combattre et vaincre notre ennemi, nous n'avons qu'à nous combattre et à nous vaincre nous-mêmes[1]. »

Que pouvait redouter au monde un homme capable de s'élever à ces considérations? L'échafaudage des machinations hostiles lui servait de marchepied, et les propres traits du démon, retournés contre leur maître, d'armes victorieuses. Il devenait plus fort que toutes les attaques et s'élevait au-dessus de toutes les atteintes.

[1] Hilar., *Ex var. op. Fragm.*, fol. 1365.

CHAPITRE III

(358)

LES ANGOISSES DE L'EXILÉ. — HEUREUSES NOUVELLES
UN CONCILE A ANCYRE
BELLES ESPÉRANCES. — L'ORIENT ET L'OCCIDENT
C'EST L'HEURE. — LE LIVRE DES SYNODES
RÉVÉLATION D'UNE AME. — ÉLOQUENT DÉBUT
RAPIDE ANALYSE. — AUX ORIENTAUX
ADMIRABLE HUMILITÉ

CHAPITRE III

L'âme de l'exilé se tourne toujours, par un instinct irrésistible, vers ce côté du ciel où s'étendent les rivages de son pays. Son œil le cherche à l'horizon; son cœur le demande et l'appelle. « Que se passe-t-il là-bas? se dit-il à lui-même, à toute heure du jour et de la nuit; que deviennent ceux que j'aime? » Et mille autres questions se dressent devant son esprit et le remplissent d'angoisse.

Hilaire éprouvait, comme tout autre, ce mystérieux attrait du sol natal. Ses yeux et son âme se tournaient sans cesse vers cette Gaule lointaine, la plus belle des patries. Il pensait à son peuple abandonné; il pensait à ses frères dans l'épiscopat. « Sont-ils restés fidèles? Ont-ils faibli? Est-ce la paix? Est-ce la

guerre? Prêche-t-on l'Évangile ou l'hérésie? »
L'anxiété le faisait cruellement souffrir. A
plusieurs reprises, il avait écrit et demandé
des nouvelles. Pas de réponse. Silence étrange
et de mauvais augure, qui permettait de tout
craindre, à une heure surtout où les âmes
attiédies et lassées se ressentaient grandement de l'universelle faiblesse [1].

Hilaire se renferma à son tour dans une
réserve prudente et résignée, et n'attendit plus
les nouvelles désirées que de la bonté de
Dieu [2].

Elles arrivèrent enfin dans une lettre collective des évêques de la Germanie, de la
Belgique, de l'Aquitaine, de la Lyonnaise,
de Toulouse, et des provinces de l'Angleterre
elle-même [3]. Tous tenaient tête à l'orage. Ils
avaient unanimement rejeté une nouvelle
profession de foi, rédigée l'année même par
les ariens à Sirmium [4]. Ils conservaient les

---

[1] Hilar., *De Synod.*, n. 1.
[2] *Id., ibid.*
[3] Apud Benedict., fol. 1149-1150.
[4] Hilar., *De Synod.*, n. 2. — Baron., IV, *Ann. chr.* 356, n. 109, p. 575.

traditions apostoliques et restaient unis de pensée et de cœur au grand proscrit de Poitiers, leur maître à tous [1].

A ces nouvelles, Hilaire poussa un cri de joie qui fut entendu de tout l'Orient, et le fit soudainement tressaillir. La fermeté des évêques des Gaules fut bientôt partout connue, partout proclamée. Ce fut comme le signal d'un réveil parmi les Églises endormies.

Basile d'Ancyre, à l'occasion d'une consécration d'église, rassembla un concile dans sa ville épiscopale. L'exemple des évêques gaulois fut suivi : on condamna les ariens de Sirmium et leur formule blasphématoire. Quoiqu'on n'admît pas encore la consubstantialité, c'était néanmoins un pas immense vers la complète orthodoxie [2].

Encouragé par ce premier succès de ses efforts, Hilaire essaya de pousser plus loin et d'achever, s'il était possible, l'œuvre de la conciliation. Rêve splendide. Rapprocher les

---

[1] Sirmich.
[2] Hilar., *De Synod.*, n. 78. — *Vit. S. Hilar.*, apud Benedict., n. 47.

sectes séparées et hostiles, unir l'Église désunie, recoudre la robe du Christ misérablement tiraillée et lacérée depuis un demi-siècle, cette pensée faisait délicieusement palpiter son vieux cœur, et, le berçant de mille saintes espérances, l'encourageait dans sa magnanime entreprise.

Il était visible que, depuis longtemps déjà, les deux grandes portions de l'Église se regardaient avec défiance. « L'Orient est acquis à l'arianisme, » disait l'Occident. — « L'Occident est tout entier avec Sabellius, » disait l'Orient. Par une sorte de miracle, ils venaient de se rencontrer une fois sur le même terrain. Tout ce qu'il y avait d'esprits modérés parmi les ariens s'étaient violemment séparés, à Ancyre, des sectaires extrêmes qui avaient rédigé le formulaire impie de Sirmium. On avait dit à Sirmium : « Le Fils n'est pas même semblable au Père. » On avait répondu à Ancyre : « Le Fils et le Père sont absolument semblables. » Les hérétiques ne s'entendaient donc plus. Ils n'avaient plus le même symbole ni le même nom. Les modérés

s'appelaient *semi-ariens;* les autres, *anoméens.*
Il y avait désormais deux drapeaux et deux
camps.

Par un bonheur inespéré, l'empereur Constance prenait le parti des premiers contre les seconds, et venait de le prouver en bannissant Eudoxe d'Antioche et l'infâme Aétius, son confident et son complice.

D'autre part, il annonçait la résolution de convoquer, pour mettre fin aux débats, un grand concile de tous les évêques du monde [1].

C'était l'heure opportune, ou elle ne devait jamais sonner, de tenter un rapprochement, et de montrer à l'Orient et à l'Occident qu'ils n'étaient pas si éloignés qu'ils se l'imaginaient de partager les mêmes croyances.

Hilaire lança dans le monde son *Livre des synodes,* vigoureux appel à l'union de toutes les âmes dans une même foi. Son but est évident. A la veille du grand concile annoncé, il trace aux évêques d'Occident un programme de sage tolérance, propre à faire rentrer dans

---

[1] *Vita S. Hilar.,* apud Benedict., 47-49.

l'orthodoxie cette foule d'hérétiques désillusionnés et faiblissants qui semblaient ne plus attendre qu'une occasion pour rendre les armes. Si on l'écoute, la concorde naîtra des concessions communes, sans que la pureté de la foi en souffre la moindre atteinte [1].

Il faut lire cet ouvrage; il est intéressant à plus d'un point de vue. Outre les documents précieux qu'il fournit à l'histoire, il nous offre la plus éclatante révélation de ce qu'était cette grande âme de l'immortel évêque.

« On y voit comme dans un miroir, dit le P. Ceillier [2], les divers dons naturels et surnaturels dont Dieu avait favorisé saint Hilaire : sa piété sincère envers le Seigneur, sa prudence singulière dans le maniement des affaires de religion, son respect pour son prince, son amour pour sa patrie et pour la paix de l'Église, sa grandeur d'âme, sa modestie, l'intégrité de sa foi, son zèle également éclairé et discret, son naturel doux et paisible, propre à persuader et à gagner les esprits. »

[1] *Vita S. Hilar.*, n. 51.
[2] T. IV, p. 52.

Dieu, du reste, l'avait aidé dans cette œuvre difficile ; Hilaire, qui ne faisait rien qu'après avoir invoqué les lumières d'en haut, ne l'avait entreprise, il le dit lui-même, qu'après avoir longuement prié.

Son début est bien éloquent :

« J'étais dans la résolution, frères bien-aimés, dit-il, de ne répondre désormais à votre étrange et long silence que par un silence semblable sur les affaires ecclésiastiques. Je vous avais mandé, en effet, de plusieurs villes des provinces romaines, ce qu'il fallait penser de nos frères, les évêques d'Orient, de leur foi et de leurs tendances. Je vous avais dit que, profitant de ces temps orageux, le démon, d'une bouche empoisonnée et mortelle, avait dénigré et sifflé partout la saine doctrine. Je craignais que, dans ce vertige d'impiété et d'erreur qui entraînait tant de prélats, votre réserve ne fût l'indice d'une conscience devenue vicieuse et corrompue sans retour ; et je pensais que je n'avais plus qu'un devoir, celui de me taire...

« Mais aujourd'hui que me voilà enfin en

possession de vos lettres, j'attribue leur retard et leur rareté à l'éloignement et au mystère de cette retraite où je passe mon exil. Et je suis tout entier à la joie sacrée de vous savoir tous debout, purs et préservés de la contagion d'une détestable hérésie... C'est maintenant pour moi un devoir religieux de vous écrire et de vous parler le langage dévoué qu'un évêque doit à des évêques inviolablement attachés, en Jésus-Christ, à sa communion.

« Oh! que votre inébranlable fermeté vous est glorieuse! O demeure aux fondements solides! ô volonté fidèle! ô imperturbable constance[1]!... »

Le saint docteur expose ensuite les formules de foi faites par les Orientaux depuis le concile de Nicée. Il les examine, les analyse, les discute. Il fait habilement ressortir ce qu'elles contiennent de juste et d'orthodoxe, excuse tout ce qui ne porte pas l'empreinte de la mauvaise foi, et justifie tout ce qui n'est pas évidemment contraire à la saine doctrine.

[1] Hilar., *De Synod.*, n. 1-2.

Son esprit de conciliation ne l'entraîne pas cependant hors du dogme : il ne va jamais jusqu'à sacrifier le mot *consubstantiel*. Mais il met tous ses efforts à en bien éclaircir le sens. Jamais pilote ne dirigea plus adroitement sa barque au milieu des gouffres et des écueils.

Tout en excusant de son mieux cette manie orientale des professions de foi, il ne peut s'empêcher néanmoins de féliciter cet Occident, dont la foi claire et robuste n'a pas besoin de se chercher elle-même. « Vous êtes heureux et au-dessus de tout éloge, s'écrie-t-il, vous dont la parfaite et traditionnelle croyance, gravée dans vos consciences fidèles, n'a pas connu jusqu'à ce jour les formules écrites. Ceux-là peuvent se passer de la lettre en qui l'esprit surabonde. A quoi bon se lasser la main, quand la bouche professe ouvertement la foi du cœur [1] ? »

Tout ce qu'il a écrit jusqu'ici est destiné à adoucir les préjugés de l'Occident contre l'Orient. Dans ces dernières pages, il les pousse, pour ainsi dire, l'un contre l'autre,

[1] Hilar., *De Synod.*

afin de les forcer à s'embrasser. Il s'adresse à cet Orient lui-même, à ces évêques surtout qui, par la récente révélation de leur courage et de leur foi, se sont montrés si dignes de la pleine lumière. Il les presse avec d'inexprimables accents de tendresse. « O vous, leur dit-il, qui avez enfin pris à cœur la doctrine des Apôtres et de l'Évangile, vous en qui, au sein même des ténèbres profondes de l'hérésie, la flamme ardente de la foi se rallume, quelle belle espérance avez-vous fait naître dans nos âmes! Vous allez revenir à la vérité. Nous en avons pour garant cette audace avec laquelle vous avez repoussé l'assaut d'une impudente perfidie! Hier encore on niait à huis clos et par derrière que le Christ, Notre-Seigneur, fût vraiment Fils de Dieu selon la nature. Privé de l'essence paternelle, il avait, comme toutes les créatures, tiré son existence du néant. Mais aujourd'hui l'hérésie, se démasquant elle-même par une profession solennelle et publique, vante tout haut ce qu'elle n'osait que murmurer tout bas. Et, grâce à vous, l'empereur, averti, non de son erreur, mais de celle de ses conseillers, s'est délivré de ses entraves[1]. » Et c'est ici qu'il laisse échapper ce cri fameux : « Nous sommes en exil, mais qu'importe? Demeurons toujours proscrit, pourvu que la vérité recommence à être prêchée[2] ! »

Enfin il termine par cette page d'une si touchante modestie :

« Je suis sorti, frères bien-aimés, de la retenue qui me convenait. Oublieux de ma faiblesse, j'ai écrit sur des matières élevées et profondes que personne n'avait, jusqu'à ce jour, entrepris d'éclaircir. C'est votre amour qui m'y a poussé. J'ai dit librement ce que je croyais, persuadé que, pour m'acquitter de ma dette de soldat, je devais ce service à l'Église.

« J'ai cru que ma qualité d'évêque m'obligeait à vous adresser cet écrit, pour rendre un témoignage public à la doctrine de l'Évangile. C'est à vous maintenant de penser, de parler et d'agir, dans vos assemblées, sui-

---

[1] Hilar., *De Synod.*, n. 78.
[2] *Id., ibid.*

vant la foi que vous avez jusqu'ici inviolablement professée. Vous avez un trésor, gardez-le. »

« Souvenez-vous de mon exil dans vos saintes prières, ajoute-t-il, s'adressant à ses frères des Gaules. Après cette proclamation de ma croyance, je ne sais, en vérité, s'il ne me serait pas plus agréable de mourir qu'il ne me serait doux de revenir et de vous revoir.

« Que Dieu et Notre-Seigneur, mes très chers frères, vous gardent pour le jour du jugement intacts et sans souillures. C'est mon dernier vœu[1]. »

La paix, la charité, l'union, Hilaire n'a que ce seul désir au monde. On vient de voir avec quelle patience énergique et douce, avec quelle sublime abnégation il essaya d'en répandre les germes. On va voir bientôt quelle

---

[1] Hilar., *De Synod.*, n. 92. — *Vita S. Hilar.*, apud Benedict., n. 50-55. — Baron., IV, ann. chr. 358, n. 1-11. — Tillemont, *Hist. eccl.*, VII, *Hil.* viii-ix, p. 444-448. — Bibl. des Pères de l'Église, t. V, p. 355. — De Broglie, *l'Église et l'Empire romain au IVᵉ siècle*, II, 1, p. 409 et suiv., etc.

moisson il récolta. Mais auparavant apprenons à mieux connaître cette âme admirable, riche de toutes les forces, débordante de toutes les tendresses.

CHAPITRE IV

(358-359)

UN AMOUR INDESTRUCTIBLE
DEUX ÊTRES BIEN-AIMÉS. — LETTRES DE POITIERS
CONFIDENCES. — ABRA
RÉPONSE D'HILAIRE A SA FILLE : L'APOLOGUE DE LA PERLE
ET DE LA PARURE
HYMNE DU MATIN. — HYMNE DU SOIR
LE VÉRITABLE AMOUR PATERNEL

CHAPITRE IV

Ni la séparation, ni la privation, ni les tourments du corps et de l'âme, ni même l'incorruptible et supérieur amour de Dieu, rien, excepté la dépravation ou la folie, ne peut étouffer au cœur d'un homme la voix du sang. L'amour paternel surtout, amour sacré aussi, celui-là, fait des plus purs souvenirs du foyer, des plus profonds instincts de la nature et des plus puissantes attaches de la vie, survit à tous les orages et à toutes les ruines. C'est, dans le grand désert du cœur humain, une montagne si haute, que les grandes eaux de la tribulation ne la sauraient recouvrir de leur déluge. Pour tuer cet amour, il faut tuer l'homme, et encore est-il si vivace, qu'il doit subsister au delà de la tombe.

Le vieil évêque proscrit, époux et père, ne pouvait donc oublier, si loin qu'il fût d'elles, cette épouse et cette fille chérie qu'il avait laissées sur la terre des Gaules. Quand il pensait à ces êtres bien-aimés, son cœur robuste s'attendrissait, et des larmes roulaient dans ses yeux.

Aussi fut-ce un beau jour pour lui que le jour où les messagers lui remirent des lettres de Poitiers et où il put lire, écrits de leur propre main, leurs deux noms. Chères lettres! elles lui redisaient combien l'on souffrait là-bas de son absence, et avec quelle ferveur on priait Dieu pour son retour. On lui faisait aussi une grave confidence.

Abra avait grandi pendant les jours de l'exil. C'était maintenant une jeune fille de quinze à seize ans, et il fallait penser à l'établir. Un parti se présentait, le plus avantageux qu'on pût rêver pour elle : un jeune homme de noble famille, de grande fortune et de haute et agréable mine, la demandait en mariage [1].

[1] Fortunat, lib. I, n. 6. — *Vita S. Hilar.*, apud Benedict., 55.

Mais l'enfant restait indécise, ne sachant au juste à quelle destinée Dieu l'appelait. Elle était douce, bonne, pieuse et belle comme un ange. On ne pouvait la voir sans l'aimer. Mais elle ne rendait à personne ce que tous lui donnaient, et rien ne semblait l'attirer fortement du côté du monde [1].

Quand Hilaire eut expédié en Occident son *Livre des Synodes*, libre et la conscience en paix après ce grand devoir accompli, il songea à répondre à sa fille. On a accusé quelquefois le christianisme d'endurcir le cœur et d'y tarir la source des affections les plus pures. Qu'on lise cette lettre : elle est écrite par un saint, et je ne sache rien, dans aucune langue, de plus ravissant et de plus tendre.

Aux signes qu'on lui a indiqués, l'évêque a reconnu dans sa fille une vocation plus haute que la vocation sainte, mais vulgaire du mariage. Il n'hésite pas ; il ne marchande pas avec Dieu, qui la lui demande. Sûr qu'il n'y a pas de plus grande joie en ce monde et de

---

[1] Fortunat, lib. I, n. 6. — *Vita S. Hilar.*, apud Benedict., 55.

plus grande espérance pour l'autre, que de tout sacrifier à l'immortel époux des âmes, sans la pousser ni lui en faire un devoir, il exhorte sa fille doucement, ineffablement, à offrir à Jésus-Christ sa beauté et sa virginale jeunesse.

« A ma très chère fille Abra, Hilaire, salut dans le Seigneur.

« Je reçois le témoignage écrit de la douleur que vous éprouvez de ne plus me voir. J'y crois, car je sens moi-même ce qu'il en coûte d'être séparé des plus chers objets de ses affections. Cependant, pour que vous ne m'accusiez pas d'une indifférence qui est loin de mon cœur, je veux vous prouver que notre séparation ne m'empêche point de penser à vous. Vous êtes ma fille unique, mon trésor ; je ne songe qu'à vous rendre la plus parfaite et la plus heureuse des femmes.

« Dernièrement j'appris qu'un jeune homme, noble et riche, avait une perle sans prix et une parure dont la possession comblerait les vœux des plus opulents princes du monde. J'allai le trouver. La route était longue et difficile pour arriver jusqu'à son palais. Admis enfin à son audience, je fus ébloui de l'éclat de son visage, et, tombant à genoux, j'attendis qu'il voulût bien m'adresser la parole et me demander le but de mon voyage. J'osai alors lui parler des trésors qu'il possédait. « J'ai, lui dis-je, une fille unique ; je l'aime ardemment ; je viens chercher pour elle la perle sans prix et la parure qui sont en votre pouvoir. » En parlant ainsi, la face contre terre, je versais un torrent de larmes.

« Il me fallut revenir plusieurs fois. Je passai des jours et des nuits prosterné aux pieds de ce bienfaiteur, le suppliant d'exaucer ma prière.

« Enfin (car il est bon, et nul n'est meilleur que lui) le prince daigna m'adresser cette réponse : « Connais-tu bien la nature et le prix de la perle et de la parure que tu me demandes pour ta fille ? — Oui, Seigneur, répondis-je, on me l'a appris. J'ai foi en vous, et je sais qu'elles donnent le bonheur véritable et le salut éternel. » D'un signe il ordonna à ses ministres d'apporter en premier lieu la robe virginale. Oh! ma fille, quel tissu de soie et d'or lui pourrait être comparé? Elle efface la blancheur de la neige! On me montra ensuite la pierre précieuse. Ni l'astre rayonnant aux cieux, ni les diamants de la terre, ni l'azur des eaux, ni les magnificences de la nature, ne sauraient approcher de son éclat divin.

« Je vois, me dit le jeune prince, que tu es un bon et tendre père, puisque tu viens de si loin chercher ces trésors pour ta fille bien-aimée. Cette parure a des propriétés vraiment merveilleuses. Les vers ne sauraient l'attaquer ; l'usage ne la consume point ; nulle tache ne peut la flétrir ; impossible de la déchirer ni de la perdre ; elle reste éternellement ce que tu la vois. Quant à cette perle, elle a une vertu non moins extraordinaire. Celui ou celle qui la porte est préservé de toutes les maladies; il ne vieillit point, il ne meurt point. — Seigneur, m'écriai-je, je vous en conjure, laissez-vous toucher par mes larmes. Si vous ne me donnez pour ma fille bien-aimée cette parure et cette perle, ma vie ne sera qu'un long désespoir ; je croirai avoir perdu ma fille. Pour les avoir, j'irai, s'il le faut, au bout du monde. Vous savez, Seigneur, que je dis la vérité. »

« Touché de mes instances, il me releva en disant : « Tu me parais prêt à sacrifier ta vie pour ces trésors : ils sont à toi ; mais écoute à quelle condition. La robe que je te donnerai pour ta fille est telle, que nul ne pourra s'en revêtir s'il ne renonce pour jamais aux tissus de couleur, de soie ou d'or. Je la donnerai à la jeune fille qui ne voudra porter que des vêtements simples et sans éclat. Point de robe de pourpre ; seulement une frange au bas, puisque c'est l'usage. De même, ma perle est de telle nature, que je ne puis la donner à quiconque en a porté d'autres. Les autres perles viennent des entrailles de la terre ou des profondeurs de l'Océan ; celle que tu vois est incomparablement plus belle et plus précieuse ; elle vient du ciel, et la mêler aux autres serait la profaner... Avant d'accepter cette richesse éternelle, sache donc si ta fille est disposée à renoncer aux parures de la terre et aux vains joyaux du monde. »

« Tel est le langage que m'a tenu ce jeune prince. Je vous le transmets secrètement dans cette lettre, fille bien-aimée, vous suppliant avec larmes de vous réserver pour la perle et pour la parure du ciel, et de combler ainsi d'une joie ineffable le cœur de votre vieux père. J'en atteste le Dieu souverain de la terre et des cieux, rien ne vaut les trésors que je vous offre. Libre à vous d'en obtenir la possession. Quand on vous offrira de riches étoffes, des tissus de soie, des broderies d'or, répondez : « J'attends un vêtement plus précieux que mon père est allé me chercher dans des régions lointaines. Je ne saurais accepter ceux-ci sans renoncer à celui-là. En attendant, la laine que je file de la toison de mes brebis suffit à mon habillement ; sa couleur naturelle me plaît ; je ne veux point des parures que le temps consume, que les vers dévorent et que le moindre accident peut détruire. » Si l'on vous présente des colliers de diamants, des anneaux de saphir et d'émeraude, répondez : « La perle que j'ambitionne n'est pas un ornement du genre de ceux que vous m'offrez. Mon père a exposé sa vie pour conquérir celle qui m'est destinée. Je l'attends : elle m'assurera le salut éternel. »

« Donc, fille chérie, lisez et relisez cette lettre ; prenez pitié de mes angoisses et réservez-vous uniquement pour cette parure et cette perle. Répondez-moi en consultant votre cœur, sans autre confidence, et dites-moi ce que je dois mander au jeune prince. Quand je saurai votre détermination, je vous ferai connaître le nom, la volonté, le pouvoir de cet inconnu. En attendant, je vous envoie deux hymnes à chanter le matin et le soir, en souvenir de votre vieux père.

« S'il arrivait que votre jeunesse ne pût démêler le sens de cette lettre et des hymnes qui l'accompagnent, demandez-le à votre mère, laquelle, je le sais, désire par-dessus tout vous avoir engendrée pour Dieu.

« Fille très regrettée, que ce grand Dieu qui vous a donné la vie daigne vous garder ici-bas et dans l'éternité [1]. »

---

[1] Hilar., *op.*, fol. 1209-1212. — Darras, *Hist. de l'Église*, t. IX, p. 459 et suiv.

Hilaire joignait, en effet, à cette longue et gracieuse épître, deux hymnes religieuses, l'une pour le matin, l'autre pour le soir. Les voici l'une et l'autre : la poésie en est aussi belle que les idées en sont hautes.

HYMNE ENVOYÉE PAR SAINT HILAIRE A SA FILLE ABRA

« Céleste auteur de la lumière, toi dont le Verbe radieux, après les ténèbres d'une si longue nuit, éclaira enfin l'horizon des mortels,

« Tu es le véritable astre du matin, non pas celui dont le rayon tremblant vient annoncer le retour de l'aurore,

« Non : ta clarté dépasse le fulgurant éclat du soleil ; ta lumière, c'est le jour et la vie des âmes.

« Créateur des mondes, écoute ma prière. Épanche sur moi un rayon de cette grâce qui transforme nos corps eux-mêmes en les remplissant de ton esprit,

« Et donne-leur l'ineffable privilège de porter

Dieu. Ne permets pas que je sois victime des perfides embûches de l'ennemi ravisseur.

« Parmi les détails et les mille sollicitudes de cette vie, fais que je conserve l'innocence et le respect de tes lois.

« Que la pudeur veille, attentive, sur le temple de mon corps, et que rien n'y offense le regard de ton Esprit-Saint.

« Tel est le vœu de mon âme suppliante; telle est ma prière matinale. Astre du matin, sois ma lumière dans l'ombre de la nuit.

« Gloire à toi, Seigneur, gloire à ton Fils unique, gloire à l'Esprit consolateur, maintenant et dans tous les siècles. Amen. »

AUTRE HYMNE

« Je suis indigne de lever vers les saintes étoiles mes yeux infortunés, mes yeux que le poids de tant de crimes abaisse vers la terre. Christ, viens au secours de ma faiblesse.

« J'ai négligé d'accomplir le bien qui m'était commandé; j'ai commis le mal qui m'était défendu. Je me suis souillé dans la fange du péché. Christ, épargne les âmes rachetées de ton sang.

« En t'adressant d'un cœur fidèle cette humble prière, je maudis Arius et Sabellius, les blasphémateurs. Jamais je n'ai prêté l'oreille aux murmures impies de ces nouveaux Simon.

« Pour ton nom, ô Christ, mon cœur est plein d'un respect tendre et jaloux. J'ai sucé dès mon enfance le lait que la catholique Église me versa de son sein maternel. Je n'irai jamais boire aux sources empoisonnées de l'erreur [1]. »

---

[1] Patrol. lat., t. X, col. 551-554. L'authenticité de cette hymne est moins certaine que celle de l'autre. (S. Hilar., *op.*, apud Benedict., col 1213-1214.) Dom Fonteneau (t. LXXXII, p. 65) rapporte une inscription qui était gravée à Saint-Hilaire-le-Grand, et qui reproduit peut-être cette seconde hymne perdue. Elle était ainsi conçue :

HYMNE ENVOYÉE PAR SAINT HILAIRE
A SA FILLE ABRA

Sancta Trinitas, unus Deus,
Miserere nobis.

O lux, beata Trinitas,
Et spiritalis unitas,
Jam sol recedit igneus,
Infunde lumen cordibus.

On le voit, ce qu'Hilaire aimait dans sa fille, c'était l'âme, l'âme immortelle, créée pour un autre monde. Il eût voulu qu'Abra pût offrir à Jésus-Christ un cœur et un corps sans souillure. Belle et chrétienne ambition, sainte espérance qui l'enthousiasmait et le faisait chanter, lui, vieilli et proscrit, dans la solitude de son exil. La poésie montait à flots de son âme à ses lèvres, et il trouvait ces suaves inspirations qu'on vient de lire, ce gracieux apologue de la perle, et ces chants ailés et frémissants dont le vol emporte la

Te mane laudum carmine,
Te deprecamur vespere,
Te nostra supplex gloria
Per cuncta laudet sæcula.

Deo Patri sit gloria,
Ejusque soli Filio,
Cum Spiritu Paraclito,
Et nunc et in perpetuum.
Amen.

Sancte Joachim, Sancta Maria, Sancta Anna,
Orate pro nobis.
Sancta Abra, Sancta Florantia, Sancta Troesia,
Orate pro nobis.
1684.

Cette hymne se trouve aussi dans le bréviaire monastique, aux vêpres du samedi, sauf *principalis* au lieu de *spiritalis*.

pensée sur les cimes, plus haut que cette terre où s'agitent les hommes dans le mouvement stérile de leurs préoccupations charnelles.

Trop peu de parents le comprennent, mais c'est là le véritable amour. Aimer ses enfants autrement que pour Dieu, est-ce vraiment les aimer?

CHAPITRE V

(Vers 359)

TRISTE RÉVÉLATION. — UN HOMME CONTRE L'UNIVERS
LA MISSION DE L'ÉVÊQUE PROSCRIT
LES DOUZE LIVRES DE LA TRINITÉ. — LES DERNIÈRES LIGNES

CHAPITRE V

Cette âme de feu ne pouvait user toute son activité ni dépenser toutes ses heures, on le devine, aux travaux dont nous venons de parler. Le livre *des Synodes,* la lettre à Abra et les hymnes n'avaient été pour Hilaire qu'une distraction et qu'un jeu. Il occupait les jours de son exil à une œuvre autrement absorbante et importante, quelquefois interrompue, mais toujours ardemment reprise.

Quand, après quelques années d'épiscopat, il connut mieux la société chrétienne, la triste révélation lui fut faite du mal dont elle souffrait. Les esprits, obstinément divisés, ne s'entendaient pas sur la plus capitale question du dogme : Un seul Dieu en trois personnes! Ce grand mystère, après avoir un instant ébloui la raison humaine et l'avoir forcée à la muette adoration, soumis à ses investigations curieuses, ne montrait plus aux yeux déçus que sa face obscure. Les Orientaux rêveurs et les Grecs avides de sagesse avaient voulu percer le nuage, sonder l'insondable, exprimer l'inexprimable. Ils s'étaient abandonnés à tous les caprices d'une imagination souvent folle et à tous les écarts d'une raison souvent fausse. Finalement ils avaient tout troublé et tout brouillé ; une ombre épaisse avait obscurci pour eux les pages lumineuses de l'Évangile. — A l'heure où Hilaire commence à ouvrir les yeux, la société chrétienne est une vraie Babel. On y parle mille langues étranges et incompréhensibles. On se repousse, on s'anathématise au nom d'une vérité que chacun croit posséder et que personne ne possède plus, excepté l'Église romaine et ceux qui sont en communion avec elle. Arius a dit : « Le Fils n'est pas coéternel au Père, ni de même substance. » Sabellius : « Ils sont identiques, indistincts et même chose. » Un nombre incalculable d'âmes suivent les sectaires, et le monde ne sait plus ce qu'est son Dieu[1].

Beaucoup d'évêques, devant cet attristant spectacle, se contentaient de prier, désespérant d'avance du succès de toute tentative humaine, ou de lutter dans la sphère restreinte de leurs diocèses. Il n'y avait guère qu'un homme dont les efforts et l'action embrassaient l'univers : Athanase! Toujours sur la brèche, l'immortel évêque d'Alexandrie combattait sans relâche comme un héros, et protestait presque seul, tout haut, au nom de l'Évangile défiguré et lacéré, contre l'envahissement continu de l'erreur et l'oppression de l'Église.

Une voix dit à Hilaire au fond de son âme qu'il avait une mission semblable à remplir: « Ceins-toi[2] les reins, lève-toi, et instruis-les de ce que je veux. Et puis ne tremble pas, va ; je saurai bien faire que tu n'aies rien à redouter. » Le vieil apôtre se mit à l'œuvre. La Trinité était méconnue ou dénaturée : il se fit le champion de cette belle cause. Et il com-

---

[1] *De Trinit.*, passim.
[2] Jerem., I, 17.

posa ces douze livres [1] célèbres qui ont fixé la tradition sur ce premier de nos mystères et fait l'admiration de ce qui a brillé de plus illustre dans l'Église du passé [2].

On se rappelle sans doute les belles pages dans lesquelles il retrace lui-même le chemin que sa raison parcourut pour s'élever de l'idolâtrie à la pensée d'un Dieu unique et parfait, et de cette idée, déjà sublime, à la pensée plus haute encore de la Trinité chrétienne. On se rappelle ses cris d'enthousiasme et d'amour à mesure que le champ de ses découvertes s'élargissait. C'est par ces pages émues et profondes à la fois que son ouvrage débute. Le reste est une sorte de lutte ardente contre les hérésies. Hilaire les culbute toutes au passage avec une vigueur non pareille. Son étreinte les pulvérise. Sabellius, qui nie les trois personnes, Ébion, qui fait dater le Verbe de la conception de Marie; Arius, qui ne voit en lui qu'une

---

[1] Perpetuum lumen Christum, Dominumque Deumque
Bissenis populos edocet esse libris.
(S. Fort., lib. II, c. 16.)

[2] *Histoire littéraire de la France*, t. I, p. 1 (saint Hilaire), p. 155 et suiv.

créature, sont tour à tour interrogés, discutés, démolis. Il dresse contre eux la clarté des Écritures, la tradition et l'arme inflexible d'une logique incomparable.

Mais nous ne pouvons nous en tenir à cette appréciation générale. Il faut, malgré les difficultés d'une analyse complète, voir de plus près cette œuvre magistrale pour laquelle les anciens eurent une admiration si profonde [1], et qui est le chef-d'œuvre de l'immortel docteur.

Le premier livre débute donc par ces belles pages dont il a été parlé : portique sévère sur lequel se détache en relief, comme sur la façade de nos cathédrales gothiques, la tragique histoire d'une âme que la vérité sollicite ; elle cherche la vérité, elle monte graduellement et finit par atteindre à ces sommets que la pleine lumière inonde. Hilaire indique ensuite par un mot rapide le sujet des onze livres qui vont suivre et donne une vue d'ensemble de tout l'ouvrage. Il stigmatise en passant l'hérésie,

---

[1] Cassiodor., *Instit. divin.*, lib. I, cap. xvi. — Rufin, *Hist.*, lib. I, cap. xxxi. — Hieronym., *Epist. VII ad Læt.* — Sozomen., lib. III, cap. xiv.

cette témérité blasphématrice, et les hérétiques, ces hommes dont l'ineptie égale l'impiété effrontée et l'orgueilleuse ignorance [1].

L'illustre écrivain se révèle déjà tout entier dans ce premier livre. Il est subtil, obscur parfois, parfois violent; mais il est sincère, ardent, profond, s'élève à une hauteur d'abstraction sublime et trouve à chaque page de magnifiques inspirations d'éloquence. Génie un peu abrupt, inaccessible aux intelligences simples [2], mais d'une fécondité et d'une puissance incomparables.

Le second livre s'ouvre par l'explication de la doctrine catholique touchant les trois personnes divines. C'est là qu'Hilaire s'attaque principalement aux hérétiques. Forcé par leurs blasphèmes de soulever un voile que l'adoration devrait éternellement tenir baissé, de s'élever plus haut que nature, de dire l'ineffable, d'étreindre l'insaisissable, son génie s'é-

---

[1] Impiæ temeritatis ingenia. (Hilar., *De Trinit.*, lib. I, n. 15.) — Stultissimi atque impiissimi homines, non intelligentes. (*Id., ibid.,* n. 32.)

[2] Hieronym., *Epist. XIII ad Paulin.*

chauffe et aborde avec un courage que le respect fait trembler, mais que l'amour enhardit, le dogme inénarrable de l'éternelle Trinité [1]. « C'est du Père [2] que tous les êtres ont leur subsistance. C'est lui qui, dans son Christ et par son Christ, est l'origine de toutes choses ; pour lui, il tient son être de lui-même et non d'ailleurs. Il est infini, parce qu'il n'est pas dans un autre, mais que tous les êtres sont en lui. Il est hors de tout lieu, parce que rien ne le contient. Il a toujours été, et avant tous les siècles, parce que c'est lui qui a donné le commencement au temps ; il est Père et Dieu à la fois, étant Père par la même nature qu'il est Dieu, en quoi il diffère des hommes, qui, pour être hommes, ne sont pas pères aussitôt, mais successivement. Il n'est point engendré ; il est éternel, invisible, connu du Fils seul, incompréhensible et immortel. » Bien que ces termes soient les plus expressifs que nous ayons pour

---

[1] Compellimur hæreticorum et blasphemantium vitiis illicita agere, ardua scandere, ineffabilia eloqui, inconcessa præsumere. (Hilar., *De Trinit.*, lib. II, n. 2.)
[2] *Id., ibid.*, n. 6.

marquer ce que nous pensons de Dieu et de ses perfections, toutefois saint Hilaire les trouve [1] peu proportionnés à la grandeur de cet Être suprême. — Il trouve encore plus de difficulté à dire du Fils ce qui en est. « Il est, dit-il [2], le Fils du non engendré, seul d'un seul, vrai de vrai, vivant de vivant, parfait de parfait, la vertu de la vertu, la sagesse de la sagesse, la gloire de la gloire, l'image invisible de Dieu, la figure du Père non engendré... » Quant au Saint-Esprit, saint Hilaire fait voir, par l'autorité de l'Écriture, qu'il est Dieu [3]. « Il demeurera avec nous jusqu'à l'épuisement de la durée. Il est le terme de notre attente, le gage des espérances éternelles, la lumière des esprits et la splendeur des âmes [4]. »

Hilaire consacre uniquement son troisième livre à prouver la génération du Verbe et sa divinité: « Le Père est en moi, et moi dans

---

[1] Hilar., *De Trinit.*, n. 7.
[2] *Id., ibid.*, n. 8.
[3] Dom Ceillier, *Hist. gén. des ant. eccl.*, IV, p. 35-36.
[4] Joan., xiv, 2.

le Père ¹. » — « La vie éternelle consiste à vous connaître, vous qui êtes le seul Dieu véritable, et Jésus-Christ que vous avez envoyé ². » — « Moi et mon père, nous sommes une même chose ³. » Il fait jaillir la lumière de ces textes profonds comme des abîmes. Cependant il reste encore des ombres après ces démonstrations magistrales. Mais où est-ce qu'il n'y a pas d'ombres ? Ce n'est pas une raison à ses yeux de rejeter les dogmes, que de ne les pas comprendre. Il termine son livre en accablant sous ses invectives puissantes cette pauvre raison humaine dont la sagesse orgueilleuse n'est qu'une orgueilleuse folie.

Il est un mot qui joua, au IVe siècle, un rôle extraordinaire. On l'acceptait ou on le repoussait, mais il était sur toutes les lèvres. On l'eût dit vivant, tant les amours et les haines qui s'attachaient à lui étaient vigoureuses. C'est le mot *consubstantiel* ⁴. Le grand

---

¹ Joan., xiv, 2, 4.
² *Ibid.*, xvii, 2, 3.
³ *Ibid.*, x, 30.
⁴ Mgr Genoulhiac, *Histoire du dogme catholique*, t. II, ch. xv, xvi, xvii, xviii.

concile de Nicée l'avait appliqué à Jésus-Christ, sur la proposition d'Athanase, en disant que le Verbe était consubstantiel au Père. Les ariens l'avaient nié et le niaient encore. Hilaire, dans son quatrième livre, entre en lice. Il fait sonner à son tour ce noble mot dans la bataille : « Il faut le maintenir, » dit-il. Et il prouve qu'il est légitime, qu'il correspond à l'idée vraie qu'un vrai chrétien doit se faire du Verbe; que les hérétiques s'obstinent à tort, et qu'ils sont de mauvaise foi. Le Verbe est Dieu, et il n'y a qu'un Dieu. Il faut donc que le Verbe et le Père soient consubstantiels.

Le cinquième livre traite le même sujet que le précédent en l'appuyant de raisons nouvelles.

Le saint docteur commence son sixième livre par cette remarque profonde, qu'il est d'autant plus difficile d'arracher les hérétiques à leurs erreurs qu'ils forment un parti nombreux. L'homme est porté à croire que la vérité est du côté du plus grand nombre. Il ne se décourage cependant pas. Il attaque derechef la funeste hérésie d'Arius, essaye de dénouer ses sophismes perfides, entortillés comme des nœuds de vipère[1], et fait une tentative nouvelle pour arracher les peuples à cette peste dévastatrice, plus redoutable au genre humain, dit-il, que la ruine des cités s'écroulant dans le chaos, que les funèbres ravages de la guerre, que les contagions qui dépeuplent les royaumes[2]. Au quatrième livre, il avait combattu l'erreur en lui opposant Moïse et les prophètes. Ici il la combat en lui opposant l'Évangile même.

Le septième livre est, aux yeux de son auteur, le plus important de tous. Il y reprend en sous-œuvre tous les arguments qui lui ont déjà servi, les étend et leur donne leur dernière formule. Il y mène de front Sabellius, Arius, Ébion, et Photin, et, les opposant les uns aux autres, les pousse avec une vigueur irrésistible. Ce à quoi il s'attache surtout, c'est à prouver la divinité de Jésus-Christ. Il la prouve : 1° par le nom de Dieu qui lui est donné dans l'Évangile ; 2° par ce qu'on y lit

---

[1] Hilar., *De Trinit.*, lib. VI, n. 7.
[2] *Id., ibid.*, n. 3.

de sa naissance, de sa nature, de sa puissance et de ses actions. Ce livre est bien, en effet, comme le pensait Hilaire, le point culminant de l'œuvre entière. Nulle part son mâle esprit ne s'est montré plus vigoureux. Il atteint ailleurs l'éloquence de la passion; il atteint ici l'éloquence de la raison. Point ou peu de ces cris dont il remplit ailleurs ses pages, mais une logique qui finit par vous émouvoir à l'égal des plus beaux mouvements oratoires.

Tout le huitième livre est consacré à démontrer l'unité de substance du Père et du Fils. Hilaire conclut en faisant voir que, selon l'Apôtre, la plénitude de la divinité habite en Jésus-Christ corporellement, c'est-à-dire totalement et sans réserve, Dieu étant en lui, non par une inhabitation de grâce ou de volonté, mais à raison de la nature qu'il lui communique par sa génération éternelle.

Dans le neuvième livre, le saint docteur traite de l'union des deux natures en Jésus-Christ et de ce qu'on appelle en théologie la *Communication des idiomes* ou *propriétés* de ces natures. C'est un livre de polémique ardente contre les ariens.

Le dixième continue le neuvième. Hilaire s'attache surtout à ruiner cette vieille objection que Jésus-Christ, ayant tremblé de souffrir et de mourir, n'a point été impassible de sa nature et ne peut être Dieu. Le principe qui sert d'arme au champion du dogme est simple : c'est que Jésus-Christ, quoique conçu d'une autre manière que les hommes, a néanmoins été vrai homme et vrai Dieu. Dieu, il était impassible ; homme, il pouvait souffrir et mourir, s'il le voulait, et s'il nous aimait assez pour aller à ces excès sublimes.

Le onzième livre est encore une réfutation des objections ariennes.

Enfin le douzième établit le dogme catholique touchant la divinité de Jésus-Christ et sa divine génération. Hilaire salue, en commençant, le port de la vérité qu'il aperçoit de loin après tant et de si terribles orages [1]. Il entre ensuite à pleines voiles dans sa démon-

---

[1] Hilar., *De Trinit.*, lib. XII, n. 1.

stration et clôt son livre et son œuvre par une profession solennelle de sa foi au Père, au Fils et au Saint-Esprit.

Il venait d'achever une œuvre difficile, presque au-dessus des forces humaines. Il a beau dire en maints endroits qu'il n'est qu'un incapable et un ignorant [1], cet homme a vu Dieu avec les regards de la foi et du génie. Dieu vit et respire dans son œuvre immortelle et se définit devant nous par la bouche de son serviteur, comme jadis devant Moïse dans le buisson flamboyant du désert. Quand, après la lecture des douze livres *De la Trinité*, on se demande à soi-même son impression, on est de toute son âme avec Hilaire; et le dogme catholique, si ardemment combattu et si victorieusement défendu, paraît la vérité indubitable et lumineuse malgré les ombres.

S'il fallait citer tous les passages dans lesquels se montrent la puissante raison du saint évêque, les élans de son cœur, ou même la beauté d'une langue énergique et chaude, un

---

[1] Hilar., *De Trinit.*, lib. I, n. 37; lib. III, n. 20. — *De Synod.*, n. 5.

volume ne serait, en vérité, pas de trop; nous devrions recopier presque d'un bout à l'autre les douze livres dont nous n'avons voulu donner qu'une rapide analyse.

Nous ne transcrirons que ces quelques lignes par lesquelles il termine son incomparable démonstration, hymne et prière à la fois qu'il chante sur les ruines glorieuses qu'il a faites :

« Que ces luttes de la parole, mon Dieu, ne me soient pas inutiles ; qu'elles me soient la constante profession d'une foi impérissable.

« Et conserve-moi-la, je t'en supplie, Seigneur, inviolable et sacrée, cette foi si chère ; et jusqu'au dernier souffle, donne-moi le courage de la proclamer à la face du monde.

« Baptisé au nom du Père, du Fils et du Saint-Esprit, je confesserai à jamais le symbole du jour qui m'a vu renaître. Je veux t'adorer, ô notre Père, adorer ton Verbe avec toi, et mériter ton Saint-Esprit, lequel vient de toi par le Verbe, ton fils unique [1]. »

---

[1] Hilar., *De Trinit.*, XII, 57.

Telle est cette œuvre remarquable, le plus vaste et le plus beau monument théologique du iv° siècle. Hilaire l'a tirée de son cœur et d'un génie à qui Dieu prodigua les lumières [1]. Le dogme de la Trinité était désormais établi scientifiquement dans l'Église, et le prince de l'erreur et du monde à jamais vaincu par l'immortel soldat de Jésus-Christ [2].

[1] De scrinis pectoris sui a Deo illuminati fidei responsa proferebat. (Brev. monastique, 14 jan.)

[2] Hilarii lingua in sæculo pro sanctæ Trinitatis æqualitate sic tonuit ut hujus mundi principem miles Christi prosterneret et in cœlestis Regis aula victor intraret. (*Ibid.,* Propre de la Congrégation de France.)

CHAPITRE VI

(359)

LE GRAND CONCILE. — ESPÉRANCES
PROJETS DIVERS. — TREMBLEMENT DE TERRE
UNE VILLE DÉTRUITE. — PLAN DIABOLIQUE
EN ROUTE. — ÉPISODE DE FLORENTIA. — A SÉLEUCIE
ACCUEIL. — LE CONCILE
TRISTE ISSUE

CHAPITRE VI

Un mot tombé des lèvres impériales rendit tout à coup au trouble cette Église chrétienne que les luttes dogmatiques laissaient si rarement, depuis un demi-siècle, respirer en paix. Constance venait de fixer la date du grand concile.

Le grand concile! Ce cri, porté d'un bout de l'empire à l'autre, remplit l'Orient et l'Occident d'une indicible émotion. Hilaire l'entendit au fond de son lointain exil et en tressaillit. « Tous ces tristes débats vont donc finir! » pensait-il. Il éprouvait dans son âme, en caressant cette belle espérance, une impression semblable à celle d'un homme qui voit, après mille tempêtes essuyées, son vaisseau toucher la rive. Toutes les âmes droites et sincèrement chrétiennes portaient leurs regards, avec cette même confiance, vers cet avenir prochain qui allait rassembler dans d'imposantes assises l'unanimité des évêques du monde.

C'est à Nicée [1] que l'empereur voulait d'abord fixer le rendez-vous œcuménique. Il lui eût été doux, à cette âme damnée de l'arianisme, de détruire sur sa terre natale l'immortel symbole rédigé dans cette ville contre Arius. Mais il eut peur. Il eut peur que les grands souvenirs mal endormis d'Athanase et des confesseurs catholiques ne se réveillassent dans le cœur des évêques hésitants, et que ce théâtre d'une première et solennelle défaite ne devînt le théâtre d'une irrémédiable ruine.

En y réfléchissant, Nicomédie lui parut plus favorable. Les souvenirs d'Eusèbe et la présence de Cécrops, évêque arien, étaient de meilleur augure. Déjà les voitures publiques avaient été mises à la disposition de tous les évêques et d'Hilaire lui-même [2], quand

---

[1] Baron., t. IV, *Ann. chr.* 358, n. 11, p. 613.
[2] Sulpit. Sever., *Hist. eccl.*, lib. II, 57 et suiv.

la nouvelle se répandit d'un effroyable malheur. Elle vint troubler Hilaire jusque dans sa solitude. Voici ce que l'on racontait.

Le 24 août, dès l'aurore, une nuée sombre et lourde envahit le ciel et l'obscurcit tout à coup. Nuit complète sur Nicomédie ! Quelques heures s'écoulèrent ; alors, comme si quelque divinité ennemie eût appelé les vents des extrémités du monde, une tempête folle s'abattit sur la ville. Son impétuosité secouait les montagnes et arrachait des gémissements étranges aux profondeurs de leurs entrailles. Heurtant ses vagues sur le rivage, la mer grondait comme un tonnerre. De temps à autre, des détonations terribles, suivies de grandes lueurs sinistres. Des météores ardents, semblables à des lances de feu, perçaient la nue. Cependant la terre tremblait. La force cachée qui faisait sauter les montagnes, renversait les maisons bâties sur leurs flancs. C'était épouvantable : on entendait, mêlés aux

---

[1] Aurel. Victor., *Fast. Idat.* — Socr., lib. III, c. xxxi. — Liban. in Monod. et *Ep. XXII ad Acac.* — Ammien Marcellin, lib. XVII. — Grégor. Nyssen., *Contra fatum.*

bruits de l'orage, aux mugissements des flots, aux sourds grondements des montagnes ébranlées, le fracas des édifices croulants, les cris effrayés des enfants et des femmes, les plaintes des malheureux écrasés sous les ruines.

Quand, après cinquante jours de nuit et de bruit, le soleil reparut, il ne vit plus, à la place de la belle et fameuse cité, qu'un vaste champ couvert de cendres encore chaudes.

On ne pouvait rassembler un concile sur des décombres. Il fallut chercher et choisir un autre rendez-vous.

Constance revint d'abord à sa première idée.

« Nicée, répétait-il, est la ville qu'il nous faut ! » Puis un jour, brusquement, il abandonna son dessein, et fit connaître son plan décisif. Les prélats qui l'entouraient, tous hérétiques, l'avaient combiné ensemble, et le lui avaient fait adopter. Il était digne de leur habileté infernale. Plus de concile général dans une même ville, mais deux assemblées distinctes, l'une de l'Église d'Orient, l'autre de l'Église d'Occident, dans deux villes différentes. C'était le plus admirable moyen qu'on pût imaginer de bouleverser le monde sans fruit[1]. Deux assemblées d'évêques, siégeant séparément, ne pouvaient avoir l'autorité dogmatique d'une assemblée plénière. Et, de plus, les deux Églises d'Orient et d'Occident, si différentes d'instincts, de procédés et d'allures, dominées par des principes opposés, ne pouvaient qu'arriver à des conclusions divergentes. C'était la perpétuité des conflits anciens et le point de départ assuré de dissentiments nouveaux.

Rimini fut proposé à l'Occident, et, après quelques tergiversations, Séleucie à l'Orient[2].

Tous les évêques de l'univers se mirent en route.

En voyant passer leur interminable cortège, les païens riaient de ces croyants étranges qui ne savaient jamais ce qu'ils devaient

---

[1] Saint Athanase (*De Synodis*, n. 7) et le concile de Paris (Hilar., *Fragm.* XI) affirment que c'était là le dessein des hérétiques : scinder le concile afin d'empêcher une décision favorable au *consubstantiel*.

[2] Baron., IV, *Ann. chr.* 359, n. 1 et suiv., p. 618. — Bolland., 13 jan., n. 30, p. 68.

croire [1]. Ils les saluaient au passage de quolibets et d'insultes. Et ils étaient excusables, en vérité; car ces pauvres pontifes, qu'un caprice impérial faisait courir les grands chemins et appelait chaque jour à quelque nouveau conciliabule, en perdant leur liberté perdaient leur dignité et leur prestige [2].

Bien qu'orthodoxe et proscrit, Hilaire, grâce sans doute à l'entremise de l'évêque d'Ancyre (un semi-arien qui pouvait fonder quelque espoir pour sa cause sur un homme dont il connaissait la science et la modération), avait obtenu du gouverneur de Phrygie le brevet de course publique, promis par l'empereur à tous les évêques. Quel accueil lui ferait-on là-bas [3]? Il l'ignorait. Mais la volonté de servir l'Église élevait son âme au-dessus de toute crainte et de toute faiblesse. Il avait pris vingt fois la plume, il voulait agir; car, selon lui, les paroles n'ont leur vrai sens que

---

[1] *Hist. Trip.*, lib. III, xii, cap. *de Curs. pub.*
[2] Saint Athanase a protesté énergiquement contre ce scandale. (*De Synodis*, n. 8 et 33.) — Till., *Hist. eccl.*, VI, p. 446.
[3] Sulpit. Sever., *Hist. sacr.*, II, 42.

traduites en actions[1]. Il se mit donc courageusement en route, et s'achemina à petites journées vers Séleucie[2]. C'est au cours de ce voyage que lui arriva l'émouvant épisode que voici.

Un dimanche, après avoir profité pour marcher les heures fraîches du matin, l'évêque voyageur parvint à une petite bourgade. Lassé, il chercha des yeux l'église, la trouva et y entra afin de reposer là, sous les regards de Dieu, son vieux corps épuisé et son vieux cœur fatigué d'espérance et d'angoisse.

Quand il eut franchi le seuil, il aperçut la foule réunie et priant. Il fit quelques pas, quand soudain une voix de jeune fille s'élève au milieu de l'universel silence. « Voici le serviteur de Dieu! » Les assistants, stupéfaits, regardent du côté de la porte. Un homme est, en effet, debout sous le portique, belle figure où le génie et la vertu semblent unir leur

---

[1] Mentium judicia non verbis significanda sunt, sed rebus explenda. (Hilar., *Tract. in CXIX Psalm.*, n. 10, p. 374.)

[2] Séleucie était une ville de la Pisidie, au pied du mont Taurus, et contiguë à l'Isaurie, ce qui l'a fait quelquefois attribuer à cette province.

majesté à la majesté de l'âge. « C'est le serviteur de Dieu ! » répète la jeune fille.

En même temps elle fend les flots de l'assemblée et vient tomber aux pieds d'Hilaire. « Je t'en supplie, évêque, lui dit-elle, fais sur mon front le signe sacré de la croix. Je ne me relèverai pas que tu ne m'aies accordé cette grâce. » A genoux et fondant en larmes, elle attendait.

Revenu de sa première surprise, l'évêque, reconnaissant dans le mouvement subit de cette âme une inspiration de l'Esprit-Saint, traça le signe sacré sur le front de la jeune suppliante et la marqua ainsi du sceau des catéchumènes.

Il se fit dans le peuple un long murmure : « C'est Florentia ! — disait-on, — c'est une païenne ! » Florentia était déjà loin. Quelques moments après, elle revenait à l'église avec son père et toute sa famille, et, à force de supplications, les contraignait à se faire chrétiens comme elle.

Hilaire les baptisa tous le même jour.

Comme il se disposait à repartir, l'heureuse

famille vint le saluer. Florentia était là, rayonnante. Quand le vieillard, après l'avoir bénie, commença à s'éloigner, la jeune fille n'y tint plus. Se tournant vers son père : « Père, dit-elle, c'est vous qui m'avez donné le jour; mais c'est lui qui m'a régénérée. Je veux le suivre jusqu'au bout du monde[1] ! »

La foi était si triomphante dans ces âmes, qu'on ne fit aucune objection. Florentia suivit le saint vieillard, et ils disparurent ensemble au détour du chemin[2].

Après quelques jours, Hilaire arriva enfin au terme de son voyage. Le cœur du généreux apôtre dut battre bien fort quand il vit apparaître de loin, bâtie en amphithéâtre sur les bords de l'Oronte, au pied de ses hautes et abruptes montagnes, cette ville de Séleucie où il s'allait agir des destinées de l'Église[3].

---

[1] Fortunat., *Vita S. Hilarii*, lib. I, n. 7. — Apud Benedict., n. 57.

[2] Patrem vero se habere, non a quo generata est, sed per quem regenerata prædicabat. (Brev. d'Anne de Prye.) — D'après une tradition, le père de Florence se serait appelé Florent : « Petri Damiani serm. » (*De Translat. S. Hilar.*, n. 4.)

[3] Socr., lib. II, c. XXXI.

Son arrivée ne fut pas sans causer quelque surprise parmi les prélats qui l'y avaient précédé. Tous les regards se fixèrent sur lui avec des expressions diverses de sympathie ou de répulsion. « Pouvons-nous accepter dans l'assemblée du concile cet inconnu qui vient se mêler à nous? — Oui, disaient les uns, c'est un évêque; il en a le droit. — Non, disaient les autres, c'est un étranger. Venu d'Occident, cet homme doit partager l'erreur de son pays. C'est un Sabellien[1]! »

Pour anéantir ces préjugés, Hilaire fit sa profession de foi[2] en répétant devant tous les saintes formules de Nicée. Il le fit si simplement, avec tant de calme, de douceur et d'intelligence, que les Orientaux furent subjugués et l'admirent unanimement à prendre part aux séances.

C'est le 27 septembre 359 que la session fut ouverte[3]. On ne comptait guère que cent-

---

[1] Baron., IV, Liberii ann. 8, n. 67.
[2] Sulpit. Sever., lib. II, *vetus edit*.
[3] Ammian., lib. XIX, *in fin*. — Athanase, lib. *De Synod*.

soixante prélats[1]. Un grand nombre, fatigués de voyages et de disputes, avaient préféré rester en paix dans leurs diocèses.

Hilaire cherchait des yeux dans l'assemblée quelques vrais frères qui partageassent sa foi. Amère pensée! cent cinq appartenaient à cette foule, chaque jour grandissante, d'hérétiques modérés qu'on appelait semi-ariens, et qui, s'arrêtant à mi-chemin, reconnaissaient la ressemblance du Verbe avec son Père, sans vouloir reconnaître encore leur consubstantialité. Trente-neuf ou quarante professaient l'arianisme extrême et radical d'Aétius. Ceux-là avaient pour chef Acace de Césarée, encore plus ambitieux peut-être que fanatique. Douze seulement représentaient l'orthodoxie. C'étaient des évêques d'Égypte, amis et compagnons intrépides de l'intrépide Athanase.

Quelque douloureuse que fût son impression, Hilaire la domina[2], estimant qu'il faut chercher dans les hommes ce qui rapproche,

---

[1] Socrat., lib. II, c. xxxi. — Athanase, *De Synod.* — Theodor., lib. II, c. xxvii. — Epiph., *Hæres.*, LXXIII.

[2] Hilar., *Contr. Constant.*, n. 12, 13.

non ce qui divise : il prit cette résolution d'être affable à l'égard de tous ses collègues, si opposés qu'ils fussent à la vraie doctrine [1]. Il espérait tout de la bonté divine et de la puissance de la charité.

Les magnanimes espérances devaient être, encore un coup, déçues. Il n'entrait pas dans les desseins de Dieu de rendre sitôt la paix à son Église.

Voici ce qui se passa à Séleucie. Nous en empruntons le récit à Hilaire lui-même. Quelque étrange et subtil que soit ce langage théologique, il reproduira, suivant nous, plus fidèlement la physionomie du concile que le tableau le plus minutieusement étudié.

« Dès la première session, dit le grand docteur, les opinions se dessinèrent avec toutes leurs nuances. Cent cinq évêques se déclarèrent pour l'*Homéousion;* le Verbe, selon leur avis, était *substantiellement semblable* à son Père. Dix-neuf étaient pour l'*Anoméousion*, c'est-à-dire pour la *dissemblance de substance*

---

[1] Hilar., *Contr. Constant.*, n. 2.

entre le Père et le Fils. Seuls les Égyptiens, séparés de Georges, l'évêque intrus et hérétique d'Alexandrie, eurent le courage de défendre l'*Homéousion,* c'est-à-dire la consubstantialité.

Parmi les partisans de l'*Homéousion,* quelques-uns employaient ce terme au sens catholique : le Fils est de Dieu, c'est-à-dire la substance de Dieu, et n'a pas eu de commencement.

Les *Anoméens,* au contraire, ne proféraient que des blasphèmes. Ils niaient effrontément qu'un être, si parfait qu'il fût, pût être *semblable* à Dieu. La génération en Dieu était chose impossible. Le Christ n'était qu'une créature. Il avait été créé, on appelait cela engendré. Bref, fils du néant, il n'était ni le Fils de Dieu, ni semblable à Dieu.

« Je ne rapporte que ce que j'ai entendu. Publiquement, poursuit saint Hilaire, [Eudoxe], le soi-disant évêque d'Antioche, a prononcé ce blasphème : « Dieu fut de tout temps ce qu'il « est ; mais il n'a pu être Père de toute éter- « nité. Pourquoi ? Parce qu'il n'avait pas de

« Fils. S'il avait un fils, il faut admettre, en
« effet, une femme à ses côtés, une femme et
« toutes les circonstances des amours et des
« générations humaines [1]!... »

« O malheureuses mes oreilles! s'écrie Hi-
« laire à ce souvenir. Il m'a fallu entendre le
« son de cette voix profanatrice de la bouche
« d'un homme qui parlait de Dieu et du Christ,
« et qui parlait dans une église.

« Après nombre d'impiétés semblables, il
joua sur les noms de Père et de Fils, sans
presque toucher à la question de leur nature.
Il ajouta comme conclusion : « Autant le
« Fils s'élève pour atteindre à la connaissance
« du Père, autant s'élève le Père pour se dé-
« rober à la connaissance du Fils. »

« Il se fit, à ces mots, un tumulte indescrip-
tible [2]. »

Les affirmations hardies, les dénégations

---

[1] « Nam si filius, necesse est ut et femina sit et colloquium et sermocinatio, et conjunctio conjugalis verbi, et blandimentum et postremo ad generandum naturalis machinula. » (Hilar., *Contra Constant.*, n. 13) — Cet abominable blasphème date d'Arius.

[2] Hilar., *Contra Constant.*, n. 12, 13.

violentes, les exclamations ironiques, les cris d'indignation s'élevaient et se heurtaient dans une atmosphère pleine de confusion et d'orage. Au milieu de ces bruits de voix passionnées, un évêque à figure hypocrite et cauteleuse se pencha à l'oreille de l'évêque gaulois, et s'imaginant sans doute qu'il ne comprenait rien à cette dispute : « Pourquoi donc, dit-il, condamnent-ils l'*unité* de substance? Pourquoi nient-ils la ressemblance de substance et prescrivent-ils la dissemblance? Selon moi, le Christ n'est pas semblable à Dieu, mais il est semblable au Père. » — Hilaire le regarda, étonné, et avec son fin sourire : « Votre langage, répliqua-t-il, ne me paraît pas très clair. — Je dis, ajouta l'autre, que le Fils, quoique non semblable à Dieu, peut cependant être semblable au Père; car on peut concevoir le Père produisant une créature dont les volitions seraient semblables à lui; et, en conséquence, elle lui serait semblable, parce qu'elle serait le Fils de sa volonté plutôt que de sa divinité; mais elle ne serait pas semblable à Dieu, parce qu'elle ne serait pas

Dieu, ni née de Dieu, c'est-à-dire de sa substance. »

En entendant ce langage insensé, Hilaire, le fils de cette Gaule au clair langage, était abasourdi.

Mais voici qu'il se fait tout à coup un silence de mort. C'est le questeur Léonas qui, chargé par l'empereur de surveiller l'assemblée, la congédie brutalement : « Allez dans vos églises, dit-il aux évêques avec un mépris qu'il ne dissimula pas ; vous crierez là tout à votre aise! » Le concile était dissous [1].

Ce fut là pour Hilaire une déception cruelle. Il venait de voir, en quelques jours, s'évanouir ses plus chères espérances et crouler l'échafaudage de ses plus laborieux efforts. Acharné au bien de l'Église, il ne voulut pourtant pas désespérer. Il se raidit contre le malheur, prêt à relever, s'il était possible, le

---

[1] Socrat., *Hist. eccl.*, lib. III, c. xxxix, xl. — Theod., II, 26. — Athanas., *De Synod. Ar. et Sel.*, p. 881. — Epiph., *Hæres.*, lxxiii, 25. — Hilar., *Contr. Const. imp.*, fol. 1246 et seq. — Sulpit. Sever., II, 42.

vaste amas des ruines. Dix députés, choisis dans chaque parti, allaient plaider leurs différends devant l'empereur; Hilaire se joignit à eux et partit pour Constantinople.

CHAPITRE VII

(360)

DOULEUR. — TRISTES SPECTACLES
DANS L'ÉGLISE SAINTE-SOPHIE. — DEVANT L'EMPEREUR
LIBRE ET RESPECTUEUX PLAIDOYER — LA LIBERTÉ

CHAPITRE VII

La plus cruelle des déconvenues attendait encore Hilaire à Constantinople. A peine y était-il arrivé, qu'il apprenait la lourde chute des évêques de Rimini. L'Occident, l'asile et le rempart de la foi de Nicée, venait de souscrire à l'erreur.

D'un autre côté, fatigué de débats et de querelles, l'empereur saisissait avec joie cette occasion d'en finir, et donnait ordre de faire contresigner à tout prix la formule hérétique que l'Occident venait d'admettre.

Ainsi donc la volonté perverse des hommes va tuer la foi. Encore quelques jours, et la pierre fondamentale de l'édifice chrétien va être

---

[1] Soz., IV, 23. — Hilar., *Fragm.*, fol. 1350, 1351.

arrachée ; la Trinité va être universellement reniée, et l'Église, ce beau rêve de Jésus, s'effondrera, détruite par la main de ses propres enfants. L'absurde hérésie fleurit à l'ombre du sceptre impérial, les apostasies se multiplient, et le monde, suivant l'énergique expression de saint Jérôme, gémit déjà et s'étonne d'être arien. Nombre de catholiques n'osent plus croire à l'espérance.

Pour Hilaire, ce ne sont pas là les pensées qui le troublent. Le vieil évêque a trop de foi. Ni l'Église ni la vérité, il le sait, ne peuvent sombrer sans retour. Le grand édifice s'ébranle et paraît pencher quelquefois au sein des commotions politiques, comme nos maisons quand le sol tremble. Mais si nos demeures s'écroulent, lui, il reste éternellement debout par la vertu de sa constitution impérissable[1]. C'est lui-même qui a dit cette belle parole: « La foi ne connaît aucun péril[2]. » Ce qui trouble Hi-

---

[1] Hoc Ecclesiæ fondamentum est, hæc securitas æternitatis. (Hilar., *De Trinit.*, l. VI, n. 37.)

[2] Non enim habet fides periculum. (Hilar., *De Trinit.*, l. X, n. 67.)

laire, ce qui lui brise le cœur et l'émeut jusqu'aux larmes, ce n'est pas la peur de l'avenir, c'est la douloureuse perturbation de la société religieuse et le malheur des âmes.

Il était, depuis son arrivée dans la capitale de l'empire [1], le témoin journalier des plus écœurants spectacles. Les évêques venus à Constantinople, constitué encore une fois en concile, s'anathématisaient et se déposaient les uns les autres. « Signez la formule de Rimini ! — Jamais ! » Quelle que fut leur nuance, semi-ariens comme Basile d'Ancyre, ou ariens à outrance comme Aetius, le bras séculier jetait les récalcitrants en exil. Macédonius de Constantinople ne fut pas plus épargné que les autres ; il fut déposé et proscrit. On vit alors cette chose révoltante : des hérétiques partageant les épreuves des vrais confesseurs de la foi.

Le 27 janvier suivant, Eudoxe d'Antioche,

---

[1] Aderat ibi tum Hilarius e Seleucia legatos secutus. (Sulpit. Sever., l. II.)

[2] *Id., ibid.*, n. 2.

en dépit des lois ecclésiastiques, était intronisé à la place de Macédonius en présence de soixante-douze évêques.

Quelques jours plus tard, le 15 février, eut lieu la dédicace de l'église fameuse connue dans l'histoire sous le nom de Sainte-Sophie. Ce devait être une fête splendide. La vanité de Constance s'était ingéniée à orner ce temple de toutes les splendeurs.

Dès l'aube, toute la ville courut au vaste édifice et le remplit des flots débordants de son peuple. Le cortège religieux arriva. Si déshonorés que fussent ces évêques, ils étaient beaux à voir néanmoins. La plupart étaient des vieillards, et un prestige s'attache toujours aux cheveux blancs. Hilaire les regardait passer, triste.

La cérémonie commença, et se poursuivit lentement. Soudain un frémissement se fait dans la foule. Tous les fronts se tournent du côté du trône patriarcal. Eudoxe, debout et souriant, attend le silence pour parler. Il parle. — Que dit-il donc? — Les auditeurs se regardent stupéfaits. Impiétés et blasphèmes ruissellent de la bouche impudente du nouveau patriarche. Le peuple s'émeut, se mutine, et bientôt tout est désordre et tumulte dans la grande église.

C'en était trop : Hilaire n'y tint plus. Avant que les évêques quittassent Constantinople, il voulut tenter un suprême effort et venger, s'il était possible, solennellement la foi solennellement outragée. Interrompant l'histoire commencée des deux conciles de Rimini et de Séleucie[1], il libella à la hâte une apologie orthodoxe[2] et demanda une audience à Constance. Il l'obtint[3].

En présence de cette tête de l'univers, dont un regard troublait et déconcertait la plupart des évêques d'Orient, le proscrit gaulois ne trembla pas, lui. Il parla à l'empereur avec le respect qu'un chrétien doit à la puissance établie, mais aussi avec la dignité que se doit un véritable évêque.

---

[1] *Vita S. Hilar.*, apud Benedict., 75, 76. — Hilar., *Fragm.*
[2] Baron., V, *Ann. chr.* 360, n. 3, p. 2.
[3] Sulpit. Sever., lib. II, n. 39. — Fortunat, *Vita S. Hilar.*, n. 8. — Hieronym., *in Cotalog.*, cap. c. — D. R. Ceillier, *Hist. gén.*, IV, p. 56, 57.

Saturnin d'Arles, l'auteur de son exil, se trouvait à Constantinople. Hilaire demande à être confronté avec lui et jugé. Il se plaint des formules nouvelles qu'on fait circuler parmi les peuples. Il redemande la foi de l'Évangile. Il en sera le champion, si l'on veut. Il proclame enfin comme l'expression de sa propre foi la foi de Nicée.

Voici, du reste, en partie ce libre et respectueux plaidoyer :

« Je ne l'ignore pas, pieux empereur, dit l'exilé, les causes que l'on porte au tribunal de l'opinion publique, graves ou futiles, n'ont généralement aux yeux de la multitude d'autre valeur que celle de leur avocat. Les doutes sont résolus, suivant qu'on aime l'homme ou qu'on le méprise. Pour moi, prince, sur le point de vous entretenir d'une question divine, je ne redoute en aucune façon cette vieille tendance. Pourquoi ? Parce que je vous sais bon et religieux... Et puis, Dieu m'en donnant l'occasion, c'est pour moi un devoir de parler, et un devoir trop pressant pour que, au moment où je viens traiter avec vous de religion, je me laisse retenir par un scrupule d'indignité [1].

« Du reste, » ajoute-t-il (et il nous semble ici le voir se redresser, le visage éclairé par le triple rayon d'une fierté légitime, la fierté du pontife, de l'innocent et du fils des Gaules); « du reste, je suis évêque, en union avec toutes les Églises et tous les évêques de mon pays, et, tout banni que vous me voyez, je distribue encore chaque jour la communion à mon peuple par les mains de mes prêtres. Et si je suis banni, ce n'est pas pour crime : c'est le fait d'une faction. J'ai été dénoncé par des hommes impies. J'ai un témoin qui en vaut mille, Julien, mon maître et votre César [2]. »

Mais il s'agit bien de questions personnelles. Il y a une question autrement grave et pressante.

« Ce qui m'alarme, poursuit le grand évêque, c'est le péril où se trouve le monde entier; c'est la faute que je commettrais si je n'osais parler; c'est le jugement de Dieu;

---

[1] Hilar., *Ad Constant. August.*, lib. II, n. 1.

c'est le souci de nos communes espérances, de notre commune vie, de notre commune immortalité, ce souci et le souci de toutes les âmes[1]... »

Lisez encore ces lignes d'une allure si digne et si franche :

« Reconnaissez-la donc enfin, cette foi que vous avez jadis, ô bon et pieux empereur, tant souhaité de connaître et que vous ne connaissez pas. Ceux à qui vous la demandez vous donnent leur formule, et non la formule de Dieu. Ils tournent dans un cercle éternel d'erreurs et de disputes. Ils auraient dû, dans le sentiment de l'humaine infirmité, ne pas tenter de reculer les bornes du mystère de la pensée divine, et, après les solennels serments du baptême prononcés au nom du Père, et du Fils, et du Saint-Esprit, ne pas chercher à bâtir des systèmes et à trouver des nouveautés curieuses. Mais il s'est rencontré des hommes qui, par présomption, par fatuité, par folie, s'attaquant à l'immuable symbole de la doc-

---

[1] Hilar., *Ad Constant. August.*, n. 3.

trine apostolique, l'ont interprété frauduleusement ou audacieusement dépassé... Si bien qu'au sens de quelques-uns le Père n'est plus Père, le Fils n'est plus Fils, le Saint-Esprit n'est plus Saint-Esprit. En quête de nouveautés, ils ne se sont pas mis en peine de conserver les vérités acquises, et leur foi est devenue la foi d'un siècle en cessant d'être la foi de l'Évangile...

« Ah! c'est un grand danger et c'est une terrible misère qu'il y ait, à l'heure présente, autant de symboles que de volontés, autant de doctrines différentes que de manières de voir, autant de blasphémateurs que d'hommes vicieux!... Comme il n'y a qu'un seul Dieu, qu'un seul Seigneur, qu'un seul baptême, il n'y a pareillement qu'une seule foi. La renions-nous? Quand, pour la remplacer, nous ferions cent formules, la foi a sombré [1]... »

Après avoir montré toutes les altérations qu'on a fait subir à la doctrine évangélique, les troubles incessants nés des querelles doc-

---

[1] Hilar., *Ad Constant. August.*, n. 4.

trinales, et le chemin à prendre pour éviter de nouveaux orages, Hilaire termine et couronne son beau discours par cette sublime prière et cette éloquente exhortation :

« Je ne vous demande qu'une chose, prince, dans ce sincère entretien que votre bonté m'accorde : c'est qu'en présence du synode qui, maintenant encore, dogmatise sur la foi, vous daigniez m'entendre expliquer les pages des saints Évangiles. Je ne ferai que rapporter les paroles de mon maître, de ce Jésus-Christ dont je suis l'exilé et le pontife. On trouve quelquefois dans des vases d'argile d'inappréciables trésors, et ce qu'il y a de plus infirme est souvent ce qu'il y a de plus sacré. C'est par des pêcheurs ignorants que le monde a naguère connu son Dieu... Vous cherchez la vraie foi, empereur? Ne la demandez pas à des écrits qui n'existaient pas hier; demandez-la aux livres divins...

« Il ne s'agit pas ici d'une question philosophique, il s'agit de la doctrine de l'Évangile!...

« Ce n'est pas, d'ailleurs, de vous seul que j'implore une audience; c'est de l'Église tout entière. Car la vraie foi, je la possède; je n'ai pas besoin d'interprète ; je la possède telle que je l'ai reçue, et je ne me permets pas de changer ce qui vient de Dieu[1]...

« Daignez donc entendre, je vous en supplie, ce que les évangélistes ont écrit sur le Sauveur, afin d'empêcher qu'on ne substitue aux paroles écrites des paroles qui ne le sont pas. Écoutez mon discours; élevez votre foi jusqu'à Dieu. Je n'ouvrirai la bouche que dans l'intérêt de la doctrine, de l'union et de l'éternité[2]!...

Constance, circonvenu par les évêques hérétiques, ne voulut rien entendre. La vérité, malgré tant et de si généreux efforts, resta encore méconnue. La démarche d'Hilaire ne lui valut qu'une chose qu'il eût volontiers sacrifiée au salut général : la liberté. Gênés par ce surveillant incommode qui ne les quittait pas des yeux ; craignant, d'autre part, les lumières de ce génie et les audaces de ce caractère,

---

[1] Hilar., *Ad Constant. August.*, n. 8.
[2] *Id., ibid.*, n. 10.

les prélats vainqueurs demandèrent eux-mêmes qu'on renvoyât dans ses Gaules, comme ils disaient, ce semeur de discorde et ce perturbateur de l'Orient[1]. On ne leva pas la sentence de proscription[2]; on lui ordonna de partir. Ainsi l'intolérance des sectaires, après l'avoir arraché à son pays, l'y rejetait brutalement comme dans un nouvel exil.

[1] Sulpit. Sever., lib. II. — Fortunat, *Vita S. Hilar.*, lib. I, n. 8. — Apud Bened., 82.
[2] Absque exsilii indulgentia. (Sulpit. Sever., *Hist. eccl.*, lib. II, 59.)

CHAPITRE VIII

(360)

LES PACIFIQUES. — CHANGEMENT DANS HILAIRE
UNE LETTRE AUDACIEUSE
JUSTIFICATION. — HILAIRE QUITTE CONSTANTINOPLE

CHAPITRE VIII

« Quelque doux et paisibles qu'ils soient, disait un jour saint Grégoire de Nazianze en parlant de plusieurs grands évêques de cette époque glorieuse où nos récits nous font vivre, il y a cependant une chose qui les fait sortir de leur placidité et de leur douceur, c'est quand la vérité est trahie... Ils deviennent alors agressifs, redoutables, presque farouches. Ils sacrifieraient tout plutôt que de manquer à leur devoir [1]. »

Certes, si jamais homme fut tolérant, ce fut Hilaire. On l'a vu par ses tentatives répétées de conciliation. Il poussa cette vertu, l'in-

---

[1] Gregor. Nazianz., *Orat. de S. Athanas.*

dulgence, jusqu'à la longanimité, même jusqu'à cet excès généreux que les âmes médiocres et les petits esprits prennent pour de la faiblesse. Ne l'a-t-on pas accusé de compromettre, par sa condescendance [1], la cause de la foi? Mais quand il vit, après son dernier échec, que toutes ses espérances étaient vaines, que tous ses efforts étaient inutiles, qu'il se heurtait, en s'adressant à Constance, contre une volonté pervertie et obstinément fixée dans l'erreur, il éprouva dans son âme ce frisson qui mettait la malédiction sur les lèvres des prophètes et le fouet vengeur dans les mains de Jésus-Christ. Plus de ménagements! Il dénonce à l'Église tout entière ce prince qui n'est pas même baptisé et qui porte la main à l'encensoir, dérisoire docteur qui déclare que le Christ n'est pas Dieu, usurpateur des

---

[1] Lucifer de Cagliari, un des plus âpres lutteurs de cette époque, avait, quelque temps après l'apparition du livre *des Synodes*, violemment incriminé certains passages de ce bel ouvrage. Le saint docteur répondit à toutes ses observations avec une modestie incomparable. Il ne nous reste que quelques fragments de cette apologie. (*Apologetic. ad reprehens.*, fol. 1205-1208.) — Patrolog. latin., t. X, p. 545-548.

droits sacrés de l'Église, qui chasse brutalement de leurs sièges les évêques légitimes pour les remplacer par des intrus, oppresseur de consciences et bourreau de chrétiens. Jamais la parole épiscopale ne se montra plus audacieusement libre à l'égard d'un potentat. La dernière adresse d'Hilaire à Constance n'a plus ni le calme ni les formes respectueuses des deux premières. Dans un style d'une force extraordinaire comme le sentiment dont il est l'écho, abrupt, violenté, où la pensée sursaute comme une lave enveloppée de fumée et de flamme, c'est une réprimande énergique, c'est un acte d'accusation, c'est une protestation, c'est une menace, c'est un cri indigné, c'est une invective ardente. Tertullien n'a rien écrit de plus véhément dans ses diatribes les plus déchaînées.

« Il est temps de parler, écrit le vaillant évêque : le temps de se taire est passé ! Attendons l'avènement du Christ, puisque l'antéchrist a vaincu. Les mercenaires ont fui, c'est au pasteur d'élever la voix. Donnons notre sang pour nos brebis : les voleurs sont dans le bercail, et le lion rugissant rôde alentour. Dussions-nous payer nos paroles du martyre, parlons, car l'ange de Satan s'est transfiguré en ange de lumière... Plaçons-nous hardiment, pour le nom du Christ, en face des juges et des puissances... Ne redoutons pas celui qui peut tuer le corps, mais redoutons celui qui peut précipiter l'âme et le corps dans la géhenne éternelle. Mourons avec le Christ, pour régner et revivre avec le Christ. Rester muet plus longtemps serait un signe de timidité et non une preuve de prudence : il n'y a pas moins de péril à se taire éternellement qu'à parler toujours [1].

« Après mes longs jours de silence, on comprendra, si on y réfléchit, que ce n'est point l'amertume d'une injure encore récente qui le fait rompre, et que, si je parle aujourd'hui avec la liberté d'un chrétien, ce n'est aucune passion humaine qui m'y pousse. Je ne parle point sans réflexion, puisque je me suis tu si longtemps. Et j'ai eu quelque mé-

---

[1] Hilar., *Ad Constant. August.*, n. 1.

rite de modération à me taire, puisque je parle aujourd'hui[1].

« Je m'adresse donc à toi, Dieu tout-puissant, Créateur de toutes choses, Père de notre unique Seigneur Jésus-Christ. Que ne m'as-tu fait naître dans le temps où j'aurais pu te confesser, toi et ton Fils, devant les Néron et les Décius. Alors, par la miséricorde du Seigneur et Dieu votre Fils, Jésus-Christ, brûlé des feux de l'Esprit-Saint, je n'aurais pas redouté le chevalet, me souvenant qu'Isaïe a été scié par le milieu du corps; j'aurais affronté le brasier des bûchers en flammes, cette fournaise même, ô souvenir! où les jeunes Hébreux chantaient. La croix, le brisement des jambes ne m'eussent point effrayé : c'est de la croix que le bon larron a passé dans le paradis; j'aurais traversé sans crainte les abîmes et les tourbillons de l'Océan, sachant, par l'exemple de Paul et de Jonas, que la mer épargne les justes. C'eût été un bonheur pour moi de combattre contre des ennemis déclarés

---

[1] Hilar., *Ad Constant. August.*, n. 3.

de ton nom, contre des persécuteurs avoués, capables d'employer la torture, le fer, le feu, pour me contraindre à renier ta loi. Nous aurions combattu, à visage découvert, contre des impies, contre des bourreaux, contre des égorgeurs. Et ton peuple, averti par cette persécution publique, nous aurait pris pour ses guides, et suivis dans la confession de ta foi[1].

« Mais nous combattons aujourd'hui contre un persécuteur hypocrite, contre un ennemi qui flatte, contre Constance, l'antéchrist. Le bourreau ne brise pas les os, il séduit par des festins[2]. Il ne nous condamne pas pour nous faire naître à la vie, il nous enrichit pour nous conduire à la mort. Il ne nous plonge pas dans ces prisons où nous trouvons la vraie liberté, il nous prodigue dans son palais de ces honneurs qui rendent esclaves. Il ne déchire pas les flancs, il pervertit le cœur. Il ne décapite point avec le glaive, il tue l'âme avec de l'or. Il ne nous menace pas du bûcher sur

---

[1] Hilar., *Ad Constant. August.*, n. 4.
[2] Non dorsa cedit, sed ventrem palpat. (*Id., ibid.*, n. 5.)

les places publiques, il allume secrètement le feu de l'enfer. Il ne discute pas, il craindrait d'être confondu; il caresse pour régner. Il confesse le Christ pour le nier; il décrète l'unité pour détruire la paix; il réprime l'hérésie pour qu'il n'y ait plus de chrétiens; il honore les prêtres pour qu'il n'y ait plus d'évêques; il bâtit des églises pour démolir la foi. Il n'a que ton nom sur les lèvres et fait tout, ô Dieu, pour que le monde ne croie plus à son éternelle paternité [1].

« Qu'on ne m'accuse pas d'invective ni de mensonge : il est du devoir des ministres de la vérité de la proclamer tout entière [2].

« Je te déclare donc, ô Constance, ce que j'aurais dit à Néron, ce que Dèce et Maximien auraient entendu de ma bouche : tu combats contre Dieu, tu outrages l'Église, tu persécutes les saints, tu exècres les prédicateurs de la vérité, tu anéantis la religion; tyran de la terre, tu déclares la guerre au ciel! Tu as cela de commun avec les monstres d'autrefois.

[1] Hilar., *Ad Constant. August.*, n. 5.
[2] *Id., ibid.*, n. 6.

Vois ce qui t'appartient en propre. Tu mens à ton nom de chrétien, car tu es l'ennemi du Christ. Tu es un précurseur de l'antéchrist, car tu opères les mystères de ses machinations secrètes. Tu fais des professions de foi, et tu violes la foi. Tu n'es un docteur qu'aux yeux abusés des profanes; tu distribues les évêchés à tes créatures : tu chasses les bons pour placer les méchants. Tes sicaires égorgent les prêtres du Seigneur; tes légions envahissent les églises; tu rassembles des synodes ; tu imposes à l'Occident l'erreur des Orientaux ; tu divises l'Orient par d'intestines discordes; tu stimules tes valets; les vieilles erreurs ne te suffisent plus, il t'en faut de nouvelles [1]...

« O Néron, Dèce, Maximien, votre cruauté nous a mieux servis. Par vous, nous avons vaincu Satan. Par vous, le sang précieux des bienheureux martyrs a été partout recueilli; leurs ossements vénérables nous servent encore aujourd'hui de témoignages... Mais toi, ô le plus cruel des bourreaux, tu nous fais

---

[1] Hilar., *Ad Constant. August.*, n. 7.

plus de mal et avec moins d'excuse. A l'abri de ton nom de chrétien, tu donnes la mort en caressant; tu couvres ton impiété du voile de la religion. Faux prédicateur du Christ, tu éteins la foi du Christ. Tu ne laisses même pas à tes infortunées victimes cette suprême ressource de présenter à leur juge éternel les tourments et les cicatrices de leurs corps labourés par les lanières... O tyran, tu mesures les maux de la persécution de telle sorte, que tu enlèves à la faiblesse le motif du pardon, et à la résistance la gloire du martyre[1]!

« Tu accueilles les prêtres avec un baiser; c'est aussi avec un baiser que le Christ fut vendu. Tu courbes la tête sous leur bénédiction, et tu foules leur foi aux pieds. Tu les invites à tes festins, et tu en sors, comme Judas, pour trahir ton Maître... Tu as beau dissimuler, nous reconnaissons ta peau de brebis, ô loup cruel[2]! »

Hilaire raconte ensuite l'histoire de ce long

---

[1] Hilar., *Ad Constant. August.*, n. 8.
[2] *Id., ibid.*, n. 10.

règne d'hérésie et de tyrannie, ramasse toutes les turpitudes qui l'ont déshonoré : persécutions sanglantes, exils, palinodies théologiques, et jette tout à la face de l'homme qui est responsable de tout.

On sent frissonner dans ces pages une âme honnête et chrétienne, que le dégoût a remplie et qui en déborde. Il est âpre et sans merci, frappant en aveugle, comme un lutteur qui n'a plus rien à ménager, et parlant, comme disait saint Athanase, avec une fermeté d'apôtre et une assurance de prophète [1].

Cependant, quelque emporté qu'il soit par les sentiments violents qui l'agitent, il sait rester dans les bornes de la justice. Il ne nie pas le pouvoir temporel de Constance, il ne prêche pas la révolte. Il se contente de flétrir la conduite publique d'un prince dévoyé, afin de mettre les peuples en garde contre une erreur dont la séduction s'était accrue du prestige qui entoure le trône.

---

[1] Patrol. græc., t. XXVI, col. 1184, et Patrol. lat., t. XII, col. 1040.

Il faut, du reste, que les gouvernements. qui se permettent tout le sachent bien, la mansuétude évangélique a des bornes, elle aussi, et il est du devoir des évêques de ne pas tolérer ce qui est intolérable.

Hilaire lança son livre devant lui à l'adresse de ses confrères des Gaules; puis, profitant de sa liberté reconquise, secoua sur la grande ville, pleine de trouble, la poussière de ses pieds, et quitta cette malheureuse terre d'Orient, d'où la vérité était un jour partie et sur laquelle la vérité ne pouvait plus vivre[1].

---

[1] *Vita S. Hilar.*, apud Benedict., n. 81. — Baron., t. V, *Ann. chr.* 360, n. 14. — Till., t. VII, p. 453. — De Broglie, II, I, ch. IV, p. 445. — Dom Chamard, *Orig. de l'Église de Poitiers*, p. 232, etc.

TROISIÈME PARTIE

APRÈS L'EXIL

(360-368)

Tendendum autem est semper, non etiam desinendum.
(Hilar., *Tract. in CXXVI Psalm.*, n. 13.)

CHAPITRE I

(360-361)

LA PATRIE. — EN CHEMIN. — MARTIN A ROME
OVATIONS. — L'ÉGLISE DES GAULES
A POITIERS. — JOIE DU PEUPLE. — ABRA ET SA MÈRE
ARRIVÉE DE MARTIN. — LES DEUX AIGLES

CHAPITRE I

Quand on a pour patrie ce beau pays qui est le nôtre, on souffre cruellement de l'exil, et, quelque détaché qu'on soit des choses de ce monde, il est impossible de ne pas aspirer violemment à revoir cette terre natale où tant de douceurs nous attendent. Hilaire se hâtait donc ; son âme impatiente courait devant lui. Sa vieille et sainte épouse, Abra, l'enfant de sa jeunesse, qu'étaient devenus ces êtres chéris, ces deux portions de son cœur d'homme ? Et l'Église de Poitiers surtout, cette épouse pour laquelle il avait délaissé l'autre ? Et tous ces enfants dont la religion l'avait rendu père ? Cinq ans d'absence, c'est bien long ! Les volontés étaient-elles restées droites, les consciences pures, les âmes chrétiennes ? Pas de halte ! pas de repos ! Il marche avec des forces que l'espérance et l'anxiété semblent rajeunir.

Martin, son disciple bien-aimé, informé par la rumeur publique qu'Hilaire revient en Occident, quitte l'île Gallinaria[1], où il est allé s'enfouir, et accourt à Rome. Il veut le revoir, recevoir sa bénédiction, se joindre à lui. Il arrive trop tard. Hilaire a franchi les Alpes, et foule déjà cette chère terre des Gaules[2].

Son retour était une véritable ovation : la patrie le recevait à bras ouverts, comme un fils glorieux qui revient du combat[3]. « Le retour de l'arche après qu'elle fut prise par les Philistins, dit un vieux panégyriste, ne donna

---

[1] Isoletta d'Alberga, rocher inculte des côtes de la Ligurie, dans le voisinage de la petite ville maritime nommée aujourd'hui Albuga.

[2] Sulpit. Sever., *De Vita B. Mart.*, c. IV. — *Vie de saint Martin de Tours*, imprimée à Tours, M.DC.XCIX. — Baron., t. V, *Ann. chr.* 360, n. 15.

[3] Tunc Hilarium de prælio revertentem Galliarum Ecclesia complexa est. (Hieronym., *Advers. Lucif.*, n. 19.)

pas plus de joie aux Israélites que celui de saint Hilaire aux François[1]. » Une explosion d'universel enthousiasme éclatait à chaque pas sur sa route[2]. Évêques et peuples acclamaient unanimement le sage qui avait étonné l'Orient par sa science, l'écrivain illustre qui avait rempli le monde de ses écrits éloquents, le saint évêque surtout qui revenait vieilli, ridé, brisé, et portant dans son corps la marque des privations endurées pour la foi ; grandi et plus beau encore qu'à son départ, avec cette splendide auréole des longs malheurs qui vaut, aux yeux du peuple, l'auréole même du martyre[3].

L'Église des Gaules offrait à l'heureux proscrit un spectacle consolant et rafraîchissant, après tout ce que l'Orient venait de lui faire

---

[1] *Panégyrique de saint Hilaire, docteur et évêque de Poitiers*, prononcé par M. l'abbé Bastide, prédicateur du Roy, dans l'église paroissiale de Saint-Hilaire-du-Mont, le 13 janvier 1705.

[2] *Vita S. Hilar.*, apud Benedict., n. 83.

[3] . . . . Martyrii decus
   Supplet continuus labor.
   (Brev. monast., 14 jan , Hymn. Matutin.)

voir et subir [1]. Sans doute l'arianisme avait aussi passé par là. Mais ses ravages n'avaient pas pris, comme en Orient, la proportion d'un désastre. Là-bas, c'était le grand déluge, envahisseur et dévastateur; ce n'étaient ici que des inondations partielles et toutes locales, encore étaient-elles rares. Quelques évêques avaient faibli, quelques fidèles avaient succombé. Faibles pertes. Le grand nombre

[1] « Un chanoine de Saint-Hilaire-le-Grand de Poitiers, qui a composé, au commencement du XIIe siècle, une Vie inédite de son saint patron (F. lat., Biblioth. nat., n° 5316), raconte que, dans un pèlerinage qu'il fit à Saint-Nicolas-de-Bari, dans la Pouille, lui et ses compagnons de voyage, s'étant écartés un dimanche de la voie publique, se trouvèrent en présence d'une église sous le vocable de saint Hilaire, mais toute délabrée et habitée par un vieillard et sa femme. Comme les voyageurs, étonnés d'apprendre que ce sanctuaire était sous le patronage du saint évêque de Poitiers, demandaient quelle pouvait en être l'origine, les deux vieillards répondirent que saint Hilaire, revenant d'exil, y avait passé la nuit dans une masure sans toit. Cette masure était un vieux sépulcre en ruines, car ce lieu était primitivement un cimetière. Or le lendemain, par les prières de saint Hilaire, une fontaine jaillit du sépulcre, et les peuples des environs élevèrent une église en l'honneur du bienheureux, laissant le sarcophage au milieu comme témoin du miracle. L'auteur ajoute que lui et ses compagnons virent, en effet, un sépulcre au milieu de l'église. » (Dom Chamard, *Orig. de l'Église de Poitiers*, ch. XI, p. 242, note 1.)

haïssait l'hérésie, et l'on pouvait dire des Gaules chrétiennes qu'elles étaient restées orthodoxes.

Les efforts vaillants dont ce pays va être le théâtre, les merveilles qui vont éclore pendant de longues années sur son sol, vont faire entrer encore plus profondément dans son cœur les racines de la foi. Et c'est à Hilaire, à ses disciples et à ses successeurs, à ces vieux pionniers de l'œuvre évangélique, qu'il faudra faire remonter la gloire des généreux élans de foi qu'il conservera pendant des siècles. La terre où passent les saints est bénie, et la trace qu'ils y laissent est féconde.

Hilaire revint donc s'asseoir sur son trône épiscopal.

Quand elle le revit enfin au milieu d'elle, l'Église de Poitiers, veuve pendant cinq ans, entra dans une allégresse telle qu'on ne la peut décrire. A peine peut-on se l'imaginer. Les cris, les chants, les larmes, tout ce qui monte et s'échappe du cœur d'un peuple, quand la joie l'emplit tellement d'allégresse, qu'il en déborde, saluèrent son retour inespéré[1]. Joie bruyante et presque folle, dont l'humilité du saint pouvait souffrir, mais dont, à coup sûr, l'âme de l'apôtre se réjouissait grandement. Elle témoignait de l'ardent amour qu'on gardait à sa cause. Qu'importe qu'Hilaire soit acclamé, pourvu que Dieu triomphe.

Il y avait dans cette foule deux âmes dont le bonheur était plus calme, mûries qu'elles étaient au feu du même amour et des mêmes épreuves. Hilaire revit Abra et sa mère, l'une belle et pure comme une vierge, l'autre austère et sainte comme une veuve de la primitive Église. Quoique les liens charnels fussent dès longtemps distendus, ce fut néanmoins pour les trois âmes un beau jour. Le surnaturel ne tue pas la nature, et il n'y a pas un homme à qui la vue de son sang ne fasse éprouver un tressaillement heureux. Abra avait suivi les conseils de son père, elle s'était consacrée tout entière à Jésus-Christ. Sa mère avait stimulé, par son exemple,

---

[1] Fortunat., *Vita S. Hilar.*, lib. I, n. 11. — Apud Benedict., n. 86.

son ardeur déjà vive, et elles s'étaient élevées toutes deux, d'un même vol, vers les hauteurs radieuses de la perfection chrétienne et de l'incorruptible amour. Hilaire retournera souvent dans cette demeure sénatoriale[1] dont sa femme et sa fille ont fait un monastère. Il ira s'entretenir avec elles de leurs éternelles espérances, et l'impulsion qu'il leur donnera sera telle, qu'il n'y aura plus que la mort pour les faire monter plus haut.

Une autre joie vint s'ajouter à tant de consolations. L'émotion douce causée dans Poitiers et dans tout le diocèse par le retour du saint évêque n'était pas encore apaisée, Hilaire lui-même croyait rêver encore, quand Martin, le fidèle disciple, vint frapper aux portes du palais épiscopal[2].

Une fois sorti de l'île abrupte, aride et infestée de reptiles où il était allé chercher

---

[1] La future collégiale de Saint-Hilaire-de-la-Celle, aujourd'hui occupée par le couvent des Carmélites. (Dom Chamard, *Orig. de l'Église de Poitiers*, p. 367.)

[2] Sulpit. Sever., *Vita S. Martini*. — S. Hilar., apud Benedict., 84-86. — Dom Chamard, *Saint Martin*, ch. vi, p. 34.

la solitude, après avoir dit un nouvel adieu à son pays natal, l'austère jeune homme n'y était pas retourné. La vie érémitique avait pourtant pour lui toujours les mêmes irrésistibles attraits. Mais l'affection tendre qu'il portait à son vieux maître, l'obéissance qu'il lui avait vouée, les promesses qu'il lui avait faites jadis dans les larmes de la séparation, tous ces souvenirs l'emportèrent dans son cœur sur le charme de la retraite. Ne l'ayant pas trouvé à Rome, il s'était élancé sur ses traces, et il arrivait à pied, le visage émacié par ses longues pénitences et le corps épuisé par la marche. Mais qu'est-ce que les fatigues du corps, quand l'âme est dans la joie? — Ce qu'ils se dirent, après tant d'années de luttes gigantesques d'un côté, de continuelles tribulations de l'autre, de dures épreuves des deux parts, cela se devine, mais cela ne s'exprime pas.

Quoi qu'il en soit, ces deux grands ouvriers de Dieu se remirent à l'œuvre et recommencèrent pour un temps cette belle vie de prière et d'action qu'ils avaient menée ensemble autrefois. Heureux tous les deux : Hilaire, d'avoir retrouvé son bâton de vieillesse ; Martin, d'avoir retrouvé le guide et l'appui de ses premiers efforts. Au fond, tous deux également humbles, ils s'admiraient profondément l'un l'autre. Le jeune homme regardait le vieillard ; le vieillard regardait le jeune homme. Et cette admiration réciproque les animait l'un et l'autre aux vertus héroïques. Ils étaient comme deux aigles qui s'encouragent mutuellement à monter vers le soleil. Ils avaient dès longtemps dépassé les sommets vulgaires : ils allaient atteindre bientôt à ces hautes régions où l'âme participe à la puissance même de Dieu.

CHAPITRE II

(361-362)

DANS LES FORÊTS DE L'AQUITAINE. -- L'APÔTRE
L'ILE AUX SERPENTS. — VOYAGE A LIMOGES ET A PÉRIGUEUX
LE LOUP. — LES INSULTEURS
UN PROJET. — AME TROUBLÉE. — JOIE DE MARTIN
LIGUGÉ. — UN OUBLI. — HILAIRE MOINE

CHAPITRE II

A peine arrivé, entraîné par son zèle, Hilaire se remit à parcourir son vaste diocèse. Il revit ces misérables villages où il avait lui-même semé la bonne nouvelle, dans les paisibles années qui avaient précédé son exil. Il s'enfonça dans les forêts profondes, jusqu'aux rivages de l'Océan. La foi s'était conservée partout. La foi est comme le bon grain : le laboureur et l'apôtre jettent la semence, et c'est Dieu qui se charge de la faire accroître. Il y eut cependant, dans cette visite du grand évêque, un immense profit pour les âmes. Hilaire ranima aux flammes de son cœur bien des ardeurs éteintes ou alanguies. Sa parole hardie, chaude, énergique, d'une éloquence suprême bien qu'elle fût parfois obscure à force d'être profonde, convenait à merveille à ces populations primitives. Elle s'imposait à elles comme une domination. Elle les éblouissait, comme le soleil, de ses larges rayons [1]. Les païens eux-mêmes n'y pouvaient résister : elle les subjuguait, elle les ravissait, les arrachait à leurs idoles et les traînait, palpitants et vaincus, au pied des autels du vrai Dieu. Et puis il y avait autour de ce front vénérable tant d'auréoles, dans ces yeux et sur ces lèvres tant de douceurs, dans ce vieux cœur tant de bonté visiblement expansive ! Il n'est pas de royauté au monde comparable à celle qu'exercent autour d'elles les âmes fortes et douces. La tendresse de la force a un charme divin. Tel que l'histoire nous le révèle, Hilaire devait être irrésistible.

A l'ascendant du caractère, l'évêque de Poitiers en joignait un autre dont la source

---

[1] Inclytus ille quibus vere amplus Hilarius oris
Et satus et situs est, ore tonante loquax :
Sol radio, hic verbo, genit alia lumina fundit,
Montibus ille diem, mentibus iste fidem.
(Fortunat., lib. VI, *Carm.* vii.)

est plus haut encore et qui n'est donné qu'aux grands saints : il y avait en lui un thaumaturge sublime, et le peuple le savait.

Il était un jour sur les rives de la Sèvre, dans un village non loin de l'endroit où elle se jette dans l'Océan. La foule était accourue à sa rencontre. Quelques hommes s'approchèrent de lui. « Père, lui dirent-ils, nous sommes affligés en ce pays d'un bien redoutable fléau. » Hilaire les regarda avec un affectueux intérêt. Ils ajoutèrent en montrant du doigt, au large, une île à l'aspect désolé : « L'île [1] que vous voyez là-bas regorge de serpents énormes, vraiment monstrueux. Ils y pullulent. Dieu seul en connaît le nombre. Malheur à l'esquif que le vent pousse contre ces rochers noirs ! les matelots sont sûrs d'être la proie des hideux reptiles. Plusieurs y sont allés : aucun n'est revenu. Aussi n'est-il pas un seul homme qui s'aventure de ce côté. Si près que soit

---

[1] Dom Chamard (*Orig. de l'Église de Poitiers*, p. 391) place cette île à l'extrémité du bas Poitou, à la pointe de l'Aiguillon, non loin de Saint-Michel-en-l'Herm. Elle se serait, depuis saint Hilaire, jointe au continent.

cette île, l'Afrique, semble-t-il, est moins loin ! »

La foule, avec des signes d'effroi, renchérissait encore, et l'on saisissait dans son vague murmure d'étranges et lugubres récits.

Hilaire sentit frissonner en lui la puissance de Dieu. Sûr d'une victoire éclatante, il descendit dans une barque et se dirigea vers l'île inabordable.

Pâles, immobiles de stupeur, les riverains regardaient courir sur les flots la voile de l'audacieux évêque.

Quand il fut arrivé, Hilaire fit le signe de la croix et mit, sans trembler, le pied sur le sol terrible. Une multitude de reptiles immondes en couvraient, en effet, la surface. Ils dormaient enroulés aux branches des maigres buissons, étalés sur le rocher nu, au soleil ; ils couraient, ils s'enlaçaient, ils se tordaient, dardant leurs petits yeux rouges avec des sifflements aigus [1].

---

[1] Ascendit in insulam; eo viso, serpentes in fugam conversi sunt, non tolerantes ejus aspectum. (Brev. d'Anne de Prye, VI Kal. jul.)

L'homme de Dieu fait un pas : les monstres reculent ; un autre, et les voilà tous en fuite. Ils glissent avec un fracas d'écailles sur les pierres, dans les taillis, saisis de peur comme si la flamme les harcelait. Leur vainqueur les poursuit ; enfin il les cerne dans un coin extrême de l'île. Là, plantant son bâton en terre, il dit aux serpents: « C'est ici la limite de votre territoire. Le terrain où vous êtes est à vous ; vous pouvez y prendre vos ébats. Tout le reste vous est interdit. » Puis il se retira, reprit sa barque et revint au rivage. Il avait, dit naïvement un vieil auteur, agrandi devant les hommes la surface de la terre habitable.

Son retour était déjà un miracle. Les jours suivants montrèrent qu'il en avait fait un autre. Car jamais depuis les serpents [1] de

---

[1] L'attribut iconographique de saint Hilaire est le serpent. Il y a à Saint-Jean-de-Latran, à Rome, une chapelle dédiée à saint Hilaire. C'est la première du bas côté gauche. Une fresque y représente l'illustre confesseur chassant les serpents de l'île infestée. Vêtu pontificalement, la chape sur les épaules et la mitre en tête, il les poursuit et les force à se jeter dans la mer. Cette fresque est du Borgognone.

l'île de la Dive n'ont franchi leur frontière [1].

C'est vers cette époque que, s'il faut en croire la tradition, saint Hilaire et saint Just firent ensemble un voyage à Limoges et à Périgueux.

On raconte qu'un jour un loup se présenta tout à coup sur le chemin des saints voyageurs. Il sauta sur l'humble monture de l'évêque et l'entraîna sous la feuillée, au milieu des bois. Hilaire fut obligé de marcher à pied. Mais, le lendemain, la bête fauve ramena l'âne à son maître. L'âne était sain et sauf, et le loup, courbant devant le bienheureux pontife sa tête aux yeux ardents, sembla lui demander grâce.

Un autre jour, passant près d'un village nommé Annissionis, ils furent insultés par une troupe d'idolâtres. On les couvrait d'injures grossières, et l'on semblait prêt à les rouer de coups. Hilaire ne s'effraya pas : il se mit à leur prêcher l'Évangile. Comme il parlait, une source d'eau vive jaillit tout à coup à ses

---

[1] Fortunat., *Vita S. Hilar.*, lib. I, n. 10. — Brev. propr. Pict., vi° Lect. Matut., 13 jan. — Till., t. VII, p. 752.

pieds. Les idolâtres, émerveillés, se prosternèrent tous devant l'apôtre en lui demandant le baptême. Hilaire les instruisit, les baptisa avec l'eau de la source miraculeuse et poursuivit sa route [1].

Les deux voyageurs, leur mission accomplie, revinrent à Poitiers, laissant partout où ils avaient passé d'impérissables souvenirs.

Hilaire, à son retour, forma un grand projet.

Martin, le plus cher de ses disciples, si heureux qu'il fût d'être auprès de son maître, n'éprouvait pas cependant en lui-même ce calme des natures définitivement fixées et pleinement satisfaites. Il avait toujours au fond de l'âme quelque chose de triste, toujours sur le front quelque chose d'inquiet. Agitée, ballottée, frissonnante, comme un navire loin du port, on eût dit que cette vie déjà avancée n'avait pas encore atteint son vrai but ni trouvé sa

---

[1] D. Chamard, *Origines de l'Église de Poitiers*, ch. xvii, p. 407. — Ce fait a dû se passer au petit bourg de Saint-Hilaire-de-Lastours, tout près de Vexon, qui est, ce semble, l'ancien *Anissionis*.

vraie place. C'est qu'au sein de cette cour épiscopale, sous la direction d'un pontife qui était un saint, et entouré d'amis formés comme lui aux grandes vertus, Martin se regardait néanmoins comme un étranger. Il y avait trop de préoccupations, trop de bruit et de mouvement autour de lui. Son instinct de contemplatif appelait une retraite plus silencieuse et plus profonde. Prier, aimer sans distraction, laisser couler son cœur vers Dieu d'un flot paisible et continu, c'étaient ce rêve et ce désir qui le tourmentaient. Le vent des solitudes, tombant sur lui à toute heure, ridait perpétuellement, sans en troubler le fond, la surface de son âme.

Hilaire connaissait ce pénible état par les révélations de son disciple et par cette sorte de divination infaillible que Dieu donne souvent à ceux qu'il charge de diriger ses élus.

Il possédait, non loin de sa ville épiscopale, une terre et une ferme qu'il tenait de sa famille à titre héréditaire [1]. C'était dans une

---

[1] D. Chamard, *Saint Martin*, ch. v, p. 35. — M. le chanoine Aubert, *Hist. gén. du Poitou*, liv. III, p. 205 et 242.

vallée profondément recueillie, circonscrite d'un côté par des collines couvertes de forêts épaisses, et de l'autre par une rivière au cours tranquille [1]. Il en parla à Martin et lui offrit ce terrain prédestiné. Martin embrassa l'idée avec une indicible joie. Il allait donc enfin le réaliser, ce rêve obsédant de toute sa vie. Il allait être moine. Dieu, d'autre part, le comblait de prévenances délicates. Sa solitude ne serait pas la séparation complète. L'endroit choisi était assez loin de la ville pour qu'il fût à l'abri de ses agitations, et assez près pour qu'il fût permis à l'évêque d'y venir souvent voir son fils et lui donner les conseils de sa haute sagesse. Tout fut ainsi réglé. Et quelque temps après nous trouvons Martin installé avec quelques compagnons sous les huttes du Ligugé [2] primitif.

---

[1] La petite rivière du Clain.
[2] Le nom de *Locotegiaco* ou *Locoteiaco*, d'où le mot français de *Légugé* ou *Ligugé* (en celtique : lieu de petites cabanes), semble lui avoir été donné pour exprimer la physionomie que lui imprimèrent saint Martin et ses premiers disciples. (Dom Chamard, *Saint Martin*, ch. v, p. 35, note 2.) — *Mém.* de la Soc. des antiq. de l'Ouest, 1839, p. 77.

Ainsi se forma, sous les auspices de notre grand et saint évêque, cette thébaïde de l'Occident, berceau fameux de la vie cénobitique dans les Gaules. Martin a enfin trouvé la paix, tourment d'une âme éternellement inassouvie loin du cloître. « Là commence cette vie de prière, de psalmodie, de jeûne, de pénitence, de travail manuel, de transcription des livres sacrés dont Sulpice Sévère a si bien raconté les moindres détails. Là éclate cette première ferveur qui fait de la vie du désert une sorte de conversation angélique. Martin préside à tout, en même temps qu'Hilaire demeure l'oracle de Martin. Le vieil athlète se plaît à venir respirer l'air de la sainte solitude, à constater de ses yeux le progrès de la grande institution après laquelle il avait si longtemps soupiré. Il aime à vivre de la vie de ces pieux cénobites, et, durant ces trop heureux instants de cohabitation, il se fait une joie d'accomplir leur règle, d'imiter leur pénitence, de s'associer à leurs exercices, de se mêler à leurs chants et à leurs prières ; le lien qui l'enchaîne à cet asile est si doux, qu'il lui arrive de ne le rompre qu'au matin même des solennités qui le rappellent à son Église [1]. »

Voici un récit charmant qui montrera, mieux que toutes les réflexions, l'intimité sacrée de ces deux vies.

Un jour, Hilaire vint à Ligugé, selon sa coutume, auprès de Martin et des serviteurs de Dieu qui militaient sous sa conduite.

Il venait chercher là quelques consolations spirituelles et offrir avec ses amis le sacrifice de l'Agneau sans tache.

Après de longs et suaves entretiens, les laissant tous rassasiés du pain de la doctrine céleste, le pontife reprit le chemin de Poitiers.

Saint Martin, par déférence pour son maître et son hôte, l'accompagna jusqu'à la ville. Ils y arrivèrent à l'heure fixée pour les divins mystères.

Comme le temps pressait, Hilaire s'enquit aussitôt si rien ne manquait pour la confection de l'oblation divine.

---

[1] Mgr Pie, Œuvres, t. II, p. 64.

Tout était prêt, excepté le livre appelé Sacramentaire, recueil des prières les plus sacrées de la liturgie.

Il avait été oublié à Ligugé, par mégarde.

Le pontife, troublé par cette réponse, jeta sur Martin, à genoux à l'autel, un regard sévère et accusateur.

Martin, tout ému à son tour, cherche avec anxiété quelqu'un qui puisse apporter, si impossible que ce fût, le livre réclamé par Hilaire.

Un ange se présente tout à coup sous le vestibule de l'église, lui remet en souriant le volume tant désiré, prend son vol et disparaît.

Hilaire apprit de la bouche même de son disciple comment le Ciel était intervenu pour la consolation de son serviteur.

Et à partir de ce jour il eut pour Martin, non plus la tendresse d'un père, mais la vénération que mérite une âme élevée aux plus sublimes communications de Dieu [1].

[1] Guib. Gemb. — Dom Chamard, *Saint Martin*, ch. v, p. 39.

On peut dire d'Hilaire, à partir de la fondation de Ligugé, que, lui aussi, il est moine et qu'il unit, comme plus tard son glorieux disciple [1] élevé sur le siège de Tours, la dignité épiscopale à la vie réglée et sainte du religieux. L'amour divin, grandi et exalté dans la solitude, faisait à ce vieux lutteur une nouvelle jeunesse et trempait son âme pour de nouveaux combats [2].

[1] Pontificalis apex, præclarus in orbe sacerdos
Virtutum meritis Martinus maximus auctor.
(*Inscriptions métriques d'Alcuin*, par l'abbé Alfred Lorgeault, p. 34.)

[2] Ita implebat episcopi dignitatem, ut non tamen propositum monachi virtutemque desereret. (Sulpit. Sever., *Vita B. Martini*, c. VII.)

CHAPITRE III

(Vers 362)

LES SAINTES FEMMES. — LA JEUNE RECLUSE
A COMBLÉ. — MOUVEMENT MONASTIQUE. — SAINTE TRIAISE
LA MAISONNETTE. — LA PART D'HILAIRE

CHAPITRE III

N'avez-vous jamais remarqué, dans les montagnes, ces fleurs merveilleuses que le soleil des sommets fait éclore au pied des arbres séculaires? La nature semble s'être appliquée à les faire belles, comme pour montrer sa grâce à côté de sa force.

C'est ce que Dieu fait aussi dans le monde des âmes.

A côté de ces fiers génies et de ces cœurs robustes des grands saints, il place souvent d'humbles femmes dont la vie s'épanouit auprès d'eux et répand le parfum des vertus héroïques.

Cette loi divine s'accomplit pour Hilaire. Il y eut autour de lui une véritable éclosion de ces fleurs surnaturelles, épanouies sous son abri et comme à son ombre. C'est d'abord sainte Abra et sa mère [1]; c'est ensuite sainte Florence.

Après ce long voyage qui l'avait amenée de Phrygie dans la vieille cité pictone, elle avait passé quelque temps avec l'épouse et la fille du saint évêque [2]. Entourée de soins et de vigilante tendresse, elle vécut là de cette vie calme et pieuse qu'elle était venue chercher si loin. Puis un jour elle avait tout d'un coup perdu la paix. Elle s'était sentie prise, comme Martin, du désir de s'arracher aux distractions inévitables d'une ville et de cette sorte de dégoût de la terre qui n'est que la nostalgie du ciel. Son âme, brûlée d'un amour divin, ne voulait plus rien voir des choses du monde.

---

[1] L'épouse de saint Hilaire n'a jamais reçu, que nous sachions du moins, aucun culte public. Seulement, dans l'office de la fête de sainte Abre, on proclamait en certaines églises sa béatitude éternelle par cette belle antienne : « O bienheureux pontife Hilaire, qui fit entrer avec lui au ciel et sa femme et sa fille ! » *Quam beatissimus pontifex qui uxorem et filiam secum fecit esse in regno!* (Biblioth. de Poitiers, ms. n° 307, du xv° siècle.) Dom Chamard, *Orig. de l'Église de Poitiers*, ch. xv, p. 377.

[2] *Id., ibid.*, p. 378.

Tout ne lui était plus rien. Il n'y avait plus qu'un bonheur possible pour elle: c'était la contemplation muette de Jésus-Christ ; plus qu'un seul moyen de vivre, vivre de son amour. « Ensevelissez-moi, si vous voulez, dans un tombeau, disait-elle à saint Hilaire, mais trouvez-moi une solitude plus profonde [1]. »

Hilaire se rendit à ce désir héroïque.

Il possédait, sur la grande voie romaine qui, au IV° siècle, reliait Saintes à Poitiers, un vaste domaine patrimonial, lequel s'étendait aux bords de la Vonne sur tout le territoire de la Celle-Levescault [2]. On appelait ce lieu Comblé [3]. C'était, comme Ligugé, un site paisible et absolument solitaire. Nuls bruits, que

---

[1] Denique beatus pontifex illi (Florentiæ) mundum vilescere conspiciens... ipsam obnixe postulantem in cella quadam, in vico Condalenso, duodeno milliario ab urbe differenti, inclusit. (Biblioth. nat., ms. F. lat., 1033, fol. 407, lect. v *Officii B. Florentiæ,* bréviaire du XIII° au XIV° siècle.)

[2] *Cella episcopi.* C'est aujourd'hui une commune de 1,500 âmes, dans le canton de Lusignan, à dix lieues au sud-ouest de Poitiers.

[3] Le nom primitif est: *Villa Condatensis, Condate,* d'où le vulgaire a fait Comblé, nom qui exprime la proximité du confluent de la Longère et du ruisseau de Montfrault.

le murmure de la rivière voisine [1] joint aux voix profondes des forêts environnantes. Il y fit construire une cellule et l'offrit à Florence. La jeune fille, tout heureuse, accepta, et, après avoir fait vœu d'y vivre en perpétuelle recluse, entra dans ce sépulcre pour n'en plus sortir [2].

On a vraiment peine à s'expliquer, chez une faible femme surtout, une vocation si austère. C'est que le souffle de la grâce soulevait alors plus puissamment les âmes et les poussait aux excès sublimes. Les forêts druidiques commençaient à se peupler comme les déserts de

---

[1] La Vonne, qui se jette dans le Clain aux portes de Vivonne.

[2] Quand un reclus avait déclaré vouloir embrasser cette vie absolument solitaire, il en demandait permission à l'évêque. Si celui-ci la donnait, le reclus promettait de travailler à sa perfection, de suivre une règle de travail, de prière et de silence. Il adoptait des habitudes devenues obligatoires pour la nourriture, le vêtement et le sommeil. Il faisait vœu de ne plus sortir de l'enceinte bénite à son intention en même temps que lui-même. Après cette cérémonie, le sceau épiscopal était apposé sur la porte, et le solitaire n'était plus de ce monde. (Chanoine Aubert, *Hist. du Poitou*, III, p. 207.) — Cf. D. Martenne, *Comment. sur la Règle de Saint-Benoît*, c. 1, p. 43 et 50. — Mabillon, *Annal. ord. S. Benedict.*, III, 309. — Bulletin monumental, t. XLV, 499 et suiv.

la Thébaïde. D'humbles solitaires demeuraient sans frayeur, durant de longs jours et de longues nuits, dans une solitude pleine de périls, au milieu de ces futaies inviolées dont les ténèbres éternelles donnaient le frisson aux Romains de César [1].

La vie religieuse avait un attrait irrésistible. Les nobles natures s'y jetaient à corps perdu. Il en est même qui poussaient l'austérité de leur vocation jusqu'à transformer leur étroite cellule en vivant tombeau. Ils en muraient la porte et restaient là ensevelis entre leurs quatre murs. Aucune communication avec le dehors. Ils recevaient par une petite fenêtre et la manne eucharistique, nourriture de leurs âmes *angélisées*, et ce pain de chaque jour qu'une main discrète et pourvoyeuse leur apportait. Ainsi vivaient en même temps sainte Verge [2], près de Thouars; sainte Néomaye,

---

[1] Lucus erat longo nunquam violatus ab ævo,
Obscurum cingens connexis aera ramis,
Et gelidas alte submotis solibus umbras...
Arboribus suus horror inest.
(Lucan., *Pharsal.*, lib. III, 399.)

[2] Chastelain, *Martyrologe romain annoté*, t. I, p. 117. —

dans le bourg qui porte son nom[1] ; sainte Triaise, à Poitiers. Enfermées comme la tourterelle sous l'épais treillis qui borne son horizon et mesure sa liberté, elles s'enivraient de la vision intérieure de l'Époux. Dans cette double prison d'une cellule murée et d'un corps infirme ou fragile respiraient des âmes dont le libre vol dépassait la frontière des mondes. Ainsi la prière montait de partout sur la terre des Gaules, à ce printemps de sa vie monastique, comme l'arome puissant de la sève aux jours du grand réveil de la nature. Les moines de Martin se multipliaient et se répandaient au loin, saints envahisseurs. Un premier essaim sorti de la ruche mère était venu s'établir à la Celle-Levescault, et c'est à ces religieux qu'Hilaire avait confié la direction spirituelle de la virginale anachorète de Comblé[3]. Œuvre facile; car Florence ne se

---

D. Estiennot, *Not. ad litan. Pictonicas.* — D. Chamard, *Orig. de l'Église de Poitiers*, ch. xv, p. 379.

[1] Dom Chamard, *Orig. de l'Église de Poitiers*, ch. xv, p. 373, note 2.

[2] Il devait toujours y avoir, non loin des cellules des recluses, une église et un monastère pour leur faciliter la ré-

ralentit jamais; ses jours et ses nuits se passaient en veilles et en oraisons, et c'est à peine si elle prenait chaque soir un peu de pain et d'eau [1]. Fille de l'Orient, elle continua, sous le ciel variable des Gaules, sa pénitence surhumaine, jusqu'au jour prématuré où l'amour et l'épuisement brisèrent sa vie [2].

Les grandes pensées sont fécondes : comme il y a une contagion du mal, il y a une contagion du bien. L'exemple de Florence devait donc être suivi.

---

ception des sacrements, et au besoin leur venir en aide. (D. Martène et D. Mabillon, *loc. cit.*) Ce monastère de la Celle-Levescault avait été, selon toute vraisemblance, fondé par Hilaire lui-même et placé sous la dépendance du saint abbé de Ligugé. Il devint dans la suite une collégiale de chanoines séculiers directement soumise au patronage de l'évêque de Poitiers. (D. Chamard, *Orig. de l'Eglise de Poitiers*, ch. xv, p. 380.)

[1] Bréviaire de la fin du xiii° siècle. (Biblioth. nat., ms. F. lat., 1032.)

[2] Suivant Gamurrini (*loc. cit.*), Florence aurait composé dans sa solitude quelques pieux cantiques, lesquels, corrigés par saint Hilaire, auraient été insérés dans l'*Hymnarium*. Il lui attribue cette strophe, en effet, significative :

> Renata sum, o vitæ
> Lætæ exordia !
> Novis quæ vivo
> Christiana legibus.

Un jour, en effet, une jeune fille de vingt ans à peine se présenta devant Hilaire. A la grâce noble de ses traits, à sa distinction suprême, le saint évêque reconnut tout de suite en elle l'enfant d'une illustre famille. Il remarqua de plus sur son front et dans ses yeux cette flamme brûlante et pure des âmes élues. Elle était née en Poitou et s'appelait Triaise[1]. Saisie, elle aussi, par la folie de l'immortel amour, elle avait tout quitté, « les honneurs mondains et les richesses, pour servir Dieu[2]. »

Hilaire approuva et bénit cette résolution généreuse. Craignant cependant que la jeune fille n'eût cédé à un mouvement d'enthousiasme passager, il n'acquiesça pas aussitôt à sa demande. Il l'instruisit et la soumit à une épreuve. Triaise en sortit victorieuse. Sûr alors qu'elle était appelée à la dure vocation de recluse, il lui donna le voile des vierges et consentit à la consacrer à Dieu sous l'hum-

---

[1] *Troccia, Trojccia.* (*Mém.* de la Société des antiquaires de l'Ouest, t. XII, p. 38.)
[2] Jean Bouchet, *Annal. d'Aquit.*, p. 42-43.

ble titre qu'elle ambitionnait [1]. Il lui fit construire « une petite maisonnette pour sa demourance [2] », près de l'église Saint-Jean-et-saint-Paul, hors des murs de sa ville épiscopale, et la lui offrit [3].

C'est là qu'elle vécut désormais, fidèle à son vœu de reclusion, « sans plus voir homme jusques à son trespas [4]. » — « Quand elle vouloit se confesser et recevoir le saint Sacrement de l'autel, c'estoit par une fenestre grillée, par laquelle oyoit messe, en une petite chapelle qui estoit devant laditte fenestre.....

---

[1] La consécration des vierges est une fonction considérée comme si sublime, qu'elle a été réservée aux évêques depuis les premiers siècles de l'Église.

[2] J. Bouchet, loc. cit.

[3] Sur un bas-relief, au moins du xie siècle (Mém. de la Soc. des antiq. de l'Ouest, t. X, p. 36; t. XIII, p. 31), elle est représentée recevant le voile de la main de saint Hilaire. Son nom, gravé à côté de son effigie, est ainsi écrit : SA TROECIA. Ce bas-relief, tiré de l'église Sainte-Triaise, est conservé au musée des antiquités de Poitiers.

[4] « Comme saint Martin fust allé à Poictiers et à sa cellule de Legugé, durant le temps qu'il estoit archevesque de Tours... il voulut bien voir saincte Triaise, pour les grands biens qu'il avoit ouï dire d'elle; ce qu'il ne put faire, parce qu'elle avoit voué de ne voir jamais homme, ne se montrer à homme. Ce que saint Martin loua très fort. » (J. Bouchet, loc. cit.)

Saint Hilaire alloit aucunes fois à sa cellule la consoler, et parloit à elle par laditte fenestre, sans se voir l'un l'autre. Et pour récompense, elle le fournissoit d'hosties et corporaux qu'elle faisoit [1]. »

Elle vécut dix ans de cette vie, buvant à plein cœur l'amertume de sa séquestration sans merci et les consolations ineffables que l'époux divin y savait mêler. Car telle était la destinée de ces glorieuses affamées de la souffrance, qu'elles participaient à la fois aux douleurs du Calvaire et aux suavités du Thabor, que leur calice était fait d'absinthe et de miel, et leur couronne tressée d'épines et de roses.

Florence et Triaise ne furent pas les seules filles spirituelles d'Hilaire, mais on peut dire à coup sûr qu'elles furent les plus saintes. Elles furent les plus dociles à son action. Et si grand que soit cet homme par son génie et

---

[1] J. Bouchet, *loc. cit.* — Cum vero beatus Antistes demeasset ad propria, paterna dilectione lactæ spiritualis pater tamquam filiam educavit, et in cœlestis sponsi ardorem cor ejus accendit, ejusque mores Verbi Dei gratia instruxit. (Brev. d'Anne de Prye.)

ses combats, ce ne sera pas son moindre honneur auprès de la postérité chrétienne que d'avoir su former pour Dieu des âmes si divinement belles.

CHAPITRE IV

(362)

TRISTE PENSÉE. — PERSÉVÉRANTS EFFORTS. — LES CONCILES
HILAIRE SEUL DE SON AVIS
L'EXCOMMUNIÉ. — LE PÈRE DE LA PATRIE
CONCILE DE PARIS. — ADMIRABLE PROFESSION DE FOI
L'AME DES GAULES

CHAPITRE IV

Une pensée poursuivait Hilaire partout, dans son église, dans ses pérégrinations apostoliques, dans ses conversations célestes avec ces âmes saintes que nous avons appris à connaître, dans la solitude même : pensée cruelle, qu'il portait enfoncée dans son cœur comme un blessé porte une flèche attachée à son flanc.

Sans y avoir les racines profondes qu'il lui avait trouvées en Orient, l'hérésie arienne s'était néanmoins implantée dans les Gaules. Son retour triomphal, ses perpétuels efforts pour la détruire, le prestige grandissant de l'orthodoxie, l'avaient bien un peu ébranlée; mais elle survivait à tout, orgueilleuse et prétentieuse malgré son discrédit et sa faiblesse.

Et, tout appauvrie qu'elle était, elle n'en demeurait pas moins une espérance pour le mal et une menace pour le bien.

C'est là ce qui troublait le vieil évêque.

Témoin, pendant de longues années, des ravages de l'arianisme au sein de nations jadis pures, il craignait de voir s'accumuler dans son pays les ruines que ses yeux attristés avaient contemplées ailleurs. La vision des âmes perdues hantait son esprit nuit et jour, l'emplissant d'inquiétude et d'angoisse[1].

Que faire?

Dans plusieurs conciles provinciaux[2] rassemblés à sa voix coup sur coup, Hilaire avait déjà posé la question. Mais on ne l'avait pas résolue à son gré. Les évêques s'étaient ralliés pour la plupart à cet avis extrême, de refuser la communion à tous ceux indistinctement qui avaient signé la formule hérétique de Rimini, ou même l'avaient simple-

---

[1] Verum ubi permensus est orbem pœne terrarum malo perfidiæ infectum, dubius animi et magna curarum mole æstuans... (Sulpit. Sever., lib. II.)

[2] Frequentibus intra Gallias conciliis. (*Id., ibid.*)

ment approuvée. Ainsi sont les hommes bien souvent. Ils recourent dans les grands périls aux remèdes excessifs. Un membre est malade, « coupons-le, disent-ils, il faut sauver le corps. » Qu'arrive-t-il la plupart du temps? On mutile le corps et l'on compromet la vie. Les intentions étaient certes bonnes; mais l'avis n'était pas à suivre. Cet ostracisme n'était, selon l'évêque de Poitiers, ni sage ni même équitable. Il n'était pas sage, parce qu'il fortifiait le parti des hérétiques de l'appoint de toutes les volontés hésitantes[1]: le petit bataillon devenait une redoutable armée. Il n'était pas équitable, parce qu'il y en avait, parmi les évêques signataires de la formule de Rimini, qui avaient été surpris dans leur simplicité et leur bonne foi. Ceux-là avaient le droit, leur abjuration faite, de rentrer dans l'Église dont, en réalité, ils n'avaient jamais tout à fait franchi le seuil. Bon nombre parmi

[1] Optimum factu arbitratus revocare cunctos ad emendationem et pœnitentiam, *frequentibus intra Gallias* conciliis, atque omnibus fere episcopis de errore profitentibus, apud Ariminum gesta condemnat, et in statum pristinum Ecclesiarum fidem reformat. (Sulpit. Sever., lib. II, cap. xlv.)

eux, du reste, pleuraient amèrement leur imprudence, et condamnaient hautement les blasphèmes ariens[1].

Seul Hilaire comprenait cela. Aussi préconisait-il une ligne de conduite contraire de toute l'ardeur de son âme. Il voulait, lui, qu'on ouvrît les portes de l'Église toutes grandes, et qu'on accueillît tous les évêques repentants. Il souffla cet esprit de prudence et de charité, dans les conciles consécutifs, à tous ses confrères. Sa tactique miséricordieuse fut couronnée du plus heureux succès. Se sentant protégés par le saint évêque, et capables de réhabilitation, tous les prélats tombés à Rimini reconnurent leur faute et leur erreur, condamnèrent ouvertement la formule impie qu'ils avaient signée, et revinrent à cette foi que le vertige ou la faiblesse les avait fait trahir[2].

Un seul homme, poussé par sa double haine

---

[1] Flentes asserebant parati et subscriptionem et omnes Arianorum blasphemias condemnare. (Hieronym., *Advers. Lucif.*) — Sulpit. Sever., lib. II.

[2] *Id., ibid.*

contre Hilaire et l'orthodoxie, s'était jeté à la traverse de ces tentatives heureuses : Saturnin d'Arles. Ce lui fut un malheur. Tous les prélats des Gaules se redressèrent contre lui. On examina de plus près son passé, d'ailleurs plein de mystères. L'enquête révéla une vie dissolue et criminelle. La délation et l'hérésie étaient les moindres de ses forfaits[1]. On lui imposa unanimement la pire des flétrissures : ce faux frère fut chassé de l'Église[2].

Beau triomphe, qui du même coup décapitait l'hérésie, et rendait à la vérité traditionnelle et apostolique, avec l'universalité des pasteurs, l'immense troupeau des ouailles[3].

---

[1] Resistebat sanis consiliis Saturnius Arelatensium episcopus, vir sane pessimus et ingenio malo pravoque, verum etiam præter hæresis infamiam multis atque infandis criminibus convictus... (Sulpit. Sever., lib. II.)

[2] *Id., ibid.* — *Vita S. Hilar.*, apud Benedict., n. 90. — Sulpit. Sever., *loc. cit.* — D. Coustant (*Vita S. Hilarii ex scriptis collecta*, n. 90) prétend que cette déposition de Saturnin n'a pu avoir lieu qu'après la mort de Constance, qui ne l'aurait pas permise de son vivant. Mais ce savant oublie que, dès le mois de mars 360, la Gaule fut entièrement soustraite à la domination de Constance.—Tillemont, *Emper.*, IV, 452, 506. — D. Chamard, *Orig. de l'Église de Poitiers*, p. 245.

[3] Ita partium vires, amisso duce, infractæ. (Sulpit. Sever., *loc. cit.*)

Qui sait? sans la salutaire intervention d'Hilaire, c'en était fait peut-être de la foi dans les Gaules. L'arianisme troublait et ruinait ce pays, comme il en avait troublé et ruiné tant d'autres, et la France catholique ne fût jamais née. Hilaire, dans ce passé lointain qui touche à peine à notre berceau, nous apparaît déjà avec la grandeur d'un père de la patrie [1].

L'un des conciles où son influence triomphante eut les plus heureux résultats, fut celui qu'il rassembla à Paris, dans l'année qui suivit son retour de l'exil [2].

Paris était devenu une solitude. Le César Julien, salué Auguste au milieu d'une émeute, marchait avec ses troupes contre Constance, indigné de sa révolte et résolu à écraser le contempteur de sa toute-puissance. L'heure et le lieu étaient admirablement choisis. La

---

[1] Illud apud omnes constitit, unius Hilarii beneficio Gallias nostras piaculo hæresis liberatas. (Sulpit. Sever., lib. II.)

[2] Hieronym., *In Chronic.* — Hilar., *Fragm.*, XI, fol. 1353, not. a. — Bolland., 13 jan., n. 30, p. 68, — Till., *Hist. eccl.*, t. VII, notes sur saint Hilaire, xv, p. 754.

religion pouvait faire là son œuvre sans être le moins du monde inquiétée.

Les évêques d'Orient, déposés et bannis naguère, avaient écrit au chef des évêques gaulois une lettre collective par laquelle ils approuvaient le terme de *substance*, rejeté par les ariens, demandaient que l'on tînt pour hérétiques et excommuniés les principaux auteurs de leur persécution actuelle, et qu'enfin on se séparât de tous les intrus mis par la force des armes à la place des exilés.

Hilaire ne voulut pas manquer cette belle occasion d'affirmer solennellement la solidarité et l'union des catholiques. Il dicta une réponse à cette lettre. Nous la reproduisons. On y reconnaît la touche puissante du grand docteur. Toutes ses ardeurs et toute sa foi sont là, frémissantes sous les mots:

« A tous nos chers et bienheureux frères, les évêques d'Orient, où qu'ils soient, pourvu qu'ils demeurent à Jésus-Christ,

« Les évêques des Gaules:

« I. De toute l'énergie de notre âme et de notre foi, nous rendons grâces à Dieu par Notre-Seigneur Jésus-Christ, de ce qu'il nous a constitués par la doctrine des Prophètes et Apôtres dans la pleine lumière de sa connaissance.

« Retenus dans les obscures ténèbres du siècle, nous aurions subi le jugement du siècle ; car il n'y a qu'une seule espérance fondée d'arriver au salut, c'est de confesser Dieu le Père tout-puissant, par Jésus-Christ Notre-Seigneur dans le Saint-Esprit. Mais la bonté divine nous comble. Non contente de nous arracher aux erreurs du monde, voici qu'aujourd'hui elle veut encore nous arracher à la société abominable des hérétiques.

« La lettre que vous avez envoyée à notre bien-aimé frère et collègue Hilaire nous a, en effet, révélé la perfidie du diable et les conspirations des impies contre l'Église du Seigneur. Ils voudraient jeter la division entre l'Orient et l'Occident, et faire naître entre nous un conflit d'opinions.

« Mais voici, ajoute-t-il, quelle est la foi

à laquelle nous sommes restés religieusement fidèles. »

Suit la profession de foi :

« II. Nous avons adopté l'expression *consubstantiel*, pour traduire avec vous la vraie et légitime génération du Fils unique de Dieu, réprouvant de toute notre énergie l'union blasphématoire de Sabellius, dans la persuasion où nous sommes que le Fils n'est pas une portion du Père.

« Nous croyons qu'il est né de ce Dieu éternel, qui est indivisible et parfait ; indivisible et parfait lui-même, et pour cette raison de la même substance que le Père.

« On ne peut donc dire que sa génération n'est qu'une création, une adoption ou un simple titre honorifique.

« Sorti du Très-Haut, comme un fils de son père, comme un Dieu d'un Dieu, comme la force de la force, comme l'esprit de l'esprit, comme la lumière de la lumière, il est aussi à nos yeux (et nous le confessons volontiers, car n'est-il pas l'image du Dieu invisible), il est aussi semblable à son Père, avec cette réserve toutefois que cette ressemblance ne peut être que celle du vrai Dieu au vrai Dieu.

« Il est faux de dire qu'il y ait union dans la divinité ; il y a unité parfaite. *Union* suppose une séparation antérieure ; *unité,* au contraire, en ce qui regarde cette vérité de la génération, indique l'absolue perfection de l'être engendré.

« Notre-Seigneur Jésus-Christ l'a proclamé, du reste, quand il a dit à ses disciples : « Moi « et mon Père, nous sommes un. » Et il n'entend pas parler ici de la charité qu'il a pour son Père, mais bien de la divinité qu'il partage avec lui. Car il ajoute : « Celui qui me voit, « voit aussi mon Père. » Et : « Si vous ne vou- « lez pas croire mes paroles, croyez au moins « par mes œuvres que mon Père est en moi, « et que je suis en mon Père. »

« Voilà la foi que nous avons professée et que nous professerons jusqu'au bout.

« Nous détestons aussi ceux qui disent : « Il n'était pas avant qu'il fût né. » Nous sommes loin de penser que l'incarnation soit interdite au Fils de Dieu, mais nous regardons comme souverainement impie de supposer que même une seule heure ait précédé dans l'existence celui qui a créé les heures...

« Nous ne nions pas que le Fils ait, à l'égard de son Père, été obéissant jusqu'à la mort de la croix, selon l'infirmité de sa nature humaine... Par son incarnation, il a daigné faire de nous ses frères. Tout en restant Dieu, il a voulu prendre les dehors de l'esclave.

« IV. Voilà notre foi. Et maintenant que notre simplicité a reconnu de quelle duperie on l'a faite victime en rayant le mot de *substance*, et que notre frère Hilaire, ce fidèle prédicateur du nom de Dieu, nous a appris la piété de ceux qui vinrent de Rimini à Constantinople et leur horreur de tant de blasphèmes, nous réprouvons tout ce que nous fîmes alors par ignorance.

« Nous excommunions avec vous Auxence, Ursace, Valens et les autres ; Hilaire nous l'a déclaré, on ne peut avoir de paix avec ceux qui suivent leurs égarements.

« Nous condamnons tous leurs blasphèmes...

Anathème aux intrus !... Et voici ce que nous proclamons, devant Dieu, tout haut et avec serment :

« Quiconque, dans les Gaules, ose s'opposer à cette profession est excommunié, et sera arraché au siège de son sacerdoce...

« Telle est la profession de foi rédigée à Paris par les évêques des Gaules, à l'adresse des évêques d'Orient [1]. »

Nous avons voulu citer d'un bout à l'autre cette belle lettre dogmatique, afin de montrer aux catholiques de ce temps quelle a été sur Jésus-Christ la foi de nos pères; afin aussi de rendre à l'immortel évêque de Poitiers la part d'honneur qui lui revient dans cette solennelle affirmation [2].

C'était, on vient de le voir si on l'a lue, cette admirable lettre, la condamnation la plus nette et la plus énergique qui ait peut-être été faite des erreurs contemporaines. Il

---

[1] Hilar., *Fragment.* XI, p. 1353. — Baron., V, ann. 362, p. 106-107.

[2] Gloria hac est sancti Hilarii. (Baron., V, ann. 362, n. 233, p. 167.)

n'y a là ni obscurités ni réticences. La question de la consubstantialité, si débattue et si embrouillée par la métaphysique orientale, trouve ici sa claire formule. Ce langage est limpide. C'est déjà, sous la plume d'Hilaire, du *français*. L'esprit gaulois, ami de la lumière, a promené son flambeau dans les ténèbres du mystère divin.

Le Fils en consubstantialité du Père, c'est le symbole catholique. Le Père et le Fils sont semblables en substance, c'est le symbole semi-arien. L'un dit plus que l'autre; mais les orthodoxes admettent les deux.

On reconnaît dans ce raisonnement l'esprit conciliant d'Hilaire. Nous le retrouvons ici tel que nous l'avons connu aux tristes et beaux jours de son exil. C'est la même tolérance, la même inaltérable charité, le même homme qui tend la main à son adversaire et qui lui dit: « Venez avec moi. Au fond, vous êtes des nôtres, et nous pouvons nous entendre [1]. »

[1] Hilarius vir natura lenis et placidus, simulque eruditus et ad persuadendum commodissimus. (Rufin., lib. 1, c. xxx, xxxi.)

Tant de bonté, tant de force et tant de génie ne pouvaient manquer d'assurer au grand évêque la plus grande influence. Cette influence se trahit visiblement dans cette belle pièce. Les quelques mots qu'on y rencontre semés à l'adresse d'Hilaire révèlent le plus respectueux et le plus éclatant prestige. Cet homme était la tête et le cœur, l'âme vivante et inspiratrice de la chrétienté des Gaules[1].

[1] Hieronym., *Adv. Lucif.*

CHAPITRE V

(363-364)

LA PERSÉCUTION ET LA PAIX. — DANS LES GAULES
EN ITALIE. — LE CHEF. — BEAU DESSEIN
LES TROIS APÔTRES. — SUCCÈS D'HILAIRE. — LUCIFER
TENTATIVE MAGNANIME. — VAINS EFFORTS
UN EMPEREUR. — CARACTÈRE DE VALENTINIEN
PALINODIES D'AUXENCE.
HILAIRE A LA COUR. — LA COMMISSION
RUSES ARIENNES. — ENCORE L'EXIL

CHAPITRE V

L'empereur a renié le Christ ; Julien persécute les chrétiens d'Orient. Ce bruit, fidèle écho d'une trop réelle vérité[1], circulait dans les provinces occidentales de l'empire. Les Gaules en furent surprises : elles avaient connu et estimé le jeune César, et, à la mort de Constance[2], s'étaient réjouies d'être enfin dé-

---

[1] La persécution de Julien ne se borna point à des supplices; il y ajouta des écrits impies, soit sortis de sa plume, soit publiés par des affidés comme le médecin Dioscore. Saint Hilaire a fait une réfutation d'un pamphlet de ce dernier. Il la dédia à Salluste, préfet des Gaules. Saint Jérôme, qui nous en a conservé le titre, en vante l'érudition et l'éloquence. — V. de Broglie, *l'Église et l'Empire romain au* iv*e siècle*, II, ch. vii, p. 221 et suiv.

[2] Il mourut le 13 novembre 361, à Mopsueste en Cilicie, empoisonné par des complices de son rival, s'il faut en croire

livrées du despote qui avait troublé le monde pendant vingt années. On n'avait donc fait que changer de tyran.

Il n'y avait cependant dans les âmes que le seul frémissement de l'inquiétude. On parlait de la persécution comme d'un fléau lointain dont on craint l'approche : voilà tout. La paix régnait en Italie et dans les Gaules. Campé sur les rives du Bosphore ou sur les frontières de la Perse, l'apostat n'avait pas le bras assez long pour atteindre si loin. Les Gaules surtout, unies depuis quelques années dans la même foi, étaient tout entières à cette tranquillité heureuse qui résulte de l'harmonie des âmes. En Italie, c'était autre chose. On y était, il est vrai, à l'abri des tracasseries cruelles et parfois sanglantes d'un pouvoir politique haineux; mais l'hérésie subsistait toujours, perpétuel foyer de divisions déplorables au sein du clergé et des peuples. Un évêque, connu naguère dans les

---

saint Grégoire de Nazianze. — Ammian. Marcell., *Hist.*, lib. I, c. i et ii. — Julian., *Epist. XVIII*. — La Bletterie, *Vie de Julien l'Apostat*, I, 190.

Gaules, était le chef de l'agitation arienne. Ambitieux, fourbe, et de plus sectaire obstiné, digne frère, en un mot, de Saturnin d'Arles[1] : tel était Auxence de Milan.

Hilaire gémissait devant ce spectacle d'une grande Église déchirée par les troubles religieux, et tremblait de voir l'erreur, qu'il avait détruite dans son pays, encore si proche des frontières nationales. Il conçut le beau dessein d'aller attaquer l'ennemi sur le théâtre de ses ravages. Il franchit les Alpes comme aux jours de son exil ; mais cette fois ce n'était plus la force brutale d'une autorité humaine qui l'arrachait à tout ce qu'il aimait, c'était la force divine d'un surnaturel amour. Il s'en allait, vieil athlète infatigable[2], emportant dans son cœur l'image des Gaules pacifiées, et résolu à procurer à cette malheureuse église d'outre-mont, par ses prières et ses combats, l'inappréciable bienfait de l'apaisement[3].

A son arrivée il s'unit, pour l'accomplis-

---

[1] S. Athanase, *Epist. ad Afros*, n. 10.
[2] Athleta Christi (Brév. d'Anne de Prye.)
[3] Baron., t. V, ann. Chr. 369, n. 6.

sement de sa mission, avec deux collègues orthodoxes comme lui, et comme lui champions ardents de la vraie foi : Eusèbe de Verceil et Philastrius de Brescia, les deux gloires de l'Italie contemporaine. Comme les Apôtres se partagèrent le monde pour l'arracher au paganisme, ces trois hommes se partagèrent la région malade pour l'arracher à une erreur non moins funeste.

Ils parcoururent séparément les Églises. Eusèbe et Philastre, trop exigeants peut-être, rencontrèrent quelques résistances. Mais tout céda aux paroles ardentes, à la lumineuse doctrine et à la prudente douceur de l'évêque gaulois [1]. Les résultats furent admirables. La transaction honteuse de Rimini fut universellement réparée. Les évêques signataires se rétractèrent publiquement. Lucifer de Cagliari, ce vieux lutteur farouche, avait beau crier qu'Hilaire, avec ses tolérances, perdait la foi [2], Hilaire, approuvé par le sou-

---

[1] Ruf., *Hist. eccl.*, lib. X, c. xxx, xxxi.
[2] Favens prævaricatoribus, ut non dicamus et hæreticis. (Marcellin. et Faustin., *In Libello precum.*)

verain pontife, marchait son chemin et faisait son œuvre [1]. Hélas! le schisme consommé de Lucifer lui donna bientôt une certitude nouvelle que Dieu ne veut pas des rigueurs orgueilleuses [2]. Et il se réjouit, dans la douleur vivement ressentie de cette chute inattendue, d'avoir obéi, pour sa part, à l'instinct apostolique de la charité [3].

Fidèle à son principe, il tendit la main à ce glorieux soldat de l'Église si misérablement tombé. Il eut la douleur d'échouer [4]. Les géants renversés se relèvent rarement, affaissés qu'ils sont sous le double poids de leur orgueil et de la malédiction divine.

Des jours nouveaux, malgré cela, commencèrent à luire sur les Églises de l'Italie et de l'Illyrie elle-même. Pasteurs et peuples ne formèrent plus qu'une famille. La paix,

---

[1] Hilar., *Fragm.* XII, p. 1357, 1358.
[2] D. R. Ceillier, t. IV, ch. iv. — Lucifer, p. 244, 245. — Till., t. VII, p. 521.
[3] Hoc displicuit Lucifer... et cui displicuit, in tenebras cecidit schismatis, amisso lumine caritatis. (S. Augustin, *Epist.* CLXXXV, n. 47.)
[4] *Vita S. Hilar.*, apud Benedict., n. 98.

la concorde et l'unité régnèrent partout[1].

Partout, excepté à Milan; Auxence, malgré l'universel écroulement de son parti, persistait à s'avouer franchement arien. Pas de communion avec les catholiques. C'étaient des troubles perpétuels, au grand scandale des âmes.

Hilaire et Eusèbe arrivèrent.

Tout ce qu'on peut tenter pour ouvrir les yeux à un homme fut employé pour ramener l'évêque hérétique à la vérité[2]. Raisonnements, gracieuses avances, prières suppliantes, saintes larmes: tout fut vain. Auxence continua à prêcher contre la foi. Alors Hilaire vint à Milan et s'y fixa. Jaloux de garder au petit troupeau fidèle le trésor de ses croyances, il resta là, luttant, répondant, attaqué, persécuté, mais héroïquement tenace. Grâce aux encouragements de ce chef intrépide, les catholiques ne perdaient pas courage et tenaient ferme.

---

[1] Hilar., *Fragm.* XII.
[2] Hilar., *Contra Auxent.*, n. 1.

Les choses en étaient là quand l'empereur se présenta aux portes de la ville.

Quel empereur ? Julien ? non. L'apostat était allé mourir sous les traits des Perses, dans une guerre folle où il avait été le vaincu. Ce n'était même pas Jovien, son successeur immédiat. Jovien était mort après quelques semaines d'un règne plein de promesses. Celui qui arrivait était Valentinien, un soldat élevé à l'empire par l'enthousiasme et le caprice militaires. Il était chrétien et orthodoxe. Sa venue fit tressaillir de bonheur et d'espérance le vieil Hilaire, las de tant de combats et impatient de revoir son Église.

Le saint évêque fut déçu.

Valentinien était fermement résolu à ne pas s'immiscer dans l'administration intérieure de l'Église. Il l'avait déclaré à quelques évêques de Thrace qui voulaient l'entretenir des controverses religieuses. « Me prenez-vous pour un autre Constance? avait-il répondu. Je ne suis qu'un laïque, je n'ai pas le droit de juger en matière de foi. Que les évêques s'assemblent, et qu'ils en délibèrent. C'est leur mission, non la mienne. » Assurément un tel programme était digne et sensé. Cependant, s'il est facile en politique de se tracer théoriquement des règles absolues, il l'est beaucoup moins de les mettre en pratique. Valentinien ne tarda pas à s'en convaincre. Auxence, sachant que le nouveau prince était catholique, n'avait rien eu de plus pressé que de rétracter ses erreurs passées ; il se déclarait prêt à souscrire ostensiblement le symbole de Nicée ; il anathématisait Arius et confessait que le Christ, Fils de Dieu, est réellement consubstantiel au Père. Une signature n'aurait pas coûté grand'chose à ce fourbe, qui en avait tant violé depuis vingt ans. La nouvelle démonstration n'était qu'une feinte qui ne trompa ni Hilaire ni les catholiques de Milan ; mais elle eut tout le succès que s'en promettait Auxence. Les magistrats crurent devoir appeler l'attention de Valentinien sur la situation de l'Église dans leur ville. « Rien n'est plus dangereux pour la paix publique, disaient-ils, que ces conventicules irréguliers tenus, en dehors de la basilique commune, sous la présidence d'évêques étrangers. Auxence est prêt à souscrire le symbole de Nicée. Dès lors il n'y a plus de motifs de divisions. Ce n'est plus ici une question de foi, mais de simple police. » Valentinien goûta cet avis, et, sans s'apercevoir peut-être de la contradiction dans laquelle on le faisait tomber, il signa un décret interdisant toute espèce d'assemblées chrétiennes en dehors des lieux soumis à la juridiction d'Auxence. C'était imposer aux catholiques la direction spirituelle d'un évêque intrus. Auxence triomphait. Saint Hilaire obtint une audience de l'empereur et fit sans peine comprendre à ce dernier la portée réelle de son édit. « Sous prétexte de police, disait-il, vous avez réellement jugé une question dogmatique à laquelle vous déclarez vous-même que vous voulez demeurer étranger. » Valentinien reconnut la faute, mais, embarrassé de la rétracter (sic) en public, il imagina d'ordonner que les plaintes d'Hilaire fussent examinées par une commission de dix évêques, assistés d'un questeur et du maître des offices. C'était à une première immixtion incompétente en joindre une seconde.

L'assemblée eut lieu ; Auxence y parut, non en accusé, mais en accusateur. « Je récuse Hilaire, dit-il, parce qu'il a été solennellement déposé jadis par Saturnin d'Arles. Dès lors il n'a plus le droit de siéger au rang des évêques. » On lui répondit qu'il n'était point ici question de personnes ; qu'il s'agissait uniquement d'entendre sa profession de foi.

Sans se déconcerter, Auxence déclara qu'il adorait le Christ comme vrai Dieu, ayant avec le Père une même substance et une même divinité. Il répéta plusieurs fois ces paroles, qui furent recueillies par les tachygraphes officiels, mises sous ses yeux et reconnues par lui comme authentiques. Mais quand on le pria de les transcrire de sa propre main et de les signer, il se souvint à propos des ruses ariennes. Au lieu d'écrire simplement que le Christ est « vrai Dieu », il écrivit : « Le Christ Dieu, né avant tous les temps ou vrai Fils semblable au Père. »

Cette variante, qui supprimait le *consubstantiel*, en remplaçant le titre de vrai Dieu donné à Jésus-Christ par celui de vrai Fils, rouvrit la porte à toutes les impiétés ariennes. Elle fut acceptée du questeur ou du maître des offices; elle reçut l'approbation de Valentinien. Vainement Hilaire protesta contre l'imposture, vainement il sollicita une nouvelle audience de l'empereur. Pour toute réponse il reçut l'ordre d'avoir à quitter sur-le-champ l'Italie [1].

[1] Darras, *Hist. de l'Église*, t. X, p. 239-241. — Hilar., *Contra Auxent.* C'est incontestablement dans ce fait, dit D. Chamard (*Origines de l'Église de Poitiers*, ch. xi, note 1), qu'il faut chercher l'origine d'une fable dont Rufin s'est fait, le premier, l'écho trop complaisant (*De Adulterat. libror. Origenis*, apud Patrol. græc., t. XVII, col. 628), ainsi que le lui reproche avec raison saint Jérôme. (*Apolog. advers. lib. Rufini*, lib. II, n. 19.) D'après Rufin, saint Hilaire aurait composé un ouvrage très propre à faire rentrer dans la bonne voie ceux qui avaient prévariqué à Rimini. Mais ses ennemis auraient trouvé le moyen de corrompre son secrétaire (*notaria*), d'introduire par cet homme des passages hérétiques jusque dans le manuscrit original et d'en prendre copie. Dans un concile qui se tint peu après, les auteurs de cette fraude auraient accusé Hilaire d'hérésie, fondée sur le texte interpolé. Hilaire en ayant appelé à l'original, on serait allé le chercher dans sa maison, et, à sa grande surprise, on y aurait trouvé les passages incriminés; en sorte que, convaincu d'hérésie, *il aurait été chassé du concile.* Mais plus tard on aurait reconnu la fraude, et il aurait été réhabilité.

Voir (*loc. cit.*) la réfutation du savant bénédictin.

Exilé d'un pays qui n'était pas le sien, il partit la mort dans l'âme, laissant derrière lui ces chères âmes menacées pour le salut desquelles il avait si vaillamment combattu. Il leur laissa pour adieux l'espérance d'un meilleur avenir. Il partit, triste, résigné, silencieux, mais résolu, au fond de son cœur, à tenter un dernier effort et à dire un dernier mot [1].

[1] L'Italie a conservé le souvenir de saint Hilaire; son culte y est très développé, notamment à Parme. Il a un autel à Saint-Jean-de-Latran, et de belles fresques, dans le diocèse de Velletri, au monastère de Cori, bâti par Guillaume d'Estouteville. Milan surtout ne l'oublia pas. Une basilique fut bâtie probablement à la place où s'élevait la maison qu'il avait habitée. (Muratori, *Scriptores rerum italicar.*, t. II, part. II, p. 1038.)

CHAPITRE VI

(364-365)

PAS DE PARDON A L'IMPIE. — PROTESTATION
LA PAIX. — UNE COMPARAISON ATTRISTANTE. — LE DÉBAT
PAGE ÉLOQUENTE. — VIE PAISIBLE A POITIERS

CHAPITRE VI

Hilaire pouvait pardonner à l'empereur et son expulsion injuste et son injustifiable intervention dans un débat dogmatique : l'ignorance et la bonne foi sont quelquefois des excuses. Son cœur souffrait cruellement de toutes ces luttes ; il n'avait qu'un désir : la paix [1].

Mais pardonner à Auxence ! à cet hérétique ! à cet imposteur ! à ce sycophante impie [2] ! Non. On a de la condescendance pour de pauvres esprits égarés, sincères dans leurs erreurs. Mais ce serait un crime de transiger avec ces apôtres militants du mal, comédiens damnés qui trahissent une cause en

[1] Cesset dolor querelarum. (Hilar., *Addiment. ex lib. de Trinit.*, n. 33.)
[2] Hilar., *Contra Auxent.*, n. 1.

paraissant la défendre, et qui perdent les âmes en protestant qu'ils n'ont d'autre ambition que de les sauver.

Hilaire ne pouvait garder le silence.

Aussi bien il y avait, au fond de toute cette récente histoire, tant de félonie et tant de bassesse, que sa noble et droite nature en était révoltée. Au seul souvenir de ce qui s'était passé, le rouge montait à son front vénérable. Et puis il fallait faire connaître à l'empereur et au peuple la vérité, sous peine de compromettre l'honneur d'un évêque orthodoxe et d'exposer les foules au malheur d'un scandale.

La passion du juste et du vrai, la haine du mensonge, la commisération pour les dupes présentes ou futures de l'évêque arien de Milan : tels sont les sentiments qui remirent entre les mains d'Hilaire cette plume fougueuse et vengeresse qui avait bien osé jadis s'attaquer à un empereur tout-puissant et lui dire son fait à la face de ses peuples [1]. Un

---

[1] Inclytum confessorem tuum fecisti Cæsarem non timere. (Ex Benigniano Missali ms., necnon Novium. Corb. Colb. Reg., etc...)

écrit parut, solennelle protestation contre l'incident schismatique de Milan. Rien de plus éloquent n'est sorti de ce génie impétueux qui sembla être, en ce siècle, le génie même de l'éloquence. Ayant gardé la même âme sous ses cheveux blancs, l'évêque, vieilli et brisé par tant de luttes soutenues, retrouva toute la flamme de sa jeunesse [1].

« A tous mes frères bien-aimés, évêques et peuples, qui, restés fidèles à la foi traditionnelle, détestent l'hérésie arienne, Hilaire, votre serviteur dans le Seigneur, salut éternel.

« C'est un beau nom, s'écrie-t-il en commençant, que celui de la paix, et c'est une belle idée aussi que celle de l'unité. Mais, qui en doute? il n'y a de paix au monde que dans l'union à l'Église et à l'Évangile. Cette paix-là vient de Jésus-Christ. Il en a entretenu les apôtres après la gloire de sa passion, et la leur a laissée comme le gage de son commandement immuable. Pour ce qui nous regarde, Frères bien-aimés, cette paix, nous avons tou-

---

[1] *Vita S. Hilar.*, apud Benedict., n. 104.

jours travaillé : perdue, à la recouvrer ; troublée, à la rasseoir ; retrouvée, à la maintenir. Hélas ! les péchés de notre temps et les précurseurs serviles de l'Antéchrist ne nous ont jamais permis ni d'en jouir nous-même, ni de la procurer aux autres [1]. »

Hilaire pouvait, en effet, se rendre ce témoignage : sa vie entière, si agitée et si contredite, n'avait été qu'un long effort pour rétablir l'harmonie entre les âmes et la paix dans l'Église. Jetant un regard de regret vers cette société chrétienne des premiers jours si glorieusement libre et si merveilleusement pure, il la compare avec cette société qu'il a sous les yeux, et ce cri d'éloquente douleur lui échappe :

« Il faut avoir pitié de la misère de notre âge et gémir sur les folles opinions d'un temps où l'on croit que les hommes peuvent protéger Dieu, et où l'on travaille à défendre Jésus-Christ par les intrigues du siècle. Je vous le demande, évêques qui vous croyez tels, de

---

[1] Hilar., *Contra Auxent.*, n. 1.

quels patronages ont usé les apôtres pour la prédication de l'Évangile ? Sur quelle puissance s'appuyaient-ils pour prêcher Jésus-Christ, et pour faire passer presque toutes les nations du culte des idoles au culte du vrai Dieu ? Cherchaient-ils quelque crédit emprunté à la cour, lorsqu'ils chantaient un hymne à Dieu dans un cachot, au milieu des fers, après les tourments ? Était-ce par les édits du prince que Paul, donné en spectacle dans le cirque, formait une Église à Jésus-Christ ? Se défendait-il par l'appui de Néron, de Vespasien, de Décius, de ceux dont la haine a fait fleurir l'Évangile ? Lorsque les apôtres se nourrissaient du travail de leurs mains, qu'ils s'assemblaient en secret dans des chambres hautes, qu'ils parcouraient les villes, les bourgades et toutes les nations, malgré les sénatus-consultes et les édits des rois, faut-il croire qu'ils n'avaient pas les clefs du ciel ? ou plutôt n'était-ce pas alors que la vertu de Dieu se manifesta contre la haine des hommes ; alors que la prédication de l'Évangile devint d'autant plus puissante qu'elle était plus entravée ?

Mais aujourd'hui, ô douleur! les protections terrestres recommandent la foi divine, le Christ semble dépouillé de sa vertu, tandis que l'on intrigue en son nom; l'Église menace de l'exil et du cachot; elle veut se faire croire par force, elle que l'on croyait jadis, malgré les exils et les cachots[1]! »

C'était la censure énergique de ce qui se passait à Milan entre un empereur et un évêque, seul et indigne représentant de la foi.

« Il me reste maintenant, continue le saint docteur après ces considérations générales, à exposer brièvement ce qu'il ne m'est pas permis de laisser plus longtemps ignorer. »

Il met alors en lumière la doctrine arienne sur Jésus-Christ. Il en vient ensuite à Auxence et montre comment le sectaire s'est joué des hommes et de Dieu[2].

« Tu veux, poursuit-il en s'adressant à lui-même, que le Fils ne soit que semblable

---

[1] Hilar., *Contra Auxent.*, n. 2, 3. — Villemain, *Tableau de l'éloquence au IVᵉ siècle*, 303.
[2] Hilar., *Contra Auxent.*, n. 10.

au Père ! Mais qu'est-ce que le Christ a de plus que l'homme alors? Dieu n'a-t-il pas créé Adam à son image et à sa ressemblance? O héritier d'Arius, ton Christ n'est donc qu'un homme!... Tu veux qu'il soit né avant tous les temps; eh bien! nie donc que le diable aussi soit né avant tous les temps! Tu veux qu'il soit semblable au Père; eh bien, nie donc, si tu l'oses, que nous sommes tous semblables à Dieu! Tu refuses au Christ ce qui lui appartient; pourquoi? Parce que tu ne veux pas qu'il fasse, vraiment et substantiellement, un seul et même Dieu avec le Père. Et c'est toi qui viens, avec ceux dont tu t'es fait l'esclave, me traiter d'hérétique!... Si tu crois que le Seigneur Jésus est vraiment Dieu, pourquoi ne le dis-tu pas franchement? Si tu crois qu'il ne l'est pas, pourquoi ne le dis-tu pas de même [1]? »

Il termine par cette belle page:

« Voilà, Frères, l'arcane profond de ce mystère d'impiété. J'aurais, certes, désiré vous

---

[1] Hilar., *Contra Auxent.*, n. 11.

l'exposer autrement que par lettre, et vous expliquer mot par mot tous les blasphèmes d'Auxence. Mais, puisque cela m'est interdit, que chacun de vous au moins y applique son intelligence dans la mesure de ses forces. Du reste, j'en ai dit assez pour la honte de l'Église, et je rougirais de détailler toutes les impiétés des ariens. »

Plusieurs, parmi les catholiques de Milan, aimaient mieux s'assembler avec les hérétiques que de quitter les lieux où ils avaient coutume de prier. Hilaire les vise; il leur crie:

« Je n'ai qu'un avertissement à vous donner : prenez garde à l'Antéchrist ! Pas trop d'amour pour les murailles de vos temples ! Ne vénérez pas comme l'Église de Dieu des toits et des édifices humains : la vraie paix peut n'être pas sous leurs voûtes ; car qui doute que l'Antéchrist ne puisse venir s'y asseoir?

« Pour moi, les montagnes, les forêts, les mers, les prisons et les gouffres me paraissent

[1] Hilar., *Contra Auxent.*, n. 12.

souvent un asile plus sûr que vos sanctuaires. Retenus dans ces lieux ou plongés dans ces abîmes, des prophètes ont encore été inspirés de l'Esprit de Dieu !

« Donc fuyez Auxence, cet ange de Satan, cet ennemi du Christ, ce dévastateur des âmes, ce renégat de la foi !... Et maintenant qu'il rassemble contre moi tous les conciles qu'il voudra ; qu'il accouple à mon nom publiquement, comme il l'a déjà fait, l'épithète infâme d'hérétique[1] ; qu'il exalte contre moi, tant qu'il lui plaira, la colère des puissants de ce monde, il ne sera jamais à mes yeux autre chose qu'un démon, parce qu'il est un arien. Et, je le déclare, je ne souhaiterai jamais l'union et la paix avec personne, sinon avec ceux qui, restés fidèles au symbole de Nicée, anathématisent les impies et proclament hautement que le Christ est vrai Dieu[2]. »

Cet écrit fut le dernier ouvrage de polé-

---

[1] Sic enim cognoscet serenitas vestra, quia qui jamdudum depositi sunt, hoc est *Hilarius* et Eusebius, contendunt ubique schismata facere. (*Blasph. Auxent. Hilar. lib. Contra Auxent.*)

[2] Hilar., *Contra Auxent.*, n. 12.

mique de ce lutteur incomparable[1]. Répandu à profusion en Italie et dans les Gaules, il y eut un retentissement immense.

Quelque audacieuse que fût cette vive et indépendante parole, l'empereur ne s'en blessa pas. Son respect de la religion et du caractère sacerdotal l'emporta en lui sur le dépit d'être si ouvertement blâmé. Il ne revint pas sur la décision qu'il avait prise; mais il n'inquiéta pas Hilaire. Le vieil évêque resta dans sa chère ville de Poitiers, et y vécut paisible les derniers jours qui lui restaient.

[1] Est enim ipsa ultima lucubratio sanctissimi Patris, jam senio ærumnisque fracti. (Baron., t. V, ann. Chr. 369, n. 7.)

CHAPITRE VII

(362-367)

LA PUISSANCE DES SAINTS.
UNE RÉSURRECTION. — LA TRISTESSE D'ABRA
PRIÈRE DE SAINT HILAIRE. — LES DEUX CHÈRES MORTES
SAINTE FLORENCE

CHAPITRE VII

Hilaire était un de ces hommes élus dont parle Bossuet, « qui portent plus visiblement sur leur front la marque du Dieu vivant[1], » et qui, nés pour le posséder un jour, ont reçu de lui le droit « de commander à toutes les nations[2] ».

Nous le savons déjà. Le grand saint nous en a donné une preuve éclatante, lorsque nous l'avons vu chasser devant lui les monstrueux reptiles de l'île de la Dive. On trouverait nombre de miracles semblables et plus prodigieux encore en interrogeant la tradition. Nous n'en

[1] Serm. pour la fête de tous les Saints. (Vivès, t. VIII, p. 23.)
[2] Id., ibid.

citerons que trois, ceux-là appuyés sur des autorités plus graves.

« La sainteté exerce son empire et marque son empreinte sur toute la nature, pour la gloire de Dieu et pour le bien de l'homme ; mais le sujet privilégié de ses salutaires influences, c'est l'homme même, l'homme dans son corps et dans son âme. »

Les faits suivants confirment cette réflexion d'un savant auteur mystique [1].

Un jour, c'était dans les premières années de son retour à Poitiers, Hilaire s'en allait par les rues de sa ville épiscopale, faisant la visite de ses églises. Une foule nombreuse l'entourait et le suivait. Tout à coup une femme sort d'une maison voisine, fend la foule et vient tomber aux pieds de l'évêque. Elle portait un petit enfant dans ses bras et pleurait à chaudes larmes. Les sanglots qui sortaient de sa poitrine la secouaient et l'étouffaient.

---

[1] J. Ribet, *la Mystique divine, distinguée des contrefaçons diaboliques et des analogies humaines*, t. II, ch. XXXIII, p. 630.

Une douleur si déchirante ne pouvait être que la douleur d'une mère. Hilaire la calma doucement et l'invita ensuite à s'expliquer.

« J'avais un fils, dit-elle, il vient de mourir, et de mourir sans baptême. Ayez pitié de moi ! Il a perdu tout d'un même coup : la lumière du jour et le bonheur éternel [1]. »

Et la pauvre mère se reprit à pleurer.

« Martin, le moine, a naguère ressuscité un catéchumène [2] ; ce que votre disciple a fait, ne pouvez-vous le faire ? Ah ! rendez-moi mon enfant, je vous en supplie, ou faites au moins qu'il revive assez pour être lavé par l'eau sainte ! »

En même temps elle découvrait la figure pâle du pauvre petit être. Hilaire, à cette vue,

---

[1] Pro infante, duplici morte damnato, mater cum lacrymis... (Brév. d'Anne de Prye, 13 jan.)

[2] Martin avait, en effet, quelque temps auparavant, ressuscité à Ligugé un jeune homme mort subitement avant qu'on eût eu le temps de lui administrer le baptême. (Sulpit. Sever., *Vita S. Martini*, n. 7.) Une chapelle fut bâtie sur l'emplacement de la cellule du catéchumène. Elle existe encore, naguère restaurée, et rappelant, par un de ses vitraux, ce mémorable prodige. (Chanoine Aubert, *Hist. gén. du Poitou*, liv. III, p. 210.)

devant tant de foi mêlée de tant de douleur, tressaillit comme jadis son Maître devant le tombeau de Lazare. Il se jette à genoux.

La prière était son arme accoutumée à ces heures solennelles.

Cependant la foule s'était approchée. Elle attendait, respectueuse et muette, l'issue de cette scène poignante.

Hilaire, toujours à genoux, priait toujours.

Tout à coup l'enfant ouvre ses petits yeux, agite ses petites mains et pousse un faible cri. Hilaire se relève. La mort et le démon avaient été vaincus du même coup : l'enfant revivait[1].

---

[1] Fortunat, lib. I, n. 12, 13. — *Vita S. Hilarii ex ipsius script.*, n. 87. — Longtemps un monument de sculpture élevé sur l'endroit même de cette résurrection y fut perpétué par la dévotion reconnaissante de la cité. A mesure que le temps ou les accidents usaient la pierre, elle était renouvelée afin que la mémoire du miracle ne disparût point. Sa dernière reproduction est du xve siècle, et s'effaçait de plus en plus. C'est sous ce prétexte qu'au lieu d'en renouveler le travail on a cru devoir tout récemment en enlever les dernières traces. — M. le chanoine Aubert, *Hist. gén. du Poitou*, 1885, t. III, p. 210. — Cf., *ibid.*, 244, note 47.

Le cardinal de Sourdis, archevêque de Bordeaux, possé-

Un autre jour, l'évêque de Poitiers vit venir vers lui sa fille bien-aimée. Il la reconnut à peine. Abra portait sur son jeune et gracieux visage les signes visibles d'une profonde tristesse. Leurs yeux se rencontrèrent : Hilaire devina que la vierge avait pleuré.

« Qu'avez-vous donc, mon enfant? » dit le vieillard, ému jusqu'au fond de l'âme.

Abra rougit. Puis, élevant la voix : « Mon père, dit-elle, je voudrais mourir!... Mes amours ne sont pas sur la terre. Quand donc rejoindrai-je Celui à qui je me suis donnée, l'époux éternel qui m'attend là-haut? »

Ils se dirent adieu.

Rentré dans son palais épiscopal, Hilaire se jeta à genoux et se mit à prier. Pendant qu'il priait, de grosses larmes roulaient sur ses joues, et des sanglots s'échappaient de sa poitrine. On l'entendait murmurer : « Seigneur, enlevez-la sans douleur, enlevez-la dans la

---

dait dans sa collection un tableau de prix signalé par Golnitz (*Ulysses Belgico-Gallicus*, 1631), représentant saint Hilaire au moment où il ressuscite un mort. (Bonaffé, *Diction. des amateurs français*, p. 293.)

candeur immaculée d'une âme sur laquelle le monde n'a pas eu de prise ! »

Il resta ainsi longuement, absorbé dans l'ardeur de ses supplications.

A la fin, quelqu'un s'approcha de lui.

« Qu'y a-t-il?

— Abra, votre fille, vient de rendre le dernier soupir. »

C'était vrai. L'impatiente amante de Jésus-Christ s'était éteinte doucement, ou plutôt elle avait, sans effort, ouvert son aile et pris son vol vers le ciel comme une colombe [1].

---

[1] Parmi les merveilles dont se compose le musée eucharistique de Paray-le-Monial, musée fondé, organisé, dirigé par les soins et les ressources du comte de Sarachaga, se trouve un tableau représentant saint Hilaire assistant et communiant une personne qui meurt dans une extase d'amour. Il s'agit évidemment de sainte Abre. Voici du reste la curieuse légende qui semble avoir inspiré l'artiste : « Sainct Hilaire, évesque de Poictiers, voyant une fille grandement pieuse et dévote, lui promit de la marier à un espoux plus splendide que le soleil, et plus puissant que tous les rois de la terre. Comme elle l'importunoit de luy faire voir cet Espoux, duquel sans l'avoir veu il l'avoit renduë tant amoureuse, il l'invite un jour à sa messe, et la communiant dict que c'étoit là *Jésus*, son Espoux, qu'il luy avoit promis. Lors elle, le recevant d'une dévotion extrême, unit si étroitement son âme à ce sainct Espoux, qu'elle s'envola dans les cieux, et fut ouïe une voix

Le vieil évêque se releva le visage rayonnant d'une joie incompréhensible. Tout à l'heure il pleurait, il souriait maintenant : quel est donc ce mystère ?

C'est que cette mort désirée et bénie avait fait précisément l'objet de sa prière; son cœur de père était sans doute atteint et meurtri, mais son cœur de chrétien tressaillait d'une allégresse inconnue à la nature. « Elle est morte, se disait-il, donc elle est sauvée! »

Une seule chose rattachait à l'existence la vieille mère d'Abra : la présence de sa fille. Souffrir ensemble, espérer ensemble, prier ensemble, tout le bonheur possible pour elle en ce monde était là. Quand Abra fut partie, le désir de la rejoindre s'empara d'elle, et elle voulut partir à son tour.

« Priez aussi pour moi, dit-elle à Hilaire;

---

angélique disant : « La gloire soit à Dieu dedans les très
« hauts lieux. Viens, l'espouse de Jésus, et reçois la couronne
« que le Seigneur t'a préparée de toute éternité. » (Pinelli,
Exercitio Primo.) — V. Miracle DCLX, de Corbin, dans ses
Panégyriques du très sainct Sacrement de l'autel; à Paris,
chez Siméon Piget, rue Sainct-Jacques, à la Prudence,
M.DC.LIX, in-4º, 592 pages.

je veux m'en aller aussi au céleste royaume, et jouir avec votre fille de l'incomparable béatitude ! »

Hilaire pria, et Dieu, renouvelant le miracle, la vénérable sainte alla retrouver là-haut la pure et belle épouse du Christ, Abra son enfant.

Hilaire resta seul dans le monde. Mais à partir de ces jours à la fois triomphants et funèbres, la moitié de son âme fut au ciel.

Si singulière que cette double histoire ait paru à plusieurs, quand on connaît l'évêque de Poitiers, elle semble moins invraisemblable. Il avait assez de foi et de grandeur d'âme pour faire de pareilles prières, et il était assez saint pour être exaucé.

Les deux saintes femmes, ensevelies de ses mains, furent couchées côte à côte [1] dans l'oratoire qu'il avait bâti lui-même à son retour de Phrygie, pour être son propre sépulcre, et qu'il avait dédié aux bienheureux martyrs Jean et Paul [2].

---

[1] Le tombeau de marbre blanc que l'on peut voir à Saint-Hilaire-le-Grand est celui de sainte Abre.

[2] Saint Hilaire, passant par Rome à son retour de l'exil,

A quelque temps de là, la sainte recluse de Comblé, Florence la Phrygienne, s'envola à son tour vers les demeures heureuses. « Après avoir soutenu, avec un courage au-dessus des forces humaines, des combats et des épreuves dignes d'un athlète du Christ, elle alla au ciel cueillir les lauriers que méritaient ses victoires. Saint Hilaire, encore vivant, mais sur le point lui-même d'aller ceindre la couronne immortelle, vint fermer les yeux à cette héroïque jeune fille de vingt-cinq ans à peine. Il l'enterra dans le lieu même qu'elle avait sanctifié par sa pénitence [1].

Ainsi la mort, appelée ou non, arrachait au cœur du grand évêque la plus aimée d'entre ses ouailles. Comme ce chêne vivant dont parle le poète, il regardait ses branches tomber autour de lui.

sa dévotion se porta sur les deux saints martyrs Jean et Paul, qui venaient d'être mis à mort par Julien l'Apostat. Il en rapporta des reliques et fit construire, dans le cimetière de son église, un oratoire en leur honneur. C'est là qu'il fit inhumer les restes de sa fille et de sa femme. A sa mort, on y transporta son corps, et l'église fut placée sous son vocable.

[1] Bréviaire de la fin du xiiie siècle. (Biblioth. nat., F. lat. 1033.)

Mais la séparation ne devait pas être de longue durée. Il n'allait pas tarder à laisser, lui aussi, sa dépouille à la terre et à jeter son âme entre les bras de Dieu, dans cette éternité où, vieux lutteur lassé des luttes du temps, il espérait jouir bientôt « de ce repos qui ne connaît ni trêve, ni fin, ni peines dans sa durée divinement immuable[1] ».

[1] Otium est juge, perpetuum, molestia carens quod in statu suo maneat. (Hilar., *Tract. in XIV Psalm.*, p. 62.)

CHAPITRE VIII

(368)

LE SOIR D'UN JOUR D'ORAGE. — CONSOLANT SPECTACLE
SAINTS ET SAINTES. — LA FOULE
DERNIERS DISCOURS. — ON CHANTE A L'ÉGLISE
L'ARMÉE DES APÔTRES. — A LIGUGÉ
L'ŒUVRE DE SAINT HILAIRE.
UNE VISITE D'AMI. — MIRACULEUSE CLARTÉ. — LA MORT

CHAPITRE VIII

Dieu accorde souvent une fin tranquille à ces grands soldats de sa cause auxquels il n'a pas laissé, au cours d'une longue vie, un seul instant de repos. Lancés au milieu d'événements qui les entraînent, ils entendent perpétuellement retentir à leurs oreilles la voix des âmes menacées : « Au secours ! » — et la voix impérieuse du devoir : « Tu ne dois pas t'arrêter, marche[1] ! » Et ils marchent. Mais quand leur corps se courbe, épuisé sous le double fardeau des épreuves et des années, ils retrouvent alors tout à coup un jour, dans l'universel apaisement de tout ce qui les envi-

---

[1] Hilar., *Tract. CXXVI in Psalm.*, n. 13, fol. 419.

ronne, le repos du corps et la paix de l'esprit.

C'est la fin qui est réservée, dans un prochain avenir, à l'immortel et gigantesque Athanase, le héros de l'Église d'Orient. C'est la fin qui attend demain le héros catholique de l'Église d'Occident, Hilaire, l'immortel évêque de Poitiers [1].

Le soir de leur existence ressemble au soir d'une journée orageuse, quand le soleil se couche, couronné de rayons, dans la splendeur sereine d'un ciel purifié.

Voir autour de soi l'Église triomphante et les âmes à Dieu, peut-il être un spectacle plus doux pour un évêque? Eh bien, ce consolant spectacle, Hilaire l'avait tous les jours sous les yeux. Son Église de Poitiers était animée d'une ferveur inouïe. Elle avait enfanté des saints comme Léonius et Just, les apôtres du Périgord; comme Lupien [2], ce jeune

---

[1] Magna deinceps tranquillitate Pictavorum Ecclesiam administravit. (Brev. Roman., 14 jan.)

[2] Hilaire avait rencontré ce jeune saint dans une de ses tournées pastorales, à Rezé, bourg situé sur la rive gauche de la Loire, vis-à-vis de Nantes. (Voir M. le chanoine Aubert, *Hist. gén. du Poitou*, liv. III, p. 218, 248.)

homme angélique, que Dieu ravissait au monde deux jours après son baptême; comme Martin et ses disciples, les apôtres de la Touraine. Florence venait de mourir; mais Triaise vivait encore, exemple étonnant des vertus les plus difficiles à atteindre. La sainteté fleurissait et s'épanouissait partout autour de l'heureux évêque [1].

La foule elle-même, entraînée par le courant de piété, de charité et d'abnégation, apportait aux choses religieuses un extraordinaire élan. Oublieuse de ses plaisirs d'autrefois, elle laissait déserts les cirques et les théâtres [2], et affluait, chaque matin et chaque soir [3], pour la prière commune. L'illustre vieillard lui expliquait, pour l'élever encore au-dessus d'elle-

---

[2] Dom Chamard, *Origines de l'Église de Poitiers,* ch. xii, xiii, xiv, xv. — M. le chanoine Aubert, liv. III, iv.

[2] L'arène de l'amphithéâtre comptait deux cent soixante-quatre mètres de long sur deux cent dix de large. (V. *Mém. des antiq. de l'Ouest,* VI, 127 et suiv.) Le peuple de Poitiers aimait à en voir les jeux. Hilaire essaye, en plusieurs endroits de ses discours, de l'en détourner. (*In CXVIII Psalm.,* lib. V, n. 14, fol. 276.)

[3] Dies in orationibus Dei inchoatur, dies in hymnis clauditur. (Hilar., *Tract. in LXIV Psalm.,* n. 12, fol. 169.)

même, ces psaumes de David qu'il appelait, dans son beau langage, « l'entretien céleste de l'espérance humaine [1]. » Il nous a laissé, sous le titre de *Commentaires*, les discours qu'il prononça alors. C'est le dernier ouvrage qu'il ait composé et comme le testament de cette grande âme [2].

Pour rendre plus attrayantes encore ces réunions sacrées, il introduisit dans son Église la pompe religieuse des basiliques orientales. Il avait entendu, pendant les jours de son exil, le peuple des villes grecques d'Asie chanter dans ses temples des hymnes à la gloire de Dieu. Il composa des hymnes latines semblables [3] à celles dont l'écho lui revenait avec ses souvenirs, et il les fit chanter dans les assemblées chrétiennes. L'Occident en-

---

[1] Omnis Dei sermo, qui in scripturis divinis continetur, in spem nos bonorum cœlestium vocat. (Hilar., *Tract. in CXVIII Psalm.*, lib. VII, n. 1, fol. 282.)

[2] Hieronym., *Epist. VI ad Florent.* — *Vita S. Hilar.*, apud Benedict., n. 109.

[3] Le livre des *Hymnes* a été découvert avec le traité des *Mystères*, en 1884, par G. F. Gamurrini. Il eût été bien intéressant de les connaître; mais quand seront-ils publiés?

tendit pour la première fois à Poitiers ces cantiques sublimes et populaires tout ensemble, dont l'Église a approuvé la tradition, prélude des hymnes éternels et des incompréhensibles cantiques de la patrie [1], expression tranquille et passionnée des âmes exaltées dans l'amour [2].

Même succès en dehors de la ville épiscopale. Martin avec ses disciples, armée vaillante d'apôtres, parcourait les villes et les bourgades de l'Aquitaine, redoutable à Satan et à tout ce qui n'était pas avec Jésus-Christ. Les idoles tombaient à sa voix, écrasant sous leurs débris les idolâtres obstinés. Des miracles sans nombre montraient que la puissance surnaturelle était avec cet homme et les siens, et les païens, persuadés, entraînés, vaincus

---

[1] Hilar., *De Trinit.*, lib. VI, n. 43.
[2] *Vita S. Hilar.*, apud Benedict., n. 111. — Saint Hilaire semble avoir eu deux buts en composant ces hymnes : nourrir la piété des fidèles et les prémunir contre l'erreur envahissante de l'arianisme. « Lo scopo dell' inno tende ad affermare nel popolo la cattolica fede secondo il simbolo niceno contro li invadente arianismo, massime nelle Gallie. » (Gamurrini, *loc. cit.*, p. 83.)

par ce qu'ils entendaient et voyaient, se convertissaient en foule[1].

Hilaire allait visiter souvent à Ligugé, hier leur berceau, aujourd'hui leur florissante retraite, ces semeurs de bon grain, les fils de son cœur. Il aimait à y revenir comme aux jours de la fondation, et à enivrer là sa vieille âme ardente de prière et de solitude dans la paix divine du monastère. Il s'entretenait avec les religieux, apparaissant au milieu d'eux avec sa tête blanche comme un aïeul. Il partageait leurs longs jeûnes et le pain grossier de leur unique repas. Il les encourageait, il les conseillait, il les enflammait par le récit de ses luttes et l'évocation des éternelles promesses faites à l'Église du Christ. Il allait jusqu'à leur donner l'exemple, vieillard affaibli, de l'obéissance à la règle austère. Sa main tremblante, cette main vénérable qui avait signé des chefs-d'œuvre, transcrivait humblement les Écritures, comme le plus simple frère. Il transcrivait ainsi les Évangiles tout

---

[1] Sulpit. Sever., *Vita S. Martini*. — Dom Chamard, *Saint Martin et son monastère de Ligugé*, ch. VIII.

entiers deux fois, une fois en grec et une fois en latin [1].

Hilaire, par ces suprêmes efforts, voulait donner à son âme son dernier achèvement. « Il faut marcher jusqu'au bout, disait-il, marcher sans repos et tendre toujours vers la perfection souveraine, quoi qu'il en coûte pour l'atteindre [2]. »

Il trouvait alors dans son cœur des paroles comme celles-ci : « Craindre Dieu, pour moi c'est l'aimer : ma crainte se fond dans l'amour [3]. » — « Le triomphe de notre foi, c'est notre humilité [4]. » — « L'attente des biens

---

[1] *Vita S. Hilar.*, apud Benedict., n. 112. — Nous lisons dans le testament de saint Perpétue, troisième successeur de saint Martin sur le siège de Tours, une disposition par laquelle il lègue à saint Euphrome, évêque d'Autun, *un livre d'évangiles écrit par saint Hilaire, évêque de Poitiers.* (Mgr Cousseau, *Mémoire sur le plus ancien monastère des Gaules.*) — Le moine Druthmar affirme avoir vu aussi un manuscrit d'Hilaire : « Vidi tamen librum Evangelii græce scriptum, qui dicebatur *Hilarii fuisse.* » (*Exposit. in Matth.*, cap. I, apud Patrol. lat., t. CVI, col. 1266.)

[2] Tendendum autem est semper, non etiam desinendum. (Hilar., *Tract. in CXXVI Psalm.*, n. 13, fol. 419.)

[3] Hilar., *Tract. in CXXVII Psalm.*, n. 2.

[4] Id., *Tract. in CXXX Psalm.*, n. 1.

éternels est le seul bonheur de la terre[1]. » Et ses regards se levaient vers le ciel avec une inexprimable expression de confiance et de tendresse. « Nous avons dès aujourd'hui, répétait-il, la lumière des biens promis, cette lumière dans laquelle nous voyons par reflets et par énigmes l'image de l'incompréhensible béatitude ; mais bientôt nous verrons le Seigneur face à face, sans intermédiaire, sans obscurité, sans nuage, et mieux que par tous les rayonnements. Nous tressaillirons, extasiés, dans la contemplation claire de notre bonheur, et ce sera là le fruit de nos œuvres et la récompense de la pureté de nos vies[2] ! »

Un jour, il bénit tous les fils de Martin avec une émotion plus vive que d'ordinaire ; il leur donna de suprêmes conseils, comme s'il ne devait plus les revoir ; puis il s'en revint à Poitiers, chère ville qui avait été son berceau et qui allait être sa tombe.

Son œuvre, en effet, paraissait achevée. Son Église était devenue, après quinze ans

---

[1] Hilar., *Tract. in CXLVIII Psalm.*, n. 1.
[2] *Id., Tract. in CXXVII Psalm.*, n. 11.

passés sous sa direction, la plus florissante Église des Gaules. Énergique et doux, suivant les occurrences, il avait montré à ses frères dans le sacerdoce et l'épiscopat le modèle de la vie pastorale. Il avait été la grande lumière de l'Occident. Il avait étonné et éclairé l'Orient, cette terre si religieuse, mais alors perdue dans les dédales de spéculations inextricables. Il avait été « l'homme aux œuvres magnifiques[1] » appelé à l'incomparable gloire de Père de l'Église[2].

Quand Dieu jugea comble la mesure de ses épreuves et de ses mérites, il trancha pour la transplanter ailleurs cette belle et longue vie. Il voulut toutefois, avant de la rappeler à lui, lui donner sur cette terre une dernière consolation.

Il y avait à cette époque, sur le siège mé-

---

[1] Biblioth. nat., F. lat., 196.

[2] Doctor apostolicus vacuans ratione sophistas,
Fontibus ingenii sitientia pectora rorans,
Rite sacerdotii penetralia jura gubernans,
Hilarius famæ radios jaculabat in orbem.

(S. Fortunat., *De Vita S. Martini*.)

tropolitain de Reims, un évêque nommé Maternien. C'était un grand saint, et l'un des plus fermes champions de la vérité catholique. Il avait secondé naguère puissamment dans ses provinces l'action de l'évêque de Poitiers. Aussi ces deux hommes s'aimaient-ils tendrement.

Depuis vingt-trois ans à la tête de l'Église de Reims, Maternien avait atteint sa soixantième année, lorsqu'un jour un ange se présente devant lui. « Votre pèlerinage terrestre touche à son terme, lui dit-il, et votre ami Hilaire est aussi sur le point de terminer sa carrière glorieuse. »

Maternien partit sur-le-champ pour Poitiers : il allait se préparer auprès d'Hilaire au bonheur de la vision éternelle.

Hilaire, de son côté, avait eu révélation de l'arrivée prochaine de son ami. Quand l'évêque de Reims se présenta à la frontière du Poitou, trois députés, choisis parmi les plus saints disciples, attendaient l'illustre visiteur.

Saint Martin, saint Just et saint Lienne

amenèrent Maternien à Poitiers. Les deux amis se virent, et, douze jours durant, s'entretinrent ensemble des choses de l'Église et de Dieu. La ville était en fête. Des acclamations saluaient les deux saints personnages dans les rues et jusque dans les temples.

Le douzième jour, l'ange qui les avait avertis une première fois leur apparut de nouveau pendant qu'ils priaient. « L'heure est proche, leur dit-il, vous allez, en récompense de votre courage invincible, enfin recevoir la couronne immortelle ! »

Les deux athlètes du Christ se relevèrent et chantèrent ensemble un cantique d'action de grâces. La mort est si douce pour ceux dont la vie pure a été tout entière consacrée à Dieu !

Maternien voulut aller mourir au milieu de son peuple. Hilaire cependant ne pouvait se séparer sitôt d'un ami venu de si loin. Il l'accompagna, et, marchant avec lui pendant trois jours, le reconduisit jusqu'aux limites de son diocèse. Là ils se dirent adieu.

Quelques jours plus tard, Maternien rentrait

à Reims et s'y endormait doucement dans le Seigneur[1].

Hilaire revint sur ses pas et rentra aussi à Poitiers. Le grand homme n'avait plus qu'une pensée : se préparer à mourir. Il se retira dans la maison où il avait, un an à peine auparavant, reçu le dernier soupir de sa femme et de sa fille[2].

Un soir, il fut pris de frissons soudains. C'était le 13 janvier 368. Le saint évêque sentit que la mort l'avait touché et qu'il était arrivé à l'heure de la suprême délivrance. Il appela ses disciples; Just et Lienne accoururent. Ils le trouvèrent pâle et rayonnant. Le bienheureux pontife eut avec eux un dernier entretien. Il leur parla de tout ce qui

---

[1] Bolland., *Vita S. Matern.*, 30 april.

[2] Cette maison s'élevait sur l'emplacement donné ensuite au petit édifice paroissial fondé par le chapitre de Poitiers, sous le vocable de Saint-Hilaire-entre-les-Églises, c'est-à-dire entre Saint-Pierre et son Baptistère, dédié à saint Jean. (Voir M. le chanoine Aubert, *Hist. gén. du Poitou*, liv. III, note 72.) — Dom Chamard (*Origines de l'Église de Poitiers*, p. 398) fait mourir saint Hilaire dans son ancienne demeure de patricien. Il ne nous appartient pas de trancher la question.

pouvait intéresser leurs âmes faites à l'image de la sienne, de combats contre l'erreur, d'amour pour les peuples, et surtout des joies ineffables de l'éternelle patrie.

Cependant le bruit du péril où il se trouvait s'était répandu dans la ville avec la rapidité des mauvaises nouvelles. La foule était accourue et s'entassait, dans les ténèbres, près de la cathédrale et de la demeure du pontife. On l'entendait se lamenter au loin, et son gémissement, mêlé au vent de la nuit, ressemblait à la plainte formidable de la mer. Deux fois le mourant envoya Lienne vers son peuple pour lui demander de montrer plus de courage et de se retirer en paix. Vers minuit, les rassemblements se dispersèrent, et tout rentra dans le plus profond silence. Lienne veillait au chevet de son maître, lorsque tout à coup une lumière éblouissante, pareille au flamboiement d'un vaste éclair, remplit la chambre[1]. Peut-être l'ange de Dieu venait-il chercher cet autre Élie sur son char

---

[1] Propr. martyr. Eccl. Pictav., 1 februar.

enflammé, ou peut-être était-ce le rayonnement miraculeux que jetait tout autour d'elle-même en partant cette âme tout amour et clarté.

Hilaire venait de mourir, ou plutôt de renaître [1].

Il était dans le ciel, où l'avaient porté, au milieu des contradictions de son existence, ses plus constants désirs, dans ce ciel où l'attendaient une épouse et une fille bien-aimées, élues et couronnées avant lui, où l'attendait surtout, là-haut dans les splendeurs inaccessibles, sur son trône inébranlable, ce Jésus-Christ dont il avait, avec les ardeurs d'un cœur passionné et les lumières d'un sublime génie, défendu héroïquement l'éternelle divinité.

[1] Ejus natalis. (Bolland., 13 jan., p. 55.)

CHAPITRE IX

(368)

DEUIL DE LA VILLE DE POITIERS
HILAIRE SUR SA COUCHE FUNÈBRE. — LES PÈLERINS
MIRACLES. — ON DISCUTE SUR LE LIEU DE LA SÉPULTURE
LE CORTÈGE FUNÈBRE. — DEVANT LES ARÈNES
DANS LA BASILIQUE DE SAINT-JEAN ET SAINT-PAUL
TOUT EST CONSOMMÉ

CHAPITRE IX

Tel fut le trépas de ce grand saint dont nous avons essayé d'écrire la vie. Il mourut doucement, sans agonie, sans effort, emporté par l'amour dans un flot de lumière.

En ce monde où nul homme n'est nécessaire, il en est cependant qui tiennent une place si grande, qu'ils laissent, en disparaissant, comme un vide immense. La société au milieu de laquelle ils vivaient sent qu'une vertu l'a quittée et que sa force en est amoindrie. Ce fut cette impression de vide et de détresse qui s'empara d'abord de la ville de Poitiers, cette fois veuve sans retour de son grand évêque.

Quand, à l'aurore, elle apprit le malheur

qui l'avait frappée, elle tomba d'abord dans cet abattement des grandes douleurs qui ressemble à l'anéantissement. Puis elle se leva tout entière et courut à la demeure du bienheureux pontife.

La dépouille d'Hilaire gisait sur l'humble couche où il avait rendu le dernier soupir. Une paix ineffable éclairait comme d'une lueur son large front couronné de cheveux blancs, ridé par l'âge et le long effort de la pensée. Jamais son noble et mâle visage n'avait paru plus beau ; on eût dit que l'âme glorifiée y avait laissé en partant un reflet d'elle-même. Un parfum surnaturel emplissait la chambre et se répandait au loin.

C'est alors devant ce corps vénérable que la foule, revenue de sa stupeur première, s'abandonna à sa légitime douleur. Grand ou petit, riche ou pauvre, pas un homme qui ne pleurât. La scène de la nuit précédente se reproduisit, plus bruyante et plus cruelle encore, car cette fois il n'y avait plus d'espoir.

Mais Hilaire était connu dans toutes les

Gaules; il était le grand homme de ce temps et de ce pays : l'écho de la douleur poitevine devait se répercuter partout. C'est ce qui eut lieu : ce grand deuil prit bientôt les proportions d'un deuil national. Quelques saints personnages ayant sans doute été surnaturellement avertis, le bruit de cette mort se répandit comme l'éclair. De toutes les parties de l'Aquitaine on vit arriver des foules nouvelles[1]. Moines, laïques, hommes, femmes, enfants, vieillards, malades accouraient pour prier près des restes du saint et pour saluer une dernière fois le grand évêque avant la nuit de la tombe.

De temps à autre, des cris de triomphe s'élevaient dans la rumeur des sanglots et des larmes. C'était un miracle qui venait de s'accomplir : la guérison d'un lépreux, d'un paralytique ou de quelque autre infirme.

Ravi de ces merveilles, le peuple assiégeait la demeure mortuaire et n'en quittait les abords ni jour ni nuit. On se succédait auprès

---

[1] Biblioth. nat., ms., F. lat., 5316.

du lit funèbre. Chacun voulait contempler une dernière fois les traits augustes de l'illustre défunt. Il fallut laisser le corps exposé aux regards insatiables pendant une semaine entière [1].

Cependant les évêques de la province, accourus les premiers, s'étaient réunis [2] pour délibérer sur le lieu de la sépulture. Il y eut d'abord quelques hésitations, et les avis se partagèrent. « Aux yeux de quelques-uns, la petite basilique [3] (où il avait rendu le dernier soupir) pouvait revendiquer l'honneur de posséder ce dépôt sacré. Dans les derniers jours de sa vie mortelle, Hilaire n'en avait-il pas fait en quelque sorte son tombeau? »

« Toutefois de trop graves raisons militaient en faveur de la basilique des saints martyrs Jean et Paul, pour qu'il fût possible de s'arrêter sérieusement à de tels arguments. Là, en effet, Hilaire lui-même s'était préparé son

[1] *Cumque corpus exanime, pro consolatione suorum atque miraculorum frequentia, diu super terram esset.* (Ms. 5316.)
[2] Probablement le troisième jour. (Voir D. Martène, *De antiq. Eccles. ritibus*, lib. III, cap. XIII, n. 5.)
[3] La petite basilique de Saint-Hilaire-de-la-Celle.

sépulcre, entre ceux de sa sainte fille et de sa vénérable épouse. Comment oser le séparer dans la mort de celles qui lui avaient été si intimement unies dans la vie¹ ? »

Il fut donc décidé qu'on respecterait les intentions d'Hilaire et qu'on transporterait son corps à l'église de Saint-Jean-et-Saint-Paul, hors des murs de la ville.

Au jour et à l'heure marqués, la foule se forma en cortège funèbre, et, précédée du clergé et des moines, se mit lentement en marche. Elle s'en allait, se déroulant au loin, innombrable comme une armée. Était-ce un deuil ? était-ce une ovation ? On ne saurait le dire. Ceux-là seuls s'en peuvent faire une idée qui

---

[1] D. Chamard, *Orig. de l'Église de Poitiers*, ch. XVI, p. 402. — « Aussi bien, encore que la loi des Douze Tables, qui interdisait la sépulture dans l'intérieur des villes, souffrît exception, du moins au IVᵉ siècle, en faveur des évêques désireux d'être enterrés dans leurs églises ; néanmoins l'ancien usage subsistait toujours, du moins dans les Gaules. Or la petite église où saint Hilaire avait rendu son âme à Dieu était située dans l'enceinte des murs de la cité. (*Id., ibid.*) — D. Martène, *loc. cit.*, lib. III, cap. XIII, n. 8., 13. — De Rossi, *Inscript. christian. urbis Romæ*, t. I, p. 245, 443, 448. — S. Paulin. Nolens., *Epist.* XXXII, n. 10, 12. Apud Patrol. lat., t. LXI, col. 335, 336.

ont vu à Poitiers, et surtout à Orléans, aux obsèques des deux plus grands évêques de ce siècle, ces magnifiques démonstrations de la douleur publique et d'une admiration qui survit à la mort [1].

Déjà l'on était arrivé à la hauteur des *Arènes*[2], quand le convoi fut tout à coup forcé de s'arrêter. Deux hommes vigoureux, portant dans leurs bras un paralytique, barrent le chemin. Ils demandent un nouveau miracle. Ils s'approchent : le malade, aidé de leur secours, étend la main et touche les pieds du bienheureux. Aussitôt il éprouve dans tout son corps une sorte de secousse : ses nerfs se détendent, la sève de la vie recommence à circuler dans ses membres, il repousse ses porteurs, se redresse et marche. Il était guéri.

[1] Mgr Baunard, *Hist. du cardinal Pie*, t. II, p. 711. — M. l'abbé Lagrange, *Vie de Mgr Dupanloup*, t. III, p. 475 et suiv.

[2] *Ante arenas*. Poitiers possédait des arènes qui avaient plus de vingt mille places, avec des proportions plus vastes que celles des cirques les plus considérables de l'Italie.—(Chanoine Aubert, *Hist. gén. du Poitou*, liv. II, p. 139. — *Mém.* de la Soc. des antiq. de l'Ouest, VI, 127 et suiv.

Un immense *alleluia* s'éleva de toutes les poitrines, et le cortège reprit sa route au milieu des cris de joie et des hymnes d'actions de grâces.

On dit, chose merveilleuse, que tous les malades qui, ne pouvant approcher du précieux corps, pressèrent ce jour-là la main du bienheureux paralytique, furent guéris de leurs infirmités. Dieu avait déposé une vertu miraculeuse dans cette main qui avait touché les membres sacrés d'un saint. Ainsi avait-on vu jadis l'ombre de Pierre guérir des malades [1].

Cependant l'on était arrivé à cette basilique de Saint-Jean-et-Saint-Paul, où Hilaire avait fait préparer son tombeau. Les prêtres descendirent dans la crypte [2] creusée sous l'autel, et le corps, revêtu de ses habits pontificaux, fut solennellement déposé dans son sépulcre de marbre, entre les tombeaux d'Abra et de sa mère [3].

[1] Act., v, 15.
[2] « Dans une voûte basse. » (Bouchet, *Annal. d'Aquit.*, Iʳᵉ part., fº 25, édit. de 1557.)
[3] Il est certain que saint Hilaire fut inhumé dans la basi-

Tout était consommé. L'âme au ciel et le corps au sépulcre, Hilaire avait disparu de cette terre où il avait fait tant de bruit et tant de bien. Il ne restait plus de lui qu'un souvenir; mais ce souvenir était un des plus grands et des plus purs de l'histoire, et de ceux qui demeurent en éternelle bénédiction auprès des peuples. Sans doute l'Église devait trouver d'autres défenseurs illustres dans l'avenir; elle ne devait pas en connaître de plus intrépide, de plus infatigable, de mieux armé.

lique de Saint-Jean-et-Saint-Paul, et que cette église fut mise plus tard sous son vocable. Mais à quelle époque cette substitution eut-elle lieu? On ne saurait le dire au juste. (Dufour, l'*Ancien Poitou*, 1826, p. 403.) Détruite de fond en comble pendant les invasions de la première moitié du ve siècle, elle fut réédifiée, cette fois certainement sous le vocable de saint Hilaire, par l'ordre et grâce aux largesses du vainqueur d'Alaric. Pierre Damien et la *Chronique* de saint Denis disent de cette église qu'elle était richement décorée, ornée de mosaïques et de portes de bronze. Ces dernières n'ont laissé aucune trace de leur ancienne existence; mais le musée de Poitiers possède deux précieux panneaux de mosaïques qui, exhumés du sous-sol de la nef lors de sa reconstruction récente, peuvent remonter jusqu'aux siècles mérovingiens, époque rappelée, du reste, par le couvercle en marbre du tombeau dit de Sainte-Abre. (Voir *Essai historique sur l'église royale et collégiale de Saint-Hilaire-le-Grand de Poitiers*, par M. de Longuemar, 1857.)

Nul homme ne porta le front plus bas devant Dieu et plus haut devant les contradicteurs de la vérité, si puissants qu'ils fussent ; nul n'a mieux compris son siècle et fait davantage pour le salut de ses frères.

Que celui qui veille aux immortelles destinées de l'Église en fasse naître et grandir, en ce temps et parmi nous, beaucoup qui lui ressemblent !

APPENDICE

MIRACLES — RELIQUES — TRANSLATIONS

Tous ceux qui avaient assisté aux funérailles de notre glorieux pontife emportèrent avec eux et semèrent par toutes les Gaules la renommée des prodiges dont ils avaient été les témoins. Les pèlerins accoururent alors de tous les côtés au *tombeau de saint Hilaire*. Dieu bénit la confiance des peuples en faisant éclater la puissance de son serviteur; il accomplit par son intercession des miracles sans nombre. Saint Fortunat[1], après avoir écrit la *Vie* du saint docteur, a consacré un

---

[1] *Le Poète S. V. Fortunat*, par l'abbé D. Leroux, ch. VII, p. 136.

second livre à ses *miracles*[1]. C'est à cet élégant et pieux écrivain que nous empruntons la plupart des récits qui vont suivre. Nous nous faisons, comme lui, un devoir de ne rien cacher de ce qui peut contribuer à la gloire de cette lumière éternelle de l'Église[2].

Donc un jeune enfant, nommé Probianus[3], était tombé gravement malade. Plus d'espoir. La mort avide accourait à grands pas. Les parents, des vieillards, pleuraient et se désolaient, voyant déjà leur fils unique dans la tombe. Dans leur détresse, ils eurent l'heureuse pensée de recourir à saint Hilaire. C'était bien la seule chance de salut qui leur restât.

Franco et *Periculosa,* son père et sa mère, prirent l'enfant et le portèrent dans la crypte du saint confesseur. Ils sanglotaient toujours, car ils craignaient de ne rapporter qu'un cadavre.

Apud Benedict., fol. 135.
[2] *Ibid.*, n° 1.
[3] Bouchet (ch. xv) croit que cet enfant fut ce *Probianus* ou *Probatianus* qui devint plus tard évêque de Bourges, vers 555. Fortunat aurait pu le connaître.

Mais Hilaire leur fit bientôt sentir le mystérieux pouvoir d'un art au-dessus de la nature. Soudain la vigueur revint aux membres affaissés du jeune malade, et il se redressa dans sa force, comme s'il n'eût jamais connu la faiblesse.

Devenu évêque, Probianus n'oublia pas son bienfaiteur; il vint chaque année, tant qu'il vécut, payer auprès de la châsse du saint le tribut de sa reconnaissance au généreux médecin qui lui avait sauvé la vie.

Un autre miracle mémorable est celui-ci :

Deux hommes du pays des CADURQUES[1] arrivèrent un jour à Poitiers; ils étaient couverts tous deux d'une lèpre immonde et venaient implorer saint Hilaire pour leur guérison. Ils avaient en lui une confiance absolue. Cependant leurs premières prières ne furent pas exaucées. Ils ne se découragèrent pas. Poussés par leur foi imperturbable, ils ramassèrent de la poussière au pied du tombeau, la délayèrent dans

---

[1] C'est aujourd'hui le pays de Cahors.

de l'eau et s'en lavèrent la tête et tous les membres. Ils suivirent ce traitement étrange pendant plusieurs jours. Enfin saint Hilaire eut pitié d'eux: la lèpre immonde tomba d'elle-même, et leur peau, naguère encore horrible à voir, reprit, avec la fraîcheur de la santé, la belle couleur du visage humain. L'un s'appelait Castorius et l'autre Crispus. La reconnaissance les fixa à Poitiers; ils ne voulurent plus quitter le tombeau d'Hilaire; ils se donnèrent tous deux à son Église et devinrent, le premier, diacre, et le second, sous-diacre.

Une petite fille était venue au monde avec une main paralysée et comme morte. Quand elle fut grande, elle vint prier auprès des restes sacrés du saint confesseur : elle fut guérie. La main malade devint aussi libre et aussi vigoureuse que l'autre [1].

Un aveugle s'en allait à Tours implorer l'assistance de saint Martin. Passant par Poitiers, il entra dans la basilique de Saint-Hilaire.

---

[1] Fortunat, *Vita S. Hilar.*, lib. II, n. 5.

C'était la vigile d'une grande fête. Il passa la nuit à chanter l'office avec les prêtres. Lorsque l'aurore jeta son premier rayon dans l'enceinte sacrée, il poussa un grand cri : il avait recouvré la vue [1].

Une femme se démit la main, un dimanche, en portant de l'eau ; c'était grave : sa main se dessécha comme si le sang de ses veines se fût tari. Elle eut un songe. « Va, lui fut-il dit, au tombeau de saint Hilaire ; c'est là que tu retrouveras l'usage de ton membre. » Elle y alla le dimanche suivant, et eut la joie d'être effectivement guérie [2].

Une jeune fille était restée, jusqu'à l'âge de quinze ou seize ans, tellement infirme, qu'elle n'avait jamais pu se servir de ses membres. Toujours entre la vie et la mort, elle n'avait d'animé dans tout son pauvre corps que les yeux. L'âme seule vivait en elle. Impossible de parler. Sa langue demeurait immobile dans sa bouche, et son souffle était

[1] Fortunat, *Vita S. Hilar.*, lib. II, n. 6.
[2] *Id., ibid.*, n. 9.

trop faible pour former un son. Ses mains se refusaient à tout service. Ses pieds ne pouvaient la soutenir; elle retombait, affaissée sur elle-même, avec l'inconscient abandon d'un cadavre. Le jour de la fête de saint Hilaire, on l'apporta dans la basilique. Une foule immense était là. Tout à coup on la vit se lever et marcher. Saint Hilaire avait intercédé pour elle et lui avait rendu l'usage de ses membres [1].

« Mais cette terre choisie par le pieux évêque et sanctifiée par ses ossements a d'autres titres encore à notre vénération. » Ce glorieux tombeau touche à l'un des événements les plus importants de notre histoire nationale. « Après la mort d'Hilaire, ses fidèles disciples se réunirent autour de son tombeau : pieuse famille monastique, qui, se transformant plus tard, devint le chapitre collégial si célèbre entre tous les établissements ecclésiastiques de la cité. Malgré les calamités des temps et les ravages des barbares, cent quarante ans après que l'âme

---

[1] Fortunat, *Vita S. Hilar.*, lib. II, n. 10.

du pontife se fut envolée au ciel, comme le dit le martyrologe romain, le modeste oratoire s'était changé en une église assez splendide pour élever dans les airs une tour puissante... C'est alors qu'il plut à Dieu de glorifier son pontife par un de ces événements qui font époque non plus dans l'histoire d'une ville, mais dans les annales de toute une nation. Comme autrefois une croix lumineuse était apparue à Constantin..., ainsi, la veille de cette bataille célèbre qui devait donner la victoire à l'armée catholique de Clovis sur les troupes ariennes d'Alaric et réunir sous le sceptre orthodoxe du fondateur de la monarchie française le midi et le nord du royaume de France, un globe de feu, au rapport de saint Grégoire de Tours, sortit de la basilique de Saint-Hilaire[1] et parut à Clovis se diriger vers lui : *Pharus igneus, de basilica sancti Hilarii egressa, visa est ei tanquam super se*

---

[1] Grégoire de Tours dit *basilica sancti Hilarii*, parce que de son temps elle était sous ce vocable ; mais du temps de Clovis elle était encore sous l'invocation de saint Jean et saint Paul. (*Essai hist. sur l'église de Saint-Hilaire-le-Grand,* 1857, par M. de Longuemar, p. 27, n. 2.)

venire[1]. Que des historiens plus récents n'aient vu dans cette apparition lumineuse qu'un signal convenu, donné à Clovis d'un lieu élevé, cette hypothèse aura toujours l'inconvénient de ne reposer sur aucun témoignage positif. Pour nous, qui n'avons aucune raison d'accuser de crédulité irréfléchie un écrivain presque contemporain du fait qu'il raconte, ni de changer le sens et la valeur des mots dont il se sert, nous croyons que le météore qui apparut au roi franc était un avertissement divin... Et si la basilique d'Hilaire a été choisie du Seigneur pour dépêcher à Clovis le signal du combat et le gage de la victoire, c'est sans doute parce qu'il convenait que le soldat de la foi qui avait vaincu par le glaive de la parole l'impiété arienne, encourageât par un signe céleste le héros qui devait la vaincre par le fer [2]...

Le tombeau d'Hilaire touche au berceau de la monarchie catholique de notre chevaleresque

---

[1] Greg. Turon., *Hist. franc.*, l. II, c. xxxvii.
[2] *Id., ibid.*

nation[1]. « C'est au feu projeté par la basilique d'Hilaire que s'est allumée l'ardeur guerrière des Francs à combattre les combats de la foi : ardeur que le temps n'a jamais pu refroidir, puisque c'est sur la terre de saint Hilaire qu'ont été livrées, durant toute la suite des siècles, les batailles les plus décisives pour le sort de la France et de la chrétienté[2]. »

Il semble que, pendant de longues années, cette merveilleuse puissance des reliques de notre grand saint ne se soit jamais ralentie. Saint Nicetius, archevêque de Trèves, écrivait au VIe siècle à Chlodosvinde, reine des Lombards : « Que dirai-je encore des tombeaux des bienheureux évêques Germain, Loup, Hilaire? Il s'y opère chaque jour des prodiges tels, que la parole est impuissante à les raconter. On y voit les énergumènes, suspendus en l'air, confesser que ces grands saints sont leurs maîtres. Les

[1] C'est en mémoire de ce prodige que la veille de la fête de la translation des reliques, le maire et les échevins venaient chanter un *Te Deum* dans l'église de Saint-Hilaire-le-Grand. A la nuit, on allumait une lanterne au haut du clocher pour éclairer les pèlerins qui arrivaient de toutes parts. (M. de Longuemar, *loc. cit.*)

[2] Mgr Pie, *Œuvres*, t. III, p. 318 et suiv.

ariens, ajoutait-il, ont-ils jamais fait de pareils miracles[1]? »

Cependant la présence des Visigoths dans ces contrées avait arrêté, vers le commencement du ve siècle, la fréquence des pèlerinages. Les peuples perdirent à cette époque le souvenir de leur immortel bienfaiteur. La ville de Poitiers elle-même se refroidit et ne sut bientôt plus où elle avait déposé les ossements d'Hilaire.

Une nuit, saint Fridolin, venu d'Irlande à Poitiers pour servir Dieu plus librement, eut, pendant qu'il priait, une vision céleste. Saint Hilaire lui apparut, et, après lui avoir découvert le lieu où gisaient ses reliques, lui ordonna d'aller sans retard demander au roi des Francs les sommes nécessaires à la reconstruction de l'antique monastère.

Il partit avec Adolphius, chorévêque de Ratiatum, et vint à Orléans, où le roi tenait alors sa cour. Clovis, encore sous l'impression du prodige qui l'avait fait triompher à Vouloy,

---

[1] Patrol. lat., t. LXVIII, col. 377-378.

fit aux voyageurs le meilleur accueil : il leur donna des terres et de l'argent[1].

Fridolin, revenu à Poitiers, hâta son œuvre. Son premier soin fut de rendre au jour les saintes reliques d'Hilaire. On déblaya les terrains de l'ancienne église. Le 28 juin 508, l'abbé restaurateur pénétrait dans la crypte où le saint corps reposait depuis cent quarante ans. Le corps était intact, comme au jour de l'ensevelissement[2]. Ce fut dans le peuple une joie indicible. On entoura les précieux ossements de toutes les marques de vénération, et l'on attendit, pour en faire la translation solennelle, que la reconstruction de l'église fût achevée.

Elle se fit le 26 juin, jour anniversaire de la découverte, sans doute en l'année 510, avant le premier concile d'Orléans. Dieu daigna, à l'occasion de cette solennité, opérer des prodiges en l'honneur de son glorieux serviteur. Après la

---

[1] Balterus, *Vit. Fridol.* — Longueval, ad ann. 508.
[2] Bouchet, *Annal. d'Aquit.*, f° 25. — Abbé Aubert, *Dissertation sur l'origine de l'église Saint-Hilaire.* — *Bulletin* des antiq. de l'Ouest, t. VIII, p. 183. — *Essai historique*, par M. de Longuemar, p. 25.

célébration des saints mystères, l'évêque et l'abbé pénétrèrent ensemble dans la crypte. Aussitôt on en vit jaillir une lumière éblouissante, et l'édifice entier se remplit d'un surnaturel parfum. On retira les ossements de leur obscur tombeau, et on les exposa, renfermés dans une riche capse, à la vénération des fidèles. Ce fut comme une résurrection de la vieille piété poitevine. Les pèlerinages recommencèrent et se continuèrent jusqu'en 878 [1].

Vers cette époque, les Normands ravageaient la France. Pareils aux plus terribles avalanches, ils ne laissaient derrière eux que des ruines. Les habitants de Poitiers, un jour, eurent peur, et, voulant arracher leur plus cher trésor à la barbarie profanatrice des envahisseurs, ils transportèrent les reliques de saint Hilaire dans la ville du Puy.

Le corps du grand évêque resta là pendant de longs siècles, comme dans un nouvel exil. Enfin la Providence permit qu'une partie en

---

[1] M. le chanoine Aubert, *Hist. gén. du Poitou*, l. V, p. 358 et 410, note 13. — Le petit livre de la *Miraculeuse découverte*, (! « environ l'an neuf cent ».

fût rendue à sa ville natale. On verra comment et dans quelle circonstance, si l'on veut bien lire les curieuses pièces ci-dessous. Nous les extrayons d'un petit volume en tête duquel M. l'abbé Brumault de Beauregard, vicaire général capitulaire, curé de la cathédrale de Poitiers, plus tard évêque d'Orléans, a écrit de sa main :

« Ce petit livre appartient spécialement aux archives de l'église Saint-Hilaire, auxquelles je le donne. Il est fort rare, et je l'ai cherché longtemps. Il en existe cependant deux autres : l'un dans la bibliothèque de dom Mazet, ancien historiographe du Poitou; l'autre dans la châsse des reliques de saint Hilaire, où il a été anciennement renfermé avec les procès-verbaux... »

Ce précieux document nous a été communiqué avec une insigne bienveillance par M. l'abbé de la Forest, curé de Saint-Hilaire-le-Grand.

MIRACULEUSE DÉCOUVERTE
DES PRÉCIEUSES RELIQUES DE SAINT HILAIRE
ÉVESQUE DE POICTIERS,
EN L'ÉGLISE DE SAINT-GEORGES
DU PUY-EN-VELLAY [1].

Avis au lecteur.

S'il se trouve des hommes tellement esclaves de leurs sentimens, qu'ils les préfèrent à ceux de l'Église ès poincts de la Foy les plus approuvés : il ne faut s'estonner si es choses sainctes, qui n'obligent à une nécessité de créance, il s'en rencontre d'un cœur si vain et si endurcy, qu'ils rejettent ce qui convainc par des preuves indubitables les meilleurs et plus solides esprits. C'est ce qui a obligé le chapitre de l'église insigne et royale de Sainct-

[1] A Poictiers, par Jean Flevriav, imprimeur ordin. du Roy et de l'Vniuersité, auec permission et priuilège. M. DC. LVII. — Ces pièces n'ont jamais, à notre connaissance, été reproduites depuis 1657. Le volume qui est renfermé dans la châsse a, en regard du titre, une gravure de saint Hilaire et ne contient que le latin. Celui-ci contient en sus la traduction. C'est cette traduction qu'on va lire.

Hilaire-le-Grand de Poictiers, dépendante immédiatement du saint-siège apostolic, de donner au public les asseurés tesmoignages qu'ils ont de la miraculeuse découverte du corps de sainct Hilaire le Grand, évesque de Poictiers, leur patron, lequel, par tradition, ils avoient creû iusques à présent consommé par le feu avec leur église, dans les désordres des Danois et Normans, sous Ranulphe premier, comte de Poictou ; mais Dieu ayant voulu descouvrir un si grand trésor, et en rendre une partie à son tombeau, par le ministère d'un très grand prélat : sa juste libéralité, et celle de leurs chers confrères les chanoines de Sainct-Georges du Puy-en-Velay; on connoistra clairement par ce qui suit, qu'il s'est servy non seulement de moyens extraordinaires pour publier le lieu où il estoit comme recelé; mais encores pour oster tout suject de douter de la vérité de ses sacrées reliques, l'a voulu confirmer par la confession des démons, forcés à la publier par la vertu des exorcismes. Depoüillés-vous donc, cher lecteur, de tout intérest et de cette trompeuse opinion de force d'esprit, si vous voulés avoir de véritables sentimens pour la grâce qu'il a pleu à Dieu faire à la province de Poictou, sa ville capitale, et à l'église de Sainct-Hilaire-le-Grand, si célèbre par son nom, et par les privilèges et dons des souverains pontifes, et des roys très chréstiens qui en sont abbés.

Procès-verbal de la concession des reliques de sainct Hilaire.

Henry de Maupas du Tour, par la grâce de Dieu et du saint-siège apostolique, évesque du Puy, seigneur et comte de Vellay, suffragant spécial de l'Église romaine, et sujet immédiatement à icelle, abbé de Sainct-Denis de Reims, conseiller ordinaire du roy en ses conseils et premier aumosnier de la reyne très chrestienne : Sçavoir faisons à tous ceux qui ces présentes verront, que le second jour du mois d'octobre de l'an de grâce mil six cens cinquante-sept, sur les huit heures du matin, ont comparu par-devant Nous en nostre hostel épiscopal du Puy, vénérables et discrettes personnes les sieurs Louis Regnault prestre chanoine prébendé en l'église insigne et royale de Sainct-Hilaire le Grand de Poictiers, sujette immédiatement au saint-siège, sous-doyen de ladite église, et René Debrilhac aussi prestre chanoine grand hebdomadier en la mesme église, député spécialement des vénérables doyen, chanoines et chapitre de ladite église de Sainct-Hilaire le Grand, pour se transporter vers nous, et vers le chapitre de l'église collégiale de Sainct-Georges de nostre ville du Puy, suivant ce qu'ils Nous ont fait paroistre par l'acte de leur commission et et députation en parchemin, en date du 15 septembre de la présente année, signé du sieur Irland doyen, plus bas de celle de M⁰ l'Huilier scribe du chapitre, avec le sceau dudit chapitre, portant l'image de sainct Hilaire, lesquelles sieurs Regnaud et Debrilhac nous ont représenté que la dévotion des Poictuins estoit si grande envers le bienheureux sainct

Hilaire, et particulièrement des sieurs chanoines de son église, qu'ils auroient beaucoup travaillé à la recherche de ses sacrées reliques lesquelles y avoient longtemps reposé, et auroient dû depuis esté transporté dans les désordres de la guerre : et comme ils auroient eu connoissance qu'à raison de ces désordres et des incendies de la ville de Poictiers, lesdites reliques auroient esté mises en la ville du Puy environ l'an neuf cent par un comte du Poictou et du Vellay, qui estoit frère de Nortbert lors évesque du Puy; et auroient pareillement appris depuis peu que, par la grâce divine, ces précieux gages auroient esté trouvés y a environ deux ans dans l'église collégiale de Sainct-Georges du Puy, premier évesque et patron du Vellay, où maintenant ils sont conservés avec grande vénération; à ces causes ils nous ont humblement requis, au nom de leur chapitre, de leur vouloir faire part desdites reliques de sainct Hilaire évesque de Poictiers, et pour obtenir plus facilement cette grâce, ils nous ont présenté lettres de recommandation de nostre roy très chrestien

Louis XIV, roy de France et de Navarre, données à Sedan le vingtième aoûst de la présente année, signées Louis, et plus bas, Phelipeaux, portant mandement de Sa Majesté, à ce que eussions Nous et les chanoines de ladite église de Sainct-Georges, à accorder à l'église de Sainct-Hilaire évesque de Poictiers partie desdites reliques de sainct Hilaire. Lesquelles lettres ayant reçeu et leu avec honneur et respect, et desirant obéir aux ordres de Sa Majesté et satisfaire à la pieuse requeste des suppliants, ayant incessamment appelé les chanoines de ladite église de Sainct-Georges, nous leur avons fait connoistre l'intention et mandement de notre roy très chrestien, ausquels pareillement lesdites vénérables personnes les sieurs Regnaud et Debrilhac ont présenté semblables lettres de recommandation de Sa Majesté très chrestienne, portant mesme jussion des susdits jour et an, ensemble lettres des sieurs doyens, chanoines et chapitre de Sainct-Hilaire de Poictiers, du 22 septembre de la présente année, ce qui ayant aussi esté reçu honorablement par lesdits chanoines de Sainct-Georges, ils se seroient incontinent transportés en ladite église de Sainct Georges, et auroient convoqué leur chapitre au son de la cloche, où se sont trouvés les sieurs Gabriel Coulon docteur en droict, Jacques Vallat bachelier en théologie, Claude Bernard, Jacques Breton licentié en théologie dans la faculté de Paris, Charles Louis Lantage docteur en théologie et vicaire général de notre diocèse du Puy, Jacques Methé docteur en théologie, curé de ladite église, tous ensemble prestres, lesquels ayant leu les lettres de nostre roy très chrestien, et des sieurs doyen, chanoines et chapitre de Sainct-Hilaire de Poictiers, pour obéir au commandement de Sa Majesté et satisfaire aux pieuses intentions dudit chapitre de Sainct-Hilaire ; ont, d'un commun accord (nul à ce contredisant), arresté de donner une partie des reliques de sainct Hilaire a ladite église collégiale portant son nom. Laquelle délibération nous ayant esté rapportée en nostre hostel par lesdicts chanoines de Sainct-Georges le troisième du mois d'octobre jour suivant, ils nous ont humblement supplié de nous transporter à notre commodité en ladite église de Sainct-Georges, pour faire la concession d'une partie desdictes reliques de sainct Hilaire à ladite église de Sainct-Hilaire de Poictiers, telle que nous jugerions à propos, et la remettre entre les mains des sieurs Regnaud et Debrilhac députés. C'est pourquoy le huictième desdits mois et an, environ les huict heures matin, la messe ayant esté par nous célébrée dans ladite église de Sainct-Georges ; sur les trois heures après midy, nous nous sommes transportés de notre hostel épiscopal dans l'église de Sainct-Georges, accompagnés de quelques dignités et chanoines de nostre église cathédrale, des magistrats de la seneschaussée, des consuls de nostre ville du Puy, des principaux de la paroisse de Sainct-Georges, et plusieurs autres bourgeois de nostre ville, et là, avec les chanoines de Sainct-Georges assemblés, ayant fait lire devant tous les lettres de nostre roy très chrestien, et celles du vénérable chapitre de Sainct-Hilaire de Poictiers avec leur commission, revestus de nos habits pontificaux, suivant le désir et applaudissement de toute l'assemblée ouvrant la châsse des reliques de sainct Hilaire, reposées dans l'église de Sainct-Georges. Nous avons donné ausdits chanoines députés l'os entier et plus grand du bras gauche de sainct Hilaire évesque de Poictiers, appelé l'*humerus,* lequel presque seul entre toutes les autres parties s'est conservé des atteintes du feu : et une partie du crâne du mesme sainct, noircie par le feu et à demy bruslée, duquel bienfait lesdits députés nous ayant rendu grâces et ausdits chanoines de Sainct-Georges, ils nous ont humblement requis de les vouloir aussi gratifier de quelque partie des reliques de sainct Georges premier évesque du Vellay, afin que les corps de ces deux grands évesques, ayant si longtemps reposé ensemble dans l'église de Sainct-Georges, ils reposassent encore conjointement en quelques-unes de leurs parties dans l'église de Sainct-Hilaire ; ce qui nous ayant semblé très iuste du consentement de tous, Nous avons ouvert la châsse où reposent les reliques de sainct Georges, et avons donné ausdits sieurs chanoines deputez un os entier nommé *radius* du bras de sainct Georges premier évesque du Vellay, lesquelles sacrées reliques de sainct Hilaire et de sainct Georges nous avons mis dans une petite caisse de bois préparée pour cet effet, qui nous a esté présentée par lesdits chanoines de Sainct-Hilaire, où nous avons aussi mis une petite pièce de la peau de chamois, et une autre de l'estoffe de soye figurée, dans lesquelles les ossements de sainct Hilaire et de sainct Georges estoient séparément enveloppés, dans une caisse de bois renfermée dans un coffre de pierre derrière l'autel de Sainct-Georges du Puy, où le tout s'est trouvé depuis peu d'années, et d'où en a esté faite l'élévation. Nous avons encore faict délivrer ausdits députés des extraicts de la procédure par Nous faite l'an de grâce mil six cens cinquante-cinq, dans l'élévation et exaltation des reliques de sainct Georges et de sainct Hilaire, et des actes portans témoignages d'icelles, renfermées par Nous dans lesdites caisses de sainct Hilaire et de sainct Georges ; ce qu'estant fait, les chanoines de ladite église de Sainct-Georges, et ceux de

Sainct-Hilaire, tant pour eux que pour leurs successeurs, ont contracté ensemble société et fraternité perpétuelle, pour se rendre participans les uns les autres de leurs prières et bonnes œuvres. Enfin après l'heure des vespres, ayant fait procession solennelle par les rues et carrefours de nostre ville, où avons fait porter avec beaucoup de vénération lesdites reliques de sainct Hilaire et de sainct Georges : Nous les avons délivrées ausdits sieurs chanoines députés, renfermées avec le présent procès verbal dans ledit coffret de bois auquel avons fait apposer notre seau, et leur avons recommandé de les rendre soigneusement à l'église de Sainct-Hilaire de Poictiers, avec les asseurances de nostre affection et seruices pour lesdits sieurs doyen, chanoines et chapitre de la mesme église : Et pour certifier tout ce que dessus, Nous avons soussigné les présentes, et faict soussigner par M⁰ Anthoine André docteur en théologie et ès droicts, chanoine de nostre église cathédrale du Puy, archiprêtre de nostre diocèse, notaire apostolique deuëment immatriculé, et nostre secrétaire en cette partie, et fait apposer notre sceau episcopal, ensemble celuy de l'église et chapitre de Sainct-Georges. Faict et passé au Puy, dans ladite église de Sainct-Georges, le huictième jour du mois d'octobre l'an de grâce mil six cens cinquante-sept.

Signé, HENRY,
Évesque du Puy, et scellé.

Et plus bas :

Par commandement de mondit seigneur l'Illustrissime et Révérendissime Evesque,

ANDRÉ, notaire apostolique,
en l'absence du secrétaire.

Procès verbal de l'évation et sentence donnée en conséquence, par Monseigneur l'évesque du Puy.

Henry de Maupas du Tour, évesque et seigneur du Puy, comte de Vellay, suffragant immédiat du sainct-siège, conseiller ordinaire en tous les conseils, premier aumosnier de la reyne, abbé des abbayes de Sainct-Denis, de Reims et de Nostre-Dame de l'Isle-Thomet. A tous ceux qui ces présentes lettres verront : Sçavoir faisons que ce iourd'huy dix-septième iour du mois de juillet 1655, procédant à la visite collégiale de Sainct-Georges du Puy, assisté de maistre Marcellin Beget doyen de nostre église cathédrale, maistre Armand de Colomb plus ancien chanoine, François Spert, Balthazard de Ravissac, Jean Beget, Anthoine de Martel, Amable de Pradier, et Anthoine de la Juvie, tous chanoines de nostre dite église cathédrale, noble Hugues de Pradier prestre et chanoine de ladite cathédrale, conseiller, vétéran et magistrat en la séneschaussée de la présente ville, Pierre Brun bachelier en théologie, prestre et curé de l'église collégiale de Sainct-Agrepue de ladite ville. Et en présence des sieurs chanoines de ladite église de Sainct-Georges, et maistre Ian Bernard lieutenant pour le roy en la cour commune, et Gaspard de Martel advocat en ladite séneschaussée, lieutenant en la mareschaussée illec survenus, assisté aussi de maistre Pierre le Blanc prestre et chanoine de nostredite cathédrale, substitut de nostre promoteur en l'officialité. Après avoir visité le très sainct Sacrement dans le tabernacle avec les ensencements accoustumés, et fait entendre aux assistans le sujet de nostre visite, et l'obligation qu'ils avoient de nous informer de l'estat de ladite église. Maistre Gabriel Colomb prestre, chanoine et syndic dudit chapitre de Sainct-Georges du Puy, assisté des autres chanoines, Nous a remonstré qu'il y a environ deux cens vint-six ans que feu Monseigneur Guillaume de Chalençon, lors évesque du Puy, faisant aussi la visite de ladite église, auroit fait faire ouverture du tombeau de pierre relevé, qui est derrière le grand autel, où estoient et sont encore de présent les ossemens du glorieux sainct Georges premier évesque de Vellay, et de sainct Hilaire évesque de Poictiers, ainsi qu'il appert par le procès verbal qu'il en aurait fait contenant au long sa procédure ou de son official sur la vérification desdites reliques, lequel il nous a exhibé estant en cinq peaux de parchemin, signé de Monteplans notaire apostolique de l'année mil quatre cent vingt-huict. Requerant qu'il nous plaise faire faire ouverture dudit tombeau pour après la vérification faite desdites reliques, estre par Nous ordonnée qu'elles seroient exposées en public, pour estre honorées de tout le peuple. Ausquelles requisitions Nous dit évesque ayant égard, Nous serions approché avec ledit sieur doyen et chanoines dudit tombeau, ou ayant aperceu sur la pierre quelque inscription, Nous les aurions requis de nous rapporter ce qu'il y avoit d'escrit, Lesquels après avoir presté le serment en la forme ecclésiastique, le moindre d'eux aagé de vingt-cinq ans, Nous ont unanimement attesté que sur le bord de la pierre qui couvre ledit tombeau : Et au-devant il y a ces parolles escrites en lettres gotiques, ainsi qu'il nous a ainsi apparu : *Hic requiescant membra sancti Georgij primi Velanorom episcopi,* et que ladite pierre est attachée des deux costés avec deux bandes ou aspes de fer qui paroissent y avoir été apposées puis longues années et n'y avoir aucune altération; que Nous aurions de l'advis desdits sieurs doyen et chanoines fait enlever par Anthoine Pastre, maistre serrurier de ladite ville, venu exprès en ladite église par nostre ordre, et fait lever ladite pierre servant de couverture audit tombeau, dans lequel Nous aurions trouvé une caisse de bois de chesne en forme de biere, de longueur de quatre pieds de roy ou environ, clouée et bandée de fer en quatre endroits, et tout au milieu ferrée d'une ficelle scellée du sceau dudit feu seigneur de Chalençon en cire rouge, que lesdits sieurs doyen et chanoines Nous auroient rapporté estre en son entier, et y estre imprimé au dessus une croix de gueulle aux armes de

Chalençon : et au-dessus de ladite caisse aurions aussi aperçeu une boëte de bois en forme, de laquelle ayant fait ouverture, il s'y seroit trouvé un petit carnet de parchemin ou charte enveloppée dans du vieux linge, contenant la vérification faite des ossemens des saincts Georges et Hilaire évesques, par Pierre troisième du nom aussi évesque du Puy avec son sceau, attaché d'une petite bande de chamois que lesdits sieurs doyen et chanoines auroient vérifié et rapporté estre en son entier, et au-dessus y estre imprimée l'effigie dudit Pierre revestu d'habits pontificaux en cire jaulne, avec ces mots tout autour de ladite effigie, *Petrus Aniciensis episcopus;* ladite charte de la teneur qui s'ensuit, *omnibus christianæ religionis fidem servantibus, notum fieri volumus quod ego Petrus Aniciensis episcopus consilio prælatorum ecclesiæ nostræ Armanni abbatis secureti, Anthonii et Stephani sacristarum, Petri Guilhelmi thesaurii, Stephani de Pratis tunc præsentoris, Armanni hebdomadarii, magistri Simonis Baldi Caldairi et aliorum qui in eadem ecclesia commanebant anno ab incarnatione Domini millesimo sexagesimo secundo, indictione decima feria quarta ante diem paschæ feci aperiri, me præsente, cum supradictis et pluribus aliis quoddam vas quod erat post altare sancti Georgii et inveni ibi membra sanctorum cum duabus tabulis marmoreis, in una quarum erat scriptum sic: Hic requiescunt membra sancti ac gloriosissimi Georgii episcopi, in altera : Hic requiescunt membra sancti ac gloriosissimi Hilarii episcopi Pictaviensis; et eadem membra cum eisdem tabulis reposui in vase ligneo laminis ferreis hinc inde firmiter ligato in die natalis sancti Stephani protomartiris, et eadem die reposui illud vas in vase lapideo, et in signum memoriæ hanc chartam scribi, et sigillo meo muniri præcepi et intus reposui, aliam autem eadem continentem extra reservari ad majorem fidem posteris relinquendam jussi.* A l'instant ledit maistre Colomb Nous a exhibé une autre chartre qui estoit dans leurs archives, de laquelle ayant fait faire lecture et collationner avec celle qui a esté trouvée dans ladite boëte; lesdits sieurs doyen et chanoines Nous ont rapporté estre de mesme teneur, de mesme lettre et toute semblable, excepté ces deux mots *intus* et *extra*, mis au bas desdites chartres, lesquelles Nous aurions remis dans ladite boëte, et icelles consigné et déposé entre les mains de nostre secrétaire de l'aduis desdits sieurs doyen et chanoines et pour plus grande asseurance fait sceller de nostre cachet ladite caisse, jusques à ce que nous ayons convoqué une plus grande assemblée pour en faire ouverture, et la vérification des ossemens y contenus, dont et du tout Nous aurions dressé présent procès verbal; que nous aurions requis lesdits sieurs doyen et chanoines et autres assistans de vouloir signer : Henry, évesque du Puy, comte de Vellay, Beget, doyen, Colomb plus ancien chanoine, le Blanc substitut, Spert, Ravissac, Beget Pradier, de la Juvie, Pradier conseiller et chanoine, Brun, Bernard de Martel, Colomb syndic, Vallat, le Breton, Bernard de la Font, secrétaire. Ainsi signé en l'original.

Et le trentiesme jour du mois de juillet de ladite année mil six cens cinquante cinq, environ l'heure de midy, dans ladite église collégiale de Sainct-Georges du Puy : Nous dit évesque séant en un throsne préparé au-devant du maistre autel de ladite église revestu de nos habits pontificaux, assistez des sieurs doyens, dignitez et chanoines de nostredite église cathédrale et du substitud de nostre promoteur, et en présence des sieurs magistrats, conseillers en la seneschaussée, et officiers de cour commune, consuls et autres notables de ladite ville deuëment appelez.

Maistre Anthoine du Fornel, prestre docteur ès droicts, habitant de la ville de Saint-Didier, pour et assisté dudit maistre Colomb scindic, et des autres chanoines dudit chapitre de Saint-Georges du Puy. Nous a dit et remonstré qu'en l'instance pendante devant Nous, d'entre maistre Pierre Bonnet prestre, chanoine et scindic de l'église collégiale de Saint-Georges de Saint-Paulien, et maistre Jacques Jouné prestre et curé en ladite église demandeurs d'une part, et ledit maistre Colomb deffendeur, Nous aurions ordonné, par acte du vingt-septiesme du present mois, que les parties remettroient respectivement deuers nostre secrétaire les actes, tiltres, et documens qu'ils ont en leur pouvoir, concernant la détention ou transport des reliques de sainct Georges premier évesque de Vellay, et cependant sans préjudice du droict des parties qu'il seroit par nous procédé à la vérification desdites reliques estant dans l'église collégiale de Saint-Georges de la présente ville en la présence des sieurs dignitez, sacristains, et six chanoines de nostredite église cathédralle; des sieurs officiers et magistrats en la seneschaussée et cour commune; deux des consuls de la présente ville, un médecin et un chirurgien, qui seroit par nous nommez, et autres qu'il appartiendroit; à laquelle vérification ledit scindic de l'église de Saint-Georges de Saint-Paulien pourroit assister si bon lui sembloit, pour ladite vérification faite et veu les actes qui seroient devers Nous remis estre ordonné, et fait droict sur ladite requeste et requisition des parties ainsi qu'il appartiendroit : depuis et par autre ordonnance par nous renduë le vingt-huictiesme dudit mois sur les plaidez desdites parties, il auroit esté par nous dit, que conformément à nostre ordonnance du vingt-septiesme dudit mois de juillet, il seroit par nous proceddé le jour de demain, heure de midy, à l'instance des desnommez en icelle, à la vérification requise des reliques de ladite église de Saint-Georges du Puy, desquelles la descouverte auroit esté par nous ja faite, à laquelle vérification ledit scindic et curé de Saint-Georges de Saint-Paulien pourroient assister si bon leur sembloit; en conséquence desquelles ordonnances il auroit fait assigner à ce jourd'huy lieu et heure pardevant nous ledit scindic et curé de Saint-Paulien, par exploict fait par Vergier huissier en la seneschaussée, le vingt-neufième des présent mois et ans, requerant deffaut contre lesdits scindic et curé de Saint-Georges de Saint-Paulien non comparant à tel profit, qu'attendu que lesdits sieurs dignitez et chanoines de nostre cathédralle, magistrats et officiers de la seneschaussée et cour commune, consuls de ladicte ville deuëment appelez sont icy présens, il soit passé outre en l'absence comme en la présence desdits chanoines de Saint-Paulien, à la vérification desdites reliques avec un médecin et chirurgien tel qu'il nous plaira. Nous dit évesque, de l'advis des susdites dignitez et chanoines, après avoir pris et receu le serment en tel cas requis de maistre Gaspard Monteyremar, procureur en ladite seneschaussée, Guy François de Liegues sieur de Niraudes, Claude Savial notaire royal, et Pierre Oudennet, chirurgien, consuls de ladite ville, et iceux requis de nous dire en quel lieu nous sommes, et si l'heure de midy est passée : Nous ont unanimement attesté, le moindre d'eux aagé de vingt-cinq ans ou environ, que nous sommes dans l'église collégiale de Saint-Georges du Puy, et que l'heure de midy est désia passée, ce qu'ils sçavent pour avoir ouy sonner l'horloge de nostre église cathédrale, avons donné et octroyé deffaut audit du Forvel requerant contre lesdits scindic et curé de Saint-Georges de Saint-Paulien, non comparants sauf l'heure de deux heures, par vertu duquel il sera passé outre sans autre signification à la vérification desdites reliques par nous ja ordonné en leur absence comme en leur présence. A l'instant est comparu maistre Iean Galien soy disant baillis de Saint-Paulien, et ayant chargé des habitans de ladite ville qui a requis deslay jusques à ce qu'il aye fait venir ledit scyndic, curé et chanoines de Saint-Paulien qui sont en ville.

Ledit maistre du Forvel a dit que ledit maistre Galien n'est pas partie légitime ny en habit décent, ayant une espée au costé et une houssine en main, ainsi qu'il nous appert pour faire ladite requisition, et que ce n'est que pour fuir et esloigner nostre procédure, requerant que sans avoir égard à ce qui est allégué par ledit Galien, il soit passé outre et procédé à la vérification desdites reliques.

Nous dit évesque avons donné et accordé le délay de deux heures audit Galien, pour faire présenter un advocat pour ledit scindic et habitans de Sainct-Paulien, autrement et le delay passé, il sera passé outre à la vérification desdites reliques.

Et peu après s'est présenté maistre Pouët advocat en la seneschaussée, dudit curé, et chanoine de ladite église de Sainct-Georges de Sainct-Paulien, qui a dit qu'il persistoit en ses précédentes remonstrances, requisitions, appel et protestations et s'est retiré.

Nous dit évesque, de l'aduis desdits sieurs dignités et chanoines de nostre dite église cathédrale, avons donné et octroyé acte aux parties de leurs dires, remonstrances, requisitions et protestations; sauf et sans préjudice desquelles, avons ordonné qu'il seroit procédé présentement à la vérification desdites reliques : Et à cet effet nommé d'office maistre Barthélemy Courailhe docteur en médecine, et ledit Oudonnet maistre chirurgien de ladite ville; desquels avons pris et receu le serment, la main levée à Dieu, de fidèlement rapporter l'estat des ossemens qui leur seront exhibés. Ce fait, avons fait transporter ladite caisse de bois, estant dans le tombeau de pierre derrière le grand autel; et icelle fait mettre sur une table, audevant de nostre siège épiscopal : et après avoir fait faire vérification des sceaux y apposez, par maistre Iean d'Arguenne plus ancien conseiller, Maurice le Blanc, Anthoine Montbrac, Pierre Chambon, Hugues de Pradier seigneur de Monts, et Pierre Bernard sieur de Jalanoux conseillers en ladite seneschaussée, Claude Fouchon juge pour le roy en la cour commune, Jean Bernard lieutenant pour le roy en ladite cour, Michel Poudrault aussi lieutenant en ladite cour commune : lesdits Monteyremar, de Licgues, Sainard et Oudonnet officiers de ladite seneschaussée et cour commune, et consuls de ladite ville, qui moyennant le serment par eux presté en tel cas requis séparément l'un après l'autre, Nous ont attesté lesdits sceaux estre en leur entier et n'y avoir rien d'altéré, avons fait faire ouverture de ladite caisse de bois par ledit Pastre serrurier, dans laquelle se seroit trouvé trois moyens ou séparations distinguées par un aix : Au premier desquels, et à l'ouverture de ladite caisse, Nous aurions vu un marbre en forme carrée, auquel lesdits sieurs magistrats consuls, nous auroient rapporté estre escrits ces mots en lettre gothique : *Hic requiescunt membra sancti ac gloriosissimi Georgij episcopi,* et dans le mesme moyen ou séparation, et au dedans d'une pièce d'un vieux taffetas à fleurs, enveloppé d'une vieille peau de chamois quantité d'ossements, et entr'autres une teste avec sa mâchoire que nous aurions exhibé au peuple y assistant : Et au second moyen ou séparation un autre marbre de mesme forme carrée, que nous aurions donné aux sieurs officiers et consuls, pour lire l'inscription qui estoit au dessus, lesquels nous auroient attesté par le mesme serment que dessus, ces mots y estre escrits aussi en lettre gothique : *Hic requiescunt membra sancti ac gloriosissimi Hilarij Pictaviensis episcopi;* et au dedans plusieurs ossemens en iceux, tant du premier que second moyen fait estendre sur ladite table, et en veuë de toute l'assistance, les avons fait vérifier l'un après l'autre audit maistre Courailhe médecin et Oudonnet chirurgien : et pendant qu'ils travailloient à ladite vérification, Nous aurions fait découvrir le troisième moyen ou séparation de ladite caisse, dans lequel se seroit trouvé un suaire tout en pièce et vieux lambeaux à demi pourris et vermoulus, lesquels Courailhe et Oudonnet, après serment presté comme dessus, Nous ont rapporté avoir visité et vérifié lesdits ossemens : et nous ont remis le rapport signé d'eux, commençant par ces mots : Bartholomeus Courailhe, duquel rapport le propre original est cy-attaché, lesquels ossemens tant de sainct Georges que de sainct Hilaire, Nous aurions fait mettre en deux châsses de bois de chesne, et remis dedans lesdits marbres avec leurs inscriptions; et une chartre en parchemin contenant la vérification faite des ossemens dudit sainct Georges, que nous aurions fait mettre dans la châsse où sont sesdits ossemens : et dans celle où sont les ossemens de sainct Hilaire, une autre chartre contenant la visite desdits ossemens : lesquelles châsses nous aurions fait sceller chacune de nos armes en quatre endroits, l'une au-devant, l'autre au derrière, et un chacun des deux costés : et icelles fait bander de fer pour plus grande asseurance. Dont et du tout Nous aurions dressé nostre présent procès verbal et iceluy fait attester ausdits sieurs doyen et chanoines de nostre dite église cathédrale, conseillers et magistrats de ladite seneschaussée, officiers de ladite ville, et plusieurs autres assistans, Henry évesque du Puy, comte de Vellay, Beget doyen, Colomb plus ancien chanoine, le Blanc substitut, M. d'Asquenic, F. Spert, B. Ravissac, J. Mejé, Pradier, Beget et de la Juvie, Pradier conseiller et chanoine, d'Afquemie plus ancien conseiller, M. le Blanc, Montbrac, P. Chambon, Pradier, Bernard, Pinot procureur du roy, Pouchon juge, J. Bernard lieutenant, Pandraud lieutenant, Monteyremard second consul, de Liègues troisième consul, Sancial consul, Oudonnet consul, Courailhe docteur médecin, du Foruel, Colomb scyndic, Vallat, le Breton, Tronsson, Bernard, de la Font. Ainsi signé à l'original.

Extraict des registres de l'évesché du Puy.

Entre maistre Pierre Bonnet prestre, chanoine et syndic de l'église collégiale de Sainct-

Georges de Sainct-Paulien, et maistre Iacques Iouvé prestre et curé de ladite église, suppliant en requeste et demandeurs aux fins d'icelle, d'une part ; et maistre Gabriel Colomb prestre, chanoine et syndic du chapitre de l'église collégiale de Sainct-Georges du Puy, assigné et deffendeur d'autre.

Veu la coppie de ladite requeste présentée par lesdits Bonnet et Iouvé demandeurs, par Nous appointée le 25 dudit mois de juillet aussi dernier, tendant à ce que ledit syndic de Sainct-Georges du Puy seroit tenu de communiquer les actes et autres choses sur lesquelles il prétendoit établir la possession des reliques de sainct Georges, et à ce qu'il fust surcis à l'exécution de nostre ordonnance, et à toutes possessions et solennitez pour l'élévation desdites reliques, la diète tenue sur la plaidoierie de ladite requeste le vingt-septième desdits mois et ans contenant l'ordonnance par Nous renduë sur les plaidés iudiciairement faits par lesdites parties, par laquelle aurions ordonné que par tout le jour de vendredy prochain sans autre signification, attendu la présence des parties, elles remettroient respectivement deuers nostre secrétaire les actes, tiltres et documents qu'ils ont en leur pouvoir, concernant la détention ou transport des reliques de sainct Georges premier évesque de Vellay, et cependant sans préjudice du droict des parties qu'il seroit par Nous procédé à la vérification desdites reliques, estant dans l'église collégiale de Sainct-Georges de la présente ville, en la personne des sieurs dignitez, sacristains, six chanoines de nostre église cathédrale, des officiers et magistrats en la seneschaussée et cour commune, consuls de la présente ville, un médecin et chirurgien qui seroient par Nous nommez et autres qu'il appartiendra. A laquelle vérification ledit syndic de l'église de Sainct-Georges de Sainct-Paulien pourroit assister si bon luy sembloit pour ladite vérification faite et veu les actes qui seroient devers Nous remis, estre ordonné et fait droict sur ladite requeste, et autres requisitions desdites parties ainsi qu'il appartiendra : L'acte de la remise de la procuration dudit syndic de Sainct-Georges du Puy avec son inventaire fait par nostredit secrétaire, ledit jour 27 desdits mois et an, avec l'acte de notification faite audit syndic de Sainct-Paulien, et coppie baillée de nostredite ordonnance : Autre diette tenuë en ladite instance, contenant l'ordonnance aussi par Nous renduë sur les plaidez desdites parties, par laquelle aurions ordonné sans avoir égard au renvoy requis par lesdits syndic et curé de l'église Sainct-Georges de Sainct-Paulien, et sans préjudice de l'appel par eux interjetté, et sauf l'honneur des seigneurs supérieurs, à qui de droit dévolu aurions ordonné que l'instance dont s'agit seroit continuée et traictée devant Nous : Et qu'à ces fins nostre précédente ordonnance du 27, du présent mois et an seroit exécutée, et suivant icelle lesdits demandeurs remettroient de leur part si bon leur sembloit deuers nostre secrétaire par tout le jour de demain, les tiltres, actes et documens iustificatifs des reliques qu'ils prétendent avoir de sainct Georges premier évesque de Vellay, dans lequel delay ils pourroient voir si fait n'avoit esté l'inventaire remis par le syndic de l'église collégiale de Sainct-Georges du Puy avec les actes consignez en iceluy, pour ce fait et veu lesdits actes estre fait droict aux parties ainsi qu'il appartiendra, et sans préjudice du droict des parties qu'il seroit par Nous procédé ledit jour de demain heure de midy, à l'assistance des dénommez en nostre précédente ordonnance, à la vérification requise des reliques de l'église Sainct-Georges du Puy, de laquelle la découverte auroit esté desia par Nous faite : à laquelle vérification lesdicts syndic et curé de Sainct-Paulien pourroient assister si bon leur sembloit, ladite diette du 29, desdits mois et an signée de la Font secrétaire, au bas de laquelle est l'exploict fait par Vigerie huissier en ladite seneschaussée dattée du 29 juillet mil six cens cinquante-cinq, portant inthimation de ladite ordonnance faite audit syndic de Saint-Paulien, avec assignation à lui donnée au jour du lendemain trentième desdits mois et an, heure de midy, en ladite église de Sainct-Georges du Puy, la charte de visite faite par Pierre troisième du nom, évesque du Puy, contenant l'ouverture faite du tombeau où estoient les ossemens de sainct Georges premier évesque de Vellay et de sainct Hilaire évesque de Poictiers, ladite charte estant en parchemin dattée de l'an mil cent soixante-deux, et scellée de son sceau : Autre verbal de visite et ouverture dudit tombeau faite par Guillaume de Chalençon aussi évesque du Puy, contenant la vérification et inventaire fait des ossemens de sainct Georges et de sainct Hilaire avec un médecin et chirurgien où sont aussi insérez tout au long la teneur des Breviaires, Missels, Proses et Martyrologes de l'ancien usage du Puy, sur la translation des reliques de sainct Georges de ladite église de Sainct-Paulien en celle du Puy, ledit acte estant en cinq peaux de parchemin en datte de l'année mil quatre cent vingt-huit, signée : Monteplavo, notaire apostolique et royal et secrétaire dudit seigneur évesque, deux pierres de marbre en sont insérez, en l'une d'iceux ces mots : *Hic requiescunt membra sancti ac gloriosissimi Georgij episcopi*, et en l'autre : *Hic requiescunt membra sancti ac gloriosissimi Hilarii Pictaviensis epi-*

scopi, divers bréviaires anciens à l'usage du Puy, contenant l'office de la feste de la translation de sainct Georges, plusieurs missels aussi fort anciens à l'usage du diocèse du Puy, où sont inserez trois oraisons de la messe, de la translation de sainct Georges, l'inventaire de production desdits actes remis par le syndic de Sainct-Georges du Puy, signé du Foruel prestre pour ledit syndic ; nostre verbal fait sur la découverte desdites reliques le dix-septième juillet de la présente. Autre verbal par Nous fait sur vérification desdites reliques le jour d'hier dudit mois en présence des dignitez, chanoines, sacristains, officiers et magistrats et procureurs du roy de la seneschaussée et cour commune, consuls de ladite ville, plusieurs autres bourgeois d'icelle, le rapport fait par maistre Courailhe docteur en médecine et Oudonnet maistre chirurgien et consul de ladite ville l'année présente, contenant la vérification par eux publiquement faite, en présence des cy-dessus, des ossemens et reliques de sainct Georges premier évesque de Vellay, et de saint Hilaire évesque de Poictiers, et oüy sur ce nostre promoteur. Nous de l'aduis desdits sieurs dignitez et chanoines de nostre dite église cathédrale, à deffaut d'avoir par ledit syndic de l'église de Sainct-Paulien remis deuers nostre secrétaire dans les delays portez par nos précédentes ordonnances les actes, tiltres et documens iustificatifs des faits énoncez en la requeste par eux présentée ledit jour vingt-septième dudit mois de juillet, les avons de ce fait forclos et attendu la preuve résultant des bréviaires, missels, viltres, marbres et aultres actes authentiques remis par le syndic de l'église collégiale de Sainct-Georges du Puy, iustificatifs de la translation faite du corps ou principales reliques de sainct Georges premier évesque de Vellay de ladite église de Sainct-Paulien, en celle de Sainct-Estienne de la présente ville depuis dédiée à l'honneur de sainct Georges, vérifiées par ledit Pierre évesque du Puy en l'an mil cent soixante-deux, et par Guillaume de Chalençon aussi évesque du Puy en l'an mil quatre cent vingt-huict, et sans avoir égard à la requeste présentée par ledit syndic de l'église collégiale de Sainct-

Georges de Sainct-Paulien. Disons et déclarons le corps ou principales reliques qui estoient dans le premier moyen ou séparation de la caisse de bois trouvée dans le tombeau de pierre relevé derrière le grand autel de ladite église collégiale de Sainct-Georges du Puy estre le mesme corps et reliques de sainct Georges premier évesque de Vellay, qui furent transportées de l'église Sainct-Georges de Paulien en celle de Sainct-Georges du Puy, par Norbert évesque. Et ordonnons qu'elles seront eslevées et remises dans une châsse décente qui sera faite exprès et portée en procession, après reposées au costé droict de l'autel de l'église collégiale de Sainct-Georges du Puy, pour illec estre honorées et revérées, faisant exhibitions et deffences aux chanoines, curé et autres prestres de l'église collégiale de Sainct-Paulien, de par cy après exposer en vénération aucunes reliques dudit sainct Georges de celles qui sont mentionnées dans ledit procez verbal de vérification faite par lesdits Courailhe et Oudonnet, dont coppie leur en sera baillée, à ce qu'ils n'en prétendent cause d'ignorance, à peine d'excommunication. Donné au Puy le trentième jour du mois de juillet mil six cens cinquante-cinq. Henry, évesque du Puy, comte de Vellay, appert actes de la Font. Ainsi signé en l'original.

J'ai exhibé les originaux et remis dans les archives du chapitre Sainct-Georges.

Signé : Colomb, syndic.

Extraict tiré de l'original exhibé et retiré par M° Gabriel Colomb prestre, chanoine syndic de ladite église collégiale Sainct-Georges du Puy, après deüe collation faite par moi notaire et tabellion royal, du nombre reduict de ladite ville du Puy, et secrétaire desdits sieurs chanoines Sainct-Georges du Puy, ce neufième jour du mois d'octobre mil six cens cinquante-sept.

Signé : Robert, secrétaire.

Attestation du médecin et chirurgien de la ville du Puy en Vellay.

Nous, Barthélemi Courailhe, natif du Puy en Vellay, docteur en médecine, et médecin ordinaire de l'hospital de Nostre-Dame de ladite ville, et Pierre Oudonnet maistre chirurgien juré, consul de ladite ville du Puy et chirurgien ordinaire du mesme hospital. Après avoir presté par-devant l'Illustrissime et Révérendissime monseigneur Henry de Maupas du Tour, évesque et seigneur du Puy et comte de Vellay, abbé de Sainct-Denis de Rheims, et premier aumosnier de la reyne : Certifions qu'aujourd'huy après midy en présence de mondit seigneur, et de Messieurs le doyen, l'abbé de Sainct-Pierre de la Tour, archiprestre, et plusieurs autres vénérables chanoines, tant de l'église angélique et cathédrale, que de l'église collégiale de Sainct-Georges du Puy, et aussi du collège de l'église de Sainct-Georges de la ville ancienne, ou de Sainct-Paulien tous assemblés audit lieu, en présence de Messieurs les conseillers, et du procureur du roy, de la seneschaussée, des magistrats ordinaires et consuls de la ville du Puy, et de tout le peuple qui y assistoit avec admiration : Nous avons veu et décerné les os du très glorieux sainct Georges disciple de Nostre-Seigneur Jésus-Christ, confesseur et premier évesque du Vellay, que monseigneur le Révérendissime évesque nous a présentés, destachés et placés dans un coffret de bois, d'un ouvrage simple et fort antique, tout entouré de bandes de fer, et avons en premier lieu observé et mis à part le crâne tout complet avec la suture sagittale en forme de croix qui traverse le front ; Avons trouvé dans la mâchoire supérieure qui est jointe au crâne, six dents molaires qui y sont attachées, plus la mâchoire inférieure séparée dudit crâne, mais entière, dans laquelle nous n'avons trouvé que trois dents molaires, laquelle mâchoire inférieure appliquée et confrontée audit crâne, et à l'autre mâchoire supérieure, nous a fait une teste d'homme proportionnée, où nous avons remis cinq autres dents ramassées dans le coffret qui y estoient respanduës, et qui estoient conformes à leurs alvéoles. Nous avons aussi trouvé dix-sept vertèbres de l'espine du dos avec l'os sacrum appetissé ; deux clavicules, vingt-quatre costes, les deux os des espaules, les deux os de l'humerus, les deux os du coude, avec les radis et les aulnes des bras, les deux cuisses rompuës en sept morceaux, les deux os du femur avec leurs apophyses ou éminences, les deux rotules du genoüil, l'os de la jambe droite avec son crochet ou boucle : plus la boucle ou crochet de la jambe gauche, les deux talons ou astragales : enfin les vingt-quatre os des carpes des mains, des tarces et des doigts des pieds ; de tous lesquels os nous avons dressé un squelet, et avons remarqué qu'ils estoient tous d'un seul homme d'une stature médiocre. Avons pareillement observé dans l'autre partie distinguée et séparée dudit coffret les os du très glorieux confesseur et docteur de l'église sainct Hilaire évesque de Poictiers, avec l'ordre qui s'ensuit :

En premier lieu, une partie du crâne où

paroissent les sutures sagittales et lambdoïdes, plus d'autres parcelles du mesme crâne à demi brûlées, au nombre de vingt, quinze vertèbres de l'espine du dos, l'os sacrum en son entier et sans diminution, deux portions de mâchoires sans dents, un os seul de l'humerus, un morceau d'un os du coulde, deux boucles ou crochets des os des jambes, l'os d'une jambe demy brûlé, un os de la cuisse avec la moitié du fémur, l'autre os du femur rompu en deux, une autre partie du femur avec la rotule, une astragale ou os du talon, un os de l'espaule, une partie de l'autre espaule, une clavicule, onze costes, un os du doigt de pied et enfin plusieurs autres os diminués et rompus, dont à peine avons-nous peu trouver les noms, et tirer quelque connoissance. Et à mesme temps nous ont esté présentées (par vénérable Monsieur Iacques le Breton licencié en Sorbonne, chanoine de ladite église collégiale de Sainct-Georges du Puy) deux châsses différentes de reliques faites en forme de figure de bras, dans l'une desquelles couverte de lames d'argent : Il nous a fait voir l'os de la jambe de sainct Georges qui manquait cy-dessus, et dans l'autre reliquaire ou châsse de bois peinte, une grande partie de l'os de la jambe de sainct Hilaire; lesquels os nous avons confronté avec les os susdits desdits saincts et suivant leur apophyse ou éminence, déclarons qu'ils sont proportionnés ausdits ossemens, en tesmoignage de quoy nous avons signé le présent acte au Puy en Vellay, le trentième juillet mil six cens cinquante-cinq.

Ainsi signé, Courailhe docteur en médecine, Oudonnet maistre chirurgien et consul du Puy.

Procès verbal de l'ouverture du tombeau où reposoient les reliques de sainct Hilaire et sainct Georges, et de la translation dans les nouvelles châsses.

Nous Henry de Maupas du Tour, par la grâce de Dieu et du sainct-siège apostolique, évesque du Puy, comte de Vellay, suffragant spécial et jmmediat de l'Église de Rome, abbé de Sainct-Denis de Rheims, conseiller ordinaire du roy en ses conseils, et premier aumosnier de la reyne. Sçavoir faisons que le dix-septième jour du mois de juillet de l'an mil six cens cinquante-cinq, en l'assistance de M° Marcellin Beget doyen de nostre église cathédralle, Claude Spert abbé de Saint-Pierre la Tour, Claude Meget, Balthazard de Ravissac, François Spert, Hugues Pradier, Amable Pradier, Armand Colomb et Anthoine, André chanoines de nostredite église cathédralle, Anthoine Blondeau prestre, Pierre Montot, André de la Garde maistre imprimeur, Just de la Font notaire royal et autres habitans de ladite ville, à la requisition des sieurs chanoines de l'église collégiale de Sainct-Georges du Puy M° Gabriel Colomb chanoine et syndic, Iacques Vallat, Gabriel Rousset, Claude Bernard, Anthoine de Tronsson, Jacques le Breton, et Jacques Caret chanoines; avons fait faire ouverture en nostre présence des susnommez et plusieurs autres, d'un tombeau de pierre qui estoit derrière le grand autel de ladite église de Sainct-Georges, où nous avons trouvé une caisse de bois liée de plusieurs ferrements en divers endroits, et au milieu d'une ficelle scellée au-dessus d'un grand sceau de cire rouge aux armes de messire Guillaume de Chalençon évesque du Puy, et au-dessus de ladite caisse avons aussi trouvé une boëte de bois, et dans icelle une charte de parchemin scellé de cire jaulne au lasset de cuir, où est imprimée l'effigie de Pierre évesque du Puy, contenant en substance d'avoir trouvé au mesme lieu en l'an mil cent soixante-deux, un vase où estoient les ossemens des saincts avec deux tables de marbres, dans l'une desquelles estoient escrits ces mots : *Hic requiescunt membra sancti ac gloriosissimi Georgij episcopi,* et en l'autre est escrit : *Hic requiescunt membra sancti ac gloriosissimi Hilarij Pictaviensis episcopi,* et ayant fait ouverture de ladite caisse de bois y avons trouvé trois séparations distinguées par deux aix : dans la première desquelles avons trouvé une des susdites tables de marbre, avec la teste et plusieurs autres ossemens de sainct Georges évesque du Puy, et dans la seconde séparation avons trouvé l'autre table de marbre avec le crasne et plusieurs ossemens de sainct Hilaire évesque de Poictiers, et en la troisième séparation avons trouvé partie des suaires dans lesquels les corps et ossemens auroient esté anciennement inhumés, lesquelles reliques Nous avons transféré ce jourd'huy trentième du mois de juillet mil six cens cinquante-cinq, dans deux autres coffres de bois séparés, liés avec plusieurs barres de fer, et dans iceux mis et reposé les reliques de sainct Georges évesque de Vellay, et de saint Hilaire évesque de Poictiers, avec les susdites tables de marbre et charte dudit Pierre évesque du Puy, dont nous avons laissé deux extraicts et coppies dehors, l'une dans les archives de nostre évesché et l'autre dans celle de sainct Georges du Puy pour servir à la postérité, et ainsi qu'il est plus amplement contenu au procès verbal qui a esté par Nous fait. En foy de quoy Nous avons signé les présentes, fait contre-signer par nostre secrétaire, et y apposer le sceau de nos armes le jour et an que dessus. Henry évesque du Puy, comte de Vellay, par mondit seigneur J. Gérardin.

Ainsi signé en l'original.

J'ai exhibé l'original et remis dans les archives de Sainct-Georges.

Signé : Colomb, *syndic.*

Extraict tiré de l'extraict original exhibé et retiré par maistre Gabriel Colomb prestre, chanoine et syndic de ladite église collégiale de Sainct-Georges du Puy, après deüe collation faite par moy notaire et tabellion royal du nombre réduit de ladite ville du Puy, et secrétaire desdits sieurs chanoines de Sainct-Georges du Puy, ce neufième jour du mois d'octobre mil six cens cinquante-sept. Signé par Robert secrétaire.

Autre procez verbal semblable au précédent pour la translation particulière des reliques de sainct Hilaire.

Nous Henry de Maupas du Tour, par la grâce de Dieu et du sainct-siège apostolique, évesque et seigneur du Puy, comte de Vellay, et suffragant spécial et immédiat de l'Église de Rome, abbé de Sainct-Denis de Rheims, conseiller ordinaire du roy en ses conseils, et premier aumosnier de ladite reyne; sçavoir faisons que ce jourd'huy dix-septième jour du mois de juillet l'an mil six cens cinquante-cinq, en l'assistance de maistre Marcellin Beget doyen de nostre église cathédralle, Claude Spert abbé de Sainct-Pierre la Tour, Claude Megé, Balthazard de Ravissac, François Spert, Hugues Pradier, Amable Pradier, Armand Colomb, Anthoine André, chanoines de nostre église cathédralle, Anthoine Blondeau prestre, Pierre Montot, André de la Garde maistre imprimeur, Just de la Font notaire royal et autres habitans de ladite ville: A la requisition des sieurs chanoines de l'église collégiale de Sainct-Georges du Puy, maistre Gabriel Colomb chanoine et syndic, Jacques Vallat, Gabriel Rousset, Claude Bernard, Anthoine de Tronsson, Jacques le Breton et Jacques Garrel chanoines : Avons fait faire ouverture en nostre présence des sus nommés et plusieurs autres, d'un tombeau de pierre qui estoit derrière le grand autel de ladite église de Sainct-Georges, où nous avons trouvé une caisse de bois liée de plusieurs ferremens en divers endroits et au milieu d'une ficelle, scellée au-dessus d'un grand sceau de cire rouge, aux armes de messire Guillaume de Chalençon évesque du Puy ; et au dessus de ladite caisse avons aussi trouvé une boëte de bois, et dans icelle une charte de parchemin scellé de cire jaulne au lasset de cuir, où est imprimé l'effigie de Pierre évesque du Puy, contenant en substance d'avoir trouvé au mesme lieu en l'an mil cent soixante-deux un vase où estoient les ossemens des saincts, avec deux tables de marbre dans l'une desquelles estoient escrits ces mots : *Hic requiescunt mem-*

bra sancti ac gloriosissimi Georgij episcopi, et en l'autre est inscrit : *Hic requiescunt membra sancti ac gloriosissimi Hilarij Pictaviensis episcopi*, et ayant fait faire ouverture de ladite caisse de bois y avons trouvé trois séparations distinguées par deux aix : dans la première desquelles avons trouvé une des susdites tables de marbre avec la teste et plusieurs autres ossemens de sainct Georges évesque du Puy ; et dans la seconde séparation avons trouvé l'autre table de marbre avec le crasne et plusieurs ossemens de sainct Hilaire évesque de Poictiers ; et en la troisième séparation avons trouvé partie des suaires dans lesquels les corps et ossemens auroient esté anciennement inhumez, lesquelles reliques nous avons transféré ce jourd'huy trentième du mois de juillet mil six cens cinquante-cinq, dans deux autres coffres de bois séparez et liez avec barres de fer et dans la présente mis et reposé les reliques de sainct Hilaire évesque de Poictiers, avec la susdite seconde table de marbre avec la présente charte ; de laquelle avons laissé deux extraicts et coppies dehors, l'une dans les archives de nostre évesché, et l'autre dans celles dudit Sainct-Georges du Puy pour servir à la postérité ; et ainsi qu'il est plus amplement contenu au procès verbal qui a esté par Nous fait, en foy de quoy Nous avons signé les présentes, fait contresigner par nostre secrétaire, et apposer le sceau de nos armes les jour et an que dessus. Henry évesque du Puy, comte de Vellay, par mondit seigneur J. Gérardin. Ainsi signé.

J'ai exhibé et mis l'original dans les archives du chapitre de Sainct-Georges.

Signé : Colomb, *syndic*.

Extraict tiré de l'original, exhibé et retiré par maistre Gabriel de Colomb prestre chanoine et syndic de ladite église collégiale de Sainct-Georges du Puy, après deuë collation faite par moy notaire et tabellion royal du nombre réduit de ladite ville du Puy, et secrétaire desdits sieurs chanoines, ce neufième jour du mois d'octobre mil six cens cinquante sept.

Signé : Robert.

Lettre de Monseigneur l'évesque du Puy escrite au chapitre de Sainct-Hilaire le Grand de Poictiers.

Messieurs,

Je vous envoye une très notable portion de nos plus riches trésors : Le roy l'a désiré, vostre piété m'en a sollicité, et le mérite particulier de Messieurs vos députés en a contribué à me faire comprendre que le grand sainct Georges nostre premier évesque, et le grand sainct Hilaire évesque de Poictiers recevroient un nouveau culte, si je vous faisois part de leurs sainctes reliques.

Recevez donc, Messieurs, ces précieux gages de l'ancienne religion de nos ancestres et des vostres, et joignons ensemble nos prières et nos vœux afin qu'il plaise à la bonté de Dieu de répandre sur tout le clergé, et particulièrement sur vostre diocèse et sur le nostre, le zèle de la gloire de Dieu, et le véritable esprit du sacerdoce, dont ces grands saincts ont esté si puissamment animez. Ce sera le moyen de confondre l'hérésie, de convertir les pécheurs, d'abolir les fausses maximes du siècle, et d'establir celles de l'Évangile, pour faire régner Jésus-Christ dans les cœurs pour le temps et pour l'éternité.

C'est la grâce que j'espère du Ciel pour le mérite de vos sacrifices, cependant que ie vous tesmoigneray l'estime que ie fais de vostre célèbre corps, dans toutes les occasions que i'auray de vous rendre mes services, en qualité de Messieurs,

Vostre très humble et très acquis serviteur,

HENRY, *évesque du Puy.*

Du Puy, le 10 octobre 1657.

Lettre du chapitre de Sainct-Georges du Puy escrite à celuy de Sainct-Hilaire le Grand de Poictiers.

Messieurs,

Nous nous tenons très honorez de la députation qu'il vous a pleu nous faire des personnes de Messieurs Regnault et Brilhac vos confrères; et la lettre qu'ils nous ont renduë de la part de tout vostre corps très vénérable, nous a extrêmement édifiés pour la grande religion qu'elle fait paroistre.

De très bon cœur nous consentons au désir que vous daignez témoigner qu'il y ait entre vous et nous un lien d'une fraternité perpétuelle; et pour la rendre à iamais indissoluble, Nous vous accordons effectivement une portion considérable du très précieux thrésor des reliques du grand sainct Hilaire votre patron, telle que vous la présenteront Messieurs vos députés, et qu'elle est mentionnée en l'acte public qu'en a fait dresser icy monseigneur nostre évesque. Ces mesme Messieurs vos députés nous ont tant fait paroistre de dévotion à bien exécuter vos intentions, que Nous n'avons pû n'écouter pas l'instante prière qu'ils Nous ont faite de leur accorder aussi quelque portion d'un autre incomparable thrésor qu'il a plû à Dieu mettre entre nos mains, à sçavoir les reliques du glorieux sainct Georges apostre de Vellay, laquelle est encore mentionnée dans le mesme acte public de monseigneur du Puy. Nous espérons avec grande consolation que ces sacrez déposts seront beaucoup honorés en vostre saincte et célèbre église, et que le petit corps de l'église de Sainct-Georges du Puy, et le séminaire que nous y avons recevront beaucoup de grâces du Ciel par le secours de vos prières, et la participation à tous vos saincts exercices, en laquelle nous sommes ravis d'être admis. Nous vous supplions très humblement et très instamment de nous vouloir d'oresnavent et pour toujours considérer comme tels, et de nous croire tous, Messieurs,

Vos très humbles et très obéissants serviteurs, les chanoines de Sainct-Georges, directeurs du séminaire de Nostre-Dame du Puy.

Colomb, plus ancien chanoine.

A monsieur le lieutenant général du Poictou.

Supplie humblement les doyen, chanoines et chapitre de Sainct-Hilaire le Grand de Poictiers : Disant qu'ayant aduis de la découverte des reliques du grand sainct Hilaire évesque de ce lieu leur patron, trouvées dans l'église collégiale du Puy en Vellay, ils auroient député deux de leur compagnie vers les sieurs évesque du Puy et chapitre de Sainct-Georges dudit lieu, pour obtenir partie d'icelles, ce qui leur ayant esté accordé et mis entre les mains les procès verbaux de vérification et translation d'icelles, ils voudroient iceux faire imprimer pour les donner au public pour plus grande vénération.

Ce consideré, Monsieur, il vous plaise permettre aux supplians de faire imprimer par tel libraire que bon leur semblera, tant lesdits procès verbaux que autres actes concernant la vérification d'icelles, d'afficher tous autres actes à ce nécessaires, et ferez bien.

Regnault, sous-doyen commis du chapitre de Sainct-Hilaire.

Soit monstré. Je consents pour le roy, les fins et conclusions de la présente requeste.
Fait à Poictiers le trente-unième octobre 1657.

Signé, Mayault.

Soit fait comme il est requis par le procureur du roy, le iour et an que déssus,

Signé, Derazes [1].

Nous avons vu et vénéré nous-même dans leur châsse de bois merveilleusement peint, les reliques rapportées du Puy par les chanoines de Saint-Hilaire. Nous savions que

[1] M. l'abbé Brumauld a vérifié ces reliques en 1807.

c'est la destinée de ces restes sacrés des saints, d'être dispersés et semés partout : Dieu le permet pour répandre au loin la gloire de leur nom et faire germer en même temps au sein des peuples l'exemple de leurs vertus. Nous n'avons pu cependant nous défendre d'une émotion pénible en voyant ce qui reste de ce grand homme dans sa ville natale. Mais une chose nous a consolé : c'est la vitalité du souvenir qu'il y a laissé dans les monuments et dans les âmes. La vieille cité poitevine, illustrée par tant d'autres gloires, antiques ou récentes, sent toujours planer au-dessus d'elle cette grande ombre et demeure fidèle à son culte. Hilaire reste et restera à jamais son premier, son plus cher et son plus juste orgueil.

ÉCLAIRCISSEMENTS

ET

NOTES CHRONOLOGIQUES

ÉCLAIRCISSEMENTS

ET

NOTES CHRONOLOGIQUES

PREMIÈRE PARTIE

CHAPITRE I

(Vers 337)

Note A. — Quanto nata sit Hilario filia, inde patet quod tempore exilii parentis jam nubila fuerit. Bouchetus conjugium iniisse ait dudum ante obitum Constantini magni qui decessit anno Chr. 337, atque ante annum 340, episcopum creatum.

(Bolland., 13 jan., n. 26, p. 68.)

Page 4.

Note B. — Nous croyons, contrairement à l'opinion du savant bénédictin Dom F. Chamard (*Origines de l'Église de Poitiers*, p. 153. — *Saint Martin et son monastère de Ligugé*, p. 18), que saint Hilaire est né dans le paganisme. Nous avons avec nous des autorités graves. (Tillemont, *Hist. ecclés.*, VII, 747-748. — Dom Remy Ceillier, *Hist. gén. des auteurs sacrés*, IV, p. 1, n. 1. — *Hist. littér. de la France*, t. II, p. 139 et suiv.) Mais nous nous appuyons surtout sur le début du Ier liv. de *la Trinité* et sur ce passage du même ouvrage : « *Inauditis his nominibus in te ita credidi, per te ita renatus sum et exinde tuus ita sum.* » (Lib. VI, n. 21.) Cet aveu de saint Hilaire nous paraît décisif, après les raisons apportées par les auteurs cités plus haut.

Note C. — « Dans une ancienne charte contenant l'énumération des principales dépendances de l'abbaye de Saint-Hilaire-le-Grand de Poitiers, on lit, entre autres, cette indication : « *A Vihiers* (autrefois du diocèse de Poitiers, aujourd'hui du diocèse d'Angers), église de Saint-Hilaire, où REPOSENT SON PÈRE ET SA MÈRE [1]. »

---

[1] Vieraci, ecclesia Sancti Hilarii, *ubi pater ejus et mater*

Comme il nous paraît impossible que ces deux bienheureux époux aient été enterrés en dehors de leur villa de Cléré, il faut admettre qu'au IXe siècle, dans le but de les protéger contre les dévastations normandes, ils ont été transférés dans l'église de Saint-Hilaire de Vihiers.

Après la tourmente, le sarcophage de Francarius seul, ce me semble, fut reporté dans son sépulcre primitif, où il reçoit le culte public réservé aux bienheureux confesseurs. Toutefois, pendant les effroyables guerres qui désolèrent la France depuis le commencement du XIVe siècle jusqu'au milieu du XVe siècle, on perdit jusqu'à la trace de ce précieux trésor. Ce ne fut qu'en 1470 [1] qu'il fut providentiellement retrouvé. Le sarcophage de pierre contenait encore une grande partie des ossements de saint Francaire. Le 21 septembre de la

requiescunt, et aliæ duæ Ecclesiæ. (Besly, *Comtes du Poitou*, p. 245.) — Ce document est certainement antérieur au XIe siècle, puisque l'église de Saint-Hilaire de Vihiers, qui, aux IXe et Xe siècles, appartenait à l'abbaye de Saint-Hilaire-le-Grand (*Mém.* Soc. des antiq. de l'Ouest, t. XIV, p. 13, 24), fut donnée, vers l'an 1010, au monastère de Saint-Jouin-de-Marnes. (*Cartul. S. Jovini de Marnis*, ms. Bibl. nat., F. lat. n. 5,449, fol. 101.) Dans ce cartulaire, il est dit que le comte d'Anjou fit construire l'église; mais il ne faut pas prendre à la lettre ces expressions. Il s'agit d'une reconstruction.

[1] *Saints personnages de l'Anjou*, t. I, p. 13. — Jean Bouchet (*Annal. d'Aquitaine*, liv. I, ch, VI) indique la date approximative de 1520 pour cet événement; mais il se trompe certainement.

même année 1470, Jean du Bellay, alors évêque de Poitiers, constata authentiquement cette importante découverte et fit une solennelle translation des saintes reliques. On les remit dans l'antique cercueil de pierre, lequel fut placé derrière le maître autel de l'église de Cléré. Le bienheureux y fut vénéré par de nombreux pèlerins jusqu'au commencement du XVII° siècle. A cette époque de rénovation religieuse en France, la dévotion envers saint Francaire prit un développement extraordinaire. Henry-Louis de la Rocheposay était alors assis sur la chaire de saint Hilaire. Ce savant et zélé prélat s'émut au souvenir du père de son illustre prédécesseur, et, dès le 29 août 1624, il ordonna de procéder à une reconnaissance des saintes reliques ; mais, par suite d'obstacles inconnus, l'exécution de ce mandement fut différée jusqu'en 1641 [1].

A cette date, le prieuré de Cléré avait pour prieur commendataire messire Nicolas de Lezeau [2], fils *d'un conseiller du Roy en ses conseils d'État et*

---

[1] A diverses reprises, le pape Urbain VIII encouragea, par plusieurs indulgences, le pèlerinage au tombeau de saint Francaire, notamment par ses bulles du 19 octobre 1629 et du 4 février 1642.

[2] D. Fonteneau (t. LX, p. 471) a lu Leyreau ; mais le document original, qui est conservé aux archives de la Vienne, porte *Lezeau* et non *Leyreau*.

privé. De concert avec son père, il se fit un devoir de procurer à l'église de son prieuré un reliquaire digne de son illustre patron, saint Francaire. En conséquence, le 28 avril de l'an 1641, en vertu d'une commission expresse de l'évêque de Poitiers, en date du 26 mars de la même année, messire *Louis Texier, prêtre,* prieur d'Allones, près Saumur, assisté de plusieurs membres du clergé, procéda solennellement à la translation des susdites reliques au milieu d'un immense concours de peuple [1]. Jusqu'à la révolution française, elles y furent vénérées non seulement par les habitants de la paroisse de Cléré, mais par toutes les populations des pays circonvoisins. Dispersées et jetées dans la boue par les révolutionnaires, elles furent en partie recueillies par quelques pieux fidèles et

[1] Le procès-verbal de cette translation se trouve en original aux archives de la préfecture de la Vienne. (Chapitre de Saint-Hilaire-le-Grand.) D. Fonteneau en a donné une copie (t. LX, 471). Messire Louis Texier déposa la nouvelle châsse sur le grand autel, au même lieu où était auparavant placé le sarcophage. Dans l'extrait d'un procès-verbal de la visite faite en 1751, le 11 mai, à Cléré, par Michel Rolland, chanoine de l'Église de Poitiers et grand archidiacre du Poitou, on lit à l'article *reliques :* « Il y a la châsse de saint Francaire, père de saint Hilaire, avec authentique; » plus loin, à l'article *chapelle :* « Autel de saint Francaire, où il y a un reliquaire renfermant une relique de saint Francaire. » (Note communiquée par M. Beauchet-Filleau.) A partir de la translation de 1641, on célébra à Cléré deux fêtes de saint Francaire : l'une le 38 avril, l'autre le 21 septembre.

rendues au culte après la tourmente, moyennant quelques précautions que M*gr* Montault jugea indispensable [1]. »

Note D. — Hilaire fut certainement un des hommes les plus érudits de son siècle. Saint Jérôme nous en est un sûr garant. (*Épist. CXLI*, n. 34, *ad Marcellam*, n. 3; *Præfat.* in lib. II. *Comment. ad Galat.; De viris illust.*, cap. c.) Le grec lui était familier, comme nous l'avons dit. On croit de plus qu'il avait quelque connaissance de l'hébreu (*Hist. littér. de la Fr.*, t. II, p. 188), et qu'il faut prendre en un sens restreint ce que saint Jérôme a dit à ce sujet. (*Épist. XXXIV*, n. 3, *ad Marcell.*) — Voyez, en effet, son *Comment. in Ps. II*, n°s 2, 3, 4, 9.

Page 11.

Note E. — D'après quelques auteurs, l'épouse d'Hilaire aurait porté le nom de Florence et serait née au bourg de Jouin. (*Essai hist.*, par M. de Longuemar, ch. i, p. 23.)

---

[1] D. Chamard, *Orig. de l'Église de Poitiers*, ch. vii, p. 149 et suiv.

CHAPITRE III

(Vers 342)

Note A. — Voir Dom Chamard, *Origines de l'Église de Poitiers*, ch. viii, p. 161. « Cette date ressort de deux textes très authentiques. 1° Saint Hilaire (*De Synodis*, n. 91) dit de lui-même: « *Regeneratus pridem, et in episcopatu aliquantisper manens,* fidem nicænam nunquam nisi exsulaturus audivi. » Dans ce passage, le saint docteur semble attester que le temps qui s'écoula entre son baptême et son épiscopat fut plus long que celui qui s'écoula entre sa consécration et son exil. Or par *aliquantisper* il faut entendre au moins cinq ans; car, de l'aveu de tous, c'est dans cet intervalle qu'il composa son *Commentaire sur saint Matthieu*, etc.; 2° On lit dans la *Vie de saint Hilaire*, n. 4 : « Vir olim mysterii deputatus.... sacerdos electus est. »

Note B. — D'après M. le chanoine Aubert, Hilaire aurait été professeur dans les écoles de Poitiers. Ce n'est là qu'une supposition; mais elle est assez vraisemblable.

CHAPITRE IV

(Vers 353)

Note A. — En quelle année Hilaire fut-il élevé à l'épiscopat? — Nous pensons que ce fut en 353, saint Maixent (ou Maxence), à qui il succéda immédiatement, étant mort le 1er janvier de cette année-là. Voir, du reste, La Rocheposay, *Notæ ad Litan. SS. Pictav.*— Baronius, t. IV, p. 547, n.70. — Dom R. Ceillier, *Hist. des auteurs sacrés*, t. IV. S. Hil., ch. I, n. 2. — Dom Coustant, *Vie*, c. IV, n. 29.

CHAPITRE V

(354)

Note A. — V. Dom Chamard, *Saint Martin et son monastère de Ligugé*, ch. III, p. 17.

CHAPITRE VI

(353-355)

Note A. — D'après les Bollandistes, le concile d'Arles eut lieu en 353, et celui de Milan en 355. Selon Baronius, c'est en 355 (t. IV, p. 551, n. 2 et suiv.) qu'Hilaire entre en lice par sa première lettre à Constance. Voir aussi Tillemont, *Hist. eccl.* VII, p. 439 et note 4, p. 749. — Dom R. Ceillier, t. IV, ch. I, n. 3, p. 2. — M. le chanoine Aubert, *Hist. gén. du Poitou*, t. I, liv. III, p. 185.

Note B. — Le concile que saint Hilaire rassembla dut avoir lieu la même année que le concile de Milan, c'est-à-dire en 355, sous le consulat d'Arbetion et de Lollianus (Sulpit. Sever., *Hist. sacr.*, II, 39), après la défaite de Sylvain. (Hilar., *Fragm.*, VI, n. 6. — Théod., *Hist. eccl.*, II, 16. — Mansi, *Concil.*, 240 d.). Saint Hilaire dit, en effet, lui-même, au début de l'année 369 (*De Synod.*, n. 2), qu'il y avait *trois ans complets,* et en 360 (*Lib. Cont. Constant.*, n. 2), *cinq ans* entiers que Saturnin d'Arles avait été excommunié.

CHAPITRE VI

LA PREMIÈRE LETTRE D'HILAIRE A CONSTANCE

Note A. — Tres reperiri libellos ab Hilario ad Constantium, seu contra Constantium scriptos, quorum ille primus habendus, qui mox post exilium Italorum episcoporum, Eusebii Vercellensis et collegarum, ad eumdem Constantium scriptus est, ut ex illius contextu facili potest intelligi. (Baron., V, *Ann. chr.*, 360, n. 3.)

L'usurpation de Sylvain, général, qui, envoyé contre les barbares, avait pris la pourpre à Cologne (355), explique peut-être les protestations de fidélité qu'Hilaire fait dans *cette lettre* au nom de tous les catholiques des Gaules.

V. Ammien-Marcellin, *Hist.*, lib. XV, c. viii. — Aurel. Victor, *De Cæsaribus.* — D. Coustant. — S. Hilar., *opp.* (lib. *ad Constant.*), n. 3.

Page 12.

Note B. — Jérôme de Prato, de l'oratoire de Vérone, soutient, dans son édition de Sulpice Sévère, que la première partie du premier livre à Constance, jusqu'au numéro 6, n'est autre chose que la lettre du concile de Poitiers rédigée par saint Hilaire. Le commencement est, en effet, tout à fait différent de la suite à partir du numéro 6. De l'aveu des meilleurs critiques, ce sont même deux fragments de deux ouvrages distincts. La première partie est manifestement une supplique à l'empereur rédigée au nom de plusieurs. La seconde n'est pas moins évidemment tronquée, et de plus l'auteur, cette fois, y parle en son nom et sur le ton d'un historien et d'un polémiste. On y suppose, dès le début, qu'il a été question précédemment de *saints personnages* (sancti ILLI viri, n° 6) qui ont absous saint Athanase, ce qui désigne suffisamment les Pères du concile de Sardique. Plus loin, l'auteur affirme qu'il a déjà parlé du concile de Nicée (n° 8) : toute chose dont il ne reste aucune trace dans la rédaction qui nous est parvenue. Dom Chamard, à qui nous empruntons ces réflexions, partage l'avis de Jérôme de Prato. Nous nous y rangeons pareillement. Il est impossible qu'un lecteur attentif ne remarque pas des lacunes dans cette œuvre d'Hilaire. Il reste bien établi toutefois que cette lettre est tout entière du même rédacteur.

CHAPITRE VII

(355 - 356)

Note A. — Ce chapitre comprend la période qui s'écoula entre le concile de Milan (355) et le concile de Béziers, 356. (*In Biterrensi,* eodem anno, 356. — Bolland., 13 jan., n. 29, p. 68. — V. Baron., IV, *Ann. chr.*, 356, n. 105, p. 575. — *Recueil des historiens des Gaules et de la France* (S. Greg. Turens., xxxv, p. 149.) — Tillemont, *Hist. eccl.*, t. VII, p. 440, et note 5, p. 749. — Hermant, *Vie de saint Athanase*, t. II. — *Éclaircissements au liv. VII,* ch. xxviii. — Dom R. Ceillier, t. IV, ch. i, n. 4, p. 3. — Dom Chamard, *Orig. de l'Église de Poitiers,* p. 195.)

Page 9.

Note B. — L'accusation portée contre saint Hilaire au concile de Béziers serait, d'après D. Coustant (S. Hilar., lib. II, *Ad Constant.*, n. 2, note 6), une accusation de rébellion. Il aurait trempé dans la conspiration de Sylvain, ou même dans la révolte de Magnence. Les expressions énergiques dont l'accusé se sert en rappelant la calomnie dont il a été victime rendent, à nos yeux, cette opinion peu probable. Il semble que le saint évêque ait le rouge au front en évoquant ce souvenir. (Hilar., *Ad Constant. Aug.*, n. 2.)

DEUXIÈME PARTIE

CHAPITRE I

(356)

Note A. — L'exil du saint évêque commença, d'après les Bollandistes, dans le courant de l'an 356, 13 jan., n. 29, p. 68.

« Saint Hilaire fut donc banni, au sortir du concile de Béziers, par la faction de Saturnin et des autres ariens qui estoient avec lui, en l'an 356, avant le mois de juin. » (Till., *Hist. eccl.*, t. VII, p. 442.)

V. Dom Chamard, *Origines de l'Église de Poitiers*, ch. ix, p. 199.

Note B. — Saint Hilaire, selon nos traditions locales, dit Dom Chamard [1], fut accompagné dans

---

[1] *Origines de l'Église de Poitiers*, ch. ix, p. 199, n. 1.

son exil par plusieurs de ses prêtres, notamment par saint Lienne et saint Just (Bolland., *Act. SS.*, t. I, feb., p. 91), et même, d'après quelques auteurs (Tillemont, *Hist. eccl.*, VII, 748), par le vénérable Héliodore, dont parle saint Jérôme.... Le Bollandiste Remi de Buck, dans son article consacré à saint Just (Bolland., *Act. SS.*, t. XII, oct., p. 240), nie le fait relativement à ce saint; mais la raison qu'il donne de son opinion n'est certainement pas acceptable. Selon lui, saint Hilaire n'a pas pu, pour sa propre consolation, exposer son Église aux attaques des ariens en la privant de deux prêtres aussi respectables. Cependant saint Eusèbe de Verceil a certainement commis la même prétendue faute, bien que son Église fût incomparablement plus exposée que celle de Poitiers aux attaques des ariens. (*Opp. S. Euseb. Vercell., apud Patrolog.*, t. XII, col. 951.) Lucifer de Cagliari avait aussi avec lui plusieurs membres de son clergé dans son exil, puisqu'il laissa *deux de ses diacres* à Alexandrie pour le représenter au concile qui se tint en cette ville en 362. (Mansi, *Concil.*, III, 354.) De ces exemples et des autres qu'on pourrait ajouter, il résulte, ce semble, au contraire, que tous les évêques exilés étaient accompagnés de quelques-uns de leurs clercs.

CHAPITRE II

(356-358)

Note A. — Admettant l'opinion généralement reçue que le *Commentaire sur Job* fut écrit pendant l'exil, nous en rapportons aussi la composition à la date généralement admise. — *Vita S. Hilar.*, apud Bened., 44. — Tillemont, *Hist. eccl.*, VII, p. 443, etc.

Note B. — Dom Rivet (*Hist. litt. de la France*, t. II, p. 192) croit que le *Commentaire sur Job* est un recueil d'homélies prononcées à Poitiers.
Le P. Dom R. Ceillier partage cet avis.
Nous avons préféré suivre l'opinion généralement reçue.

CHAPITRE III

(358)

La lettre des évêques des Gaules dut arriver à sa destination en l'an 358, car « il y avait déjà trois ans que saint Hilaire de Poitiers était exilé, et il n'avait point encore reçu les lettres des évêques des Gaules ». (Fleury, *Hist. eccl.*, t. III, c. XIII, n. 49.)

Tillemont veut que ce soit en 357. Nous préférons l'autre opinion, qui explique mieux l'attitude et l'impatience du proscrit. Du reste le *Livre des Synodes,* qui est une réponse à cette lettre, fut, de l'aveu de Tillemont, écrite cette même année 358. V. *Hist. eccl.*, VII (Notes sur saint Hilaire), XIII, p. 750. — M. le chanoine Auber, *Hist. gén. du Poitou,* liv. III, p. 192.

Saint Hilaire, dit le P. Dom Ceillier (IV, ch. I, n. 5, p. 4), écrivit le *Livre des Synodes* sur la fin de l'an 358 ou au commencement de l'an 359. — Dom Chamard (*Origines de l'Église de Poitiers,* p. 214) opine pour cette dernière année. « Nous croyons, dit-il, que saint Hilaire composa son *Traité des Synodes* au commencement de l'année 359, parce qu'il dit lui-même qu'il l'a composé lorsque le bruit courait déjà que le concile se tiendrait dans deux villes différentes, et l'on nommait Ancyre et Rimini. Or le projet d'un double concile ne fut mis en avant qu'en décembre 358 ou janvier 359, époque où Constance était à Sirmium et où Basile d'Ancyre alla le trouver. » (*Cod. Theodos., Chronologia,* t. I, p. 58. — Sozomen., *Hist. ecclés.*, IV, 16. — S. Hilar., *De Synodis,* n. 8.)

CHAPITRE IV

(358-359)

Note A. — Après avoir assigné à l'année 358 la composition et l'envoi du *Livre des Synodes*, le P. Dom R. Ceillier ajoute (IV, ch. ɪ, n. 5, p. 4) : « On peut rapporter au même temps la lettre qu'il écrivit à sa fille et les deux hymnes qu'il lui envoya, l'une pour le matin et l'autre pour le soir. » — V. Till., VII, p. 448.

Page 138.

Note B. — Érasme, dans l'édition de 1522 qu'il a donnée de saint Hilaire, et que Froben a reproduite en 1535 (in-folio, Basle, p. 320 et 322), prétend que cette lettre n'est pas du saint docteur, mais une plaisanterie indigne de lui. Il va jusqu'à l'attribuer à saint Fortunat, qui n'avait aucun intérêt à traiter ainsi une chose sérieuse, et qui d'ailleurs affirme (*Sancti Hilarii Vita*, lib. I, c. v) que de son temps l'original portant la signature de son vénérable auteur était encore conservé à Poitiers comme une relique. (V. Fortunati, opp., édition de D. Ruinard, reproduite par Migne, col. 442. — M. le chanoine Aubert, *Hist. du Poitou*, liv. III, note 28, p. 239.)

CHAPITRE V

(Vers 359)

Note A.— Voir, sur l'époque où furent composés les douze livres du traité *De Trinitate*, dom Ceillier, t. IV, ch. i, art. 5, n. 3. — Tillemont, t. VII, p. 449.

Note B. — On a quelquefois critiqué saint Hilaire et les docteurs des premiers siècles d'avoir déployé tant de subtilité dans leurs œuvres. Ces quelques lignes d'un grand historien les justifieront. « On affecte trop, a écrit M. de Champagny, de parler de ces vaines querelles théologiques propres, dit-on, à la subtilité de l'esprit byzantin. Il s'agissait pour l'Église d'écrire en lettres ineffaçables et intelligibles à tous la doctrine sur laquelle repose tout l'édifice chrétien ; il s'agissait de dire qui était son sauveur, il s'agissait de définir le Christ. La notion du Christ diminuée, abaissée, faussée, le Christianisme tout entier devenait moindre, devenait infirme, devenait faux. » (*Les Derniers Césars*, t. III, p. 486-487.)

CHAPITRE VI

(359)

Note A. — Le concile de Séleucie se rassembla la quatrième année de l'exil de saint Hilaire en Phrygie, par conséquent en 359. (V. D. Ceillier, IV, ch. I, n. 6, p. 4. — Till., VII, 450. — Chanoine Aubert, *Hist. du Poitou*, liv. III, p. 196, etc.)

Note B. — On pourra lire, dans l'historien Socrate (*Hist. eccl.*, lib. II, c. XXXIX), la relation détaillée des incidents du concile de Séleucie, et aussi, quoiqu'un peu abrégée, dans l'admirable ouvrage de M. Albert de Broglie, *l'Église et l'Empire romain au IV° siècle* (II, I, ch. IV. La persécution arienne).

Note C. — D'après D. Chamard (*Orig. de l'Église de Poitiers*, ch. XV, p. 365, note 2), le père de Florence avait nom Florent. Mais, « comme il y a plusieurs personnages de ce nom, dit-il, parmi les officiers de la cour de Constance, de Julien, de Valens, il serait difficile de dire avec lequel il faut identifier le père de Florence. Qu'on nous permette, continue-t-il, dans cette incertitude, d'émettre une conjecture qui, pour nous du moins, n'est pas dépourvue de vraisemblance. Le père de Florentia n'aurait-il point quitté, lui aussi, sa patrie et suivi saint Hilaire en Poitou? Nous trouvons mentionné, dans les plus anciens martyrologes du Poitou, de l'Anjou et de la Touraine, au 27 juin, un saint Florent, moine de l'île d'Yeu (Biblioth. nat., ms. *Flat.*, 9434, du xi° siècle; D. Martène, *Thesaur. anecdot.*, t. III, col. 1589, 1547 : « V. Kal. Julii, translatio Florentii; in via Florentii. » Biblioth. d'Angers, ms. n. 83, du x° siècle : « V. Kalend. Julii, natalis sancti Florentii confessoris »), que nos calendriers plus modernes appellent à tort *Florentinus* episcopus. (D. Font., LXXIX, 109.) Ne serait-ce point le père de Florence qui serait venu finir ses jours dans l'île d'Yeu, non loin d'Olonne? Le corps de ce saint fut transféré à Saint-Savin, au ix° siècle, avec celui de saint Marin et plusieurs autres du Bas-Poitou.

CHAPITRE VII

(360)

Le deuxième livre à Constance a dû être écrit en 360. C'était sur la fin de l'exil du saint confesseur, et, comme il le dit positivement, cinq ans après qu'il se fut séparé de Saturnin, un peu après le bannissement d'Eusèbe (355), un peu avant le concile de Béziers (356). (Hilar., *Contra Constant. Imper.*, n. 2.)

C'est la date assignée par Baronius (V. *Ann. chr.*, 360, n. 3, p. 2) : « Secundus vero ille libellus est, seu potius oratio, quam ipse coram Constantio hoc anno habuit, cum esset Constantinopoli. » Dom Chamard le prouve, du reste, d'une manière péremptoire. (*Orig. de l'Église de Poitiers*, ch. xi, p. 441.)

CHAPITRE VIII

(360)

Note A. — La dernière adresse à Constance (*Contra Constant. Imper.*, liber unus) fut écrite en 360. (V. Baron., *Ann. chr.*, 360, n. 3, p. 2, et n. 9, p. 3.) Le retour d'Hilaire eut lieu la même année. (*Ibid.*, n. 15.) — V. Till., t. VII, p. 752. — D. R. Ceillier, t. IV, ch. i, n. 7, p. 4. — D. Chamard, *Orig. de l'Église de Poitiers*, ch. x, p. 241.

CHAPITRE VIII

LES IRRÉVÉRENCES DE SAINT HILAIRE

Note B. — On a appelé de ce nom les audacieuses invectives de ce saint docteur contre Constance. Notre conviction est qu'il n'a été que juste. Voici une admirable page de M. Darras (*Hist. de l'Église,* t. IX, ch. vi, p. 802), qui nous paraît le justifier pleinement.

« Nous n'étonnerons personne, écrit l'illustre historien ecclésiastique, en disant que l'énergie de cette parole apostolique révoltait les délicatesses du xviie et du xviiie siècle. Lebeau, qui vivait encore sur les traditions du respect exagéré pour les princes persécuteurs, dit en parlant du manifeste de saint Hilaire : « Cet écrit a sans doute besoin
« d'excuse pour les traits injurieux qui sont lancés
« sans ménagements contre la personne de l'em-
« pereur [1]. » Or il est certain que l'Église n'a point senti la nécessité d'excuser le langage de saint Hilaire, puisqu'elle l'a mis solennellement au rang des docteurs de l'Église universelle. Il nous faut donc comprendre que la douceur et la mansuétude

---

[1] *Hist. du Bas-Empire.*

évangéliques n'excluent ni la force ni la vigueur de la répression. Le divin Maître, qui disait le *Sinite parvulos venire ad me*, prenait des verges pour chasser les vendeurs du Temple et flagellait de sa parole la plus âpre et la plus formidable les pharisiens et les scribes. En réalité, pourquoi donc saint Hilaire aurait-il besoin d'excuse? Est-ce qu'il cherchait à nier le pouvoir temporel de Constance? Est-ce qu'il prêchait la révolte et l'insubordination aux sujets de ce prince? Allons plus loin. Est-ce qu'il y avait alors un concordat entre l'Église et l'empire romain, qui obligeât les évêques à certains ménagements en retour des concessions de la puissance temporelle? Évidemment rien de semblable n'existait; Constance n'était pas même baptisé. Il lui plaisait de porter la main à l'encensoir, de déclarer que Jésus-Christ n'était pas Dieu... Il se conduisait comme Néron, et les évêques catholiques n'auraient pas eu le droit de le lui dire! Qui ne voit que l'excès de la tyrannie amène nécessairement la protestation des consciences outragées? S'il s'agissait d'un philosophe opprimé, on trouverait la réponse d'Hilaire sublime...., etc... »

Voir aussi M. le ch. Aubert, *Hist. gén. du Poitou*, t. I, liv. III, p. 200 et suiv., p. 241, not. 36.

TROISIÈME PARTIE

CHAPITRE I

(360-361)

Hilaire dut arriver à Poitiers vers le milieu de l'année 360, probablement en juin.

V. M. le chanoine Aubert, *Hist. gén. du Poitou*, liv. III, p. 202.

CHAPITRE II

(361-362)

NOTE A. — On fixe généralement en l'année 360 la fondation du monastère de Ligugé. (Dom Chamard, *Saint Martin*, p. 33.— Lecoy de la Marche, p. 153.) Il nous semble plus naturel, vu le nombre des événements, de la reculer jusqu'en 361.

Page 3.

Note B. — On a beaucoup discuté pour savoir quelle était cette *île aux Serpents*. (Till., VII, note 14, p. 752.) Dom Chamard nous paraît avoir raison. « Le manuscrit dont s'est servi Bollandus, dit-il (*Orig. de l'Église de Poitiers*, p. 391, n. 2), pour publier la vie de saint Hilaire par saint Fortunat, portait *insula Gallinaria,* au lieu de *insula Dives.* Évidemment le copiste ne connaissant pas l'île de la Dive, et l'île *Gallinaria* étant connue par la vie de saint Martin, il aura substitué sans scrupule le nom de celle-ci au nom de celle-là. Mais *tous* les manuscrits que nous avons découverts à la Bibliothèque nationale, depuis le xe jusqu'au xve siècle, portent unanimement *insula Dives.* D'ailleurs cette leçon est confirmée par le récit d'un miracle, composé vers la fin du ixe siècle, et contenu dans le manuscrit 196 du fonds latin de la Bibliothèque nationale, manuscrit du xie siècle au plus tard et renfermant les pièces les plus précieuses sur saint Hilaire. Un enfant avait avalé un serpent pendant son sommeil. Ses parents, qui habitaient non loin des rivages de la mer, et assez près de l'île de la Dive, eurent la pensée d'aller implorer la protection de saint Hilaire, « dans la basilique qu'on « avait bâtie dans cette île en souvenir du miracle

« opéré par le saint pontife. » (*Ad S. Hilarii basilicam in eadem Dives insula post serpentum exterminationem sive expulsionem constructam.*) Ils hésitèrent un instant, craignant que l'enfant ne mourût avant d'arriver à la basilique. Enfin leur foi l'emporta. Implorant le secours de saint Hilaire, ils allèrent faire leur pèlerinage : l'enfant vomit la vipère, et il fut guéri. »

Page 6.

Note C. — On peut voir aux archives de la ville de Poitiers, G. 483 (Liasse), un acte non authentique destiné à servir d'attestation à des reliques rapportées de Rome par saint Hilaire, et données par ce prélat à Just, son disciple, lorsqu'il le préposa au gouvernement de l'Église qu'il avait fondée à Périgueux. Just raconte comment ces reliques étaient venues en la possession de son maître, le retour de ce dernier dans sa patrie, son voyage à Limoges et à Périgueux, etc. Cette pièce semble avoir été écrite vers la fin du XIIe siècle ou au commencement du XIIIe.

CHAPITRE III

(Vers 362)

Note A. — Il nous semble impossible d'assigner une date fixe aux faits rapportés dans ce chapitre. Tout ce que l'on sait, c'est qu'ils s'accomplirent dans les premières années qui suivirent le retour de saint Hilaire.

On peut admettre cependant les calculs du savant chanoine Aubert. (*Hist. gén. du Poitou*, liv. III, p. 226, et p. 252, note 71.)

Note B. — M. le chanoine Aubert (*Hist. gén. du Poitou*, liv. III, 226, et 252, note 70) fait venir sainte Triaise de l'ancienne *Troade*, voisine de la Phrygie, où elle aurait, comme sainte Florence, entendu parler de saint Hilaire après le départ de l'illustre exilé. Une fois arrivée à Poitiers, voulant cacher son nom de famille, elle aurait pris le nom de la contrée d'où elle venait. Cette version, basée sur un rapprochement de noms : *Troecia, Trojacia, Trojecia,* n'est qu'une très ingénieuse conjecture. Sans la croire impossible, nous avons préféré suivre la tradition poitevine, qui fait de cette héroïque vierge une enfant du Poitou. — J. Bouchet, *Annal.*

d'Aquit., p. 42-43. — D. Chamard, *Origines de l'Église de Poitiers*, ch. xv, p. 384.

Note C. — « Triaise s'endormit dans le Seigneur le 16 août 375, à peine âgée de 25 ans.

« Comme Hilaire était mort quand elle mourut, ce fut son successeur Pascentius qui prit soin de sa sépulture.

« Elle fut déposée d'abord près de son père spirituel, dans l'église voisine de sa cellule. Mais quand les miracles que Dieu accorda sur son tombeau à la dévotion populaire eurent déterminé sur l'emplacement de son pieux réduit la construction d'une autre église honorée de son vocable, son corps y fut transféré et y demeura jusqu'aux premières invasions des Normands.

« Il paraît avoir été transporté, au ixe siècle, d'abord en Auvergne avec celui de saint Hilaire ; puis jusque dans la cathédrale de Rodez, où l'on célébrait sa fête le 9 juin et où l'on montrait et l'on vénérait jadis son sépulcre. Quant à la belle châsse du trésor de saint Hilaire, elle a été l'objet, en 1562, des sacrilèges déprédations des hérétiques.

« L'église de Sainte-Triaise à Poitiers est aujourd'hui détruite. Elle était située dans la rue du même nom, immédiatement après la chapelle de Saint-Ajon, à gauche, en entrant du côté de Saint-Hilaire. »

M. le chanoine Aubert, *Hist. gén. du Poitou*, liv. III, p. 226-227. — D. Chamard, *Orig. de l'Église de Poitiers*, ch. xv, p. 387-388.

CHAPITRE IV

(362)

Note A. — Baronius place le concile de Paris en 362. (T. V, *Ann. chr.*, 362, n. 229, p. 105 et s.) Nous nous rallions à cette opinion, malgré les fortes raisons alléguées par Tillemont. (*Hist. eccl.*, t. VII, notes sur saint Hilaire, XV, p. 753-755.) L'accomplissement de tant de faits dans un si court espace de temps nous paraît chose improbable. (V. Mansi, *Concil.*, III, col. 362. — Pagé, *Not. Adan.*, 362, n. 27.)

La lettre des évêques d'Orient dut arriver à Poitiers, au cours de l'année 360, par l'intermédiaire des nombreuses députations que s'envoyèrent réciproquement Constance et Julien. — V. Dom Chamard, *Orig. de l'Église de Poitiers*, p. 247.

Note B. — Hilaire assista-t-il au concile de Paris ?

Non, si l'on admet l'opinion de Tillemont, qui en fixe la date à l'année 360.

On peut très bien l'admettre si l'on prend le parti de Baronius. Cette opinion nous paraît, du reste, fortement appuyée par la lettre même du concile, laquelle reproduit d'une manière frappante la doctrine et jusqu'aux expressions du saint docteur.

Page 4.

Note C. — Saint Jérôme définit bien la situation de l'Église d'Occident à l'époque du retour de saint Hilaire : « Parmi les évêques tombés, dit-il, les uns ne voulaient plus être en communion avec personne, tant ils craignaient d'être encore le jouet d'une supercherie. Les autres, comme, par exemple, les évêques des Gaules, avaient écrit aux confesseurs de la foi, notamment à saint Hilaire, et leur avaient demandé leur communion comme un gage de pardon. D'autres enfin, tout en étant au fond honteux de leur faiblesse et de leur commerce avec les ariens, demeuraient néanmoins attachés à leur communion, par désespoir d'un avenir meilleur. Enfin, aveuglés par l'orgueil, quelques-uns refusèrent de reconnaître leur erreur et s'enfoncèrent de plus en plus dans le gouffre. » (*Adv. Lucif.*)

CHAPITRE V

(363-364)

Tillemont (*Hist. eccl.*, VII, Hil., xv), place le voyage d'Hilaire en Italie en 363. L'évêque « y était encore lorsque Valentinien, fait empereur le 26 février de l'an 364, vint en Italie la même année ». (*Ibid.*, xvi.) Il soutient aussi « qu'il faut mettre en 364 la dispute de saint Hilaire contre Auxence ». (P. 755.)

Cf. *Vita S. Hilar.*, apud Benedict., n. 100. — Dom Ceillier, t. IV, ch. i, n. 9, 10, p. 5, 6.

CHAPITRE VI

(364-365)

Note A. — « Valentinien n'est arrivé à Milan que dans le courant de novembre 364 (et non pas en juin, comme l'a cru D. Coustant); d'autre part, la discussion publique entre Hilaire et Auxence n'a eu lieu qu'après la promulgation du malencontreux décret de l'empereur. Or le mémoire contre Auxence n'ayant été composé qu'assez longtemps après la dispute (diu), on ne peut guère en placer la publication avant le commencement de l'année 365. » Nous nous rallions à cette opinion de D. Chamard. (*Orig. de l'Église de Poitiers,* ch. xi, p. 204, note 1.) Plusieurs croient cependant qu'Hilaire a écrit cette lettre en 364. (V. Till., t. VII, p. 755. Notes sur saint Hilaire, xvi. — D. R. Ceillier, t. IV, ch. i, n. 10, p. 5.)

(362-367)

Note B. — Bouchet dit que la résurrection de l'enfant eut lieu le lendemain ou deux jours après le retour du saint proscrit. Il se trompe évidemment, puisque la résurrection opérée à Poitiers par saint Hilaire suivit celle de Ligugé, opérée par saint Martin. Cette dernière, de plus, ne put avoir lieu que lorsque Martin avait déjà établi et réglé son monastère. Nous regardons comme très sage l'opinion de M. le chanoine Aubert, qui rapporte ce fait à l'année 362.

Sainte Florence mourut le 1er décembre 367. (M. le chanoine Aubert, *Hist. gén. du Poitou,* liv. III, p. 207.)

Note C. — A part sainte Radégonde, avec laquelle, du reste, sainte Florence a plus d'un trait de ressemblance, aucune sainte ne fut, dans les siècles passés, l'objet d'un culte aussi populaire en Poitou. A Comblé, on se rendait en procession à son sanctuaire privilégié le lundi de Pâques, tandis qu'à Poitiers son beau reliquaire était porté, aux processions si longtemps célèbres des Rogations, à côté de celui qui renferme les glorieux ossements de saint Pierre.

L'oratoire où reposait sa dépouille mortelle devint aussitôt après sa mort un lieu de pèlerinage très fréquenté par les habitants de toutes les contrées voisines. On s'y rendait surtout dans les temps de sécheresses et autres calamités publiques « pour avoyr pluye ou sérénité de temps dès le jour ou le lendemain de la procession ». (J. Bouchet, *Annal. d'Aquit.*, fol. 18.)

On lit, en effet, dans l'hymne de son ancien office, conservée au propre des saints du bréviaire actuel de Poitiers :

> Qui, sicut ejus precibus
> *Infundit terram imbribus,*
> Sic nostra lavet vitia
> Spirituali gratia.

On l'invoquait aussi pour l'heureux succès des voyages. (Biblioth. de Poitiers, ms. n° 61.)

Enfin il y avait, très anciennement, une chapellenie fondée sous son vocable dans la cathédrale de Poitiers. (*Mém.* Soc. des antiq. de l'Ouest, t. XV, p. 48.)

Voici, en quelques mots, l'histoire de ses reliques. Elle nous a été communiquée, avec nombre d'autres précieux détails, par M. l'abbé Rosière, du clergé de Poitiers.

Avec l'invasion des Normands, qui, comme un torrent impétueux, dévastaient tout sur leur passage, l'oratoire de Comblé fut renversé et les reliques de la sainte ensevelies sous ses ruines, puis complètement oubliées. Oublié aussi fut le chemin du pèlerinage. Cependant le ciel, toujours jaloux de la gloire de ses élus, veillait. Il permit qu'au xie siècle un évêque de Poitiers, Isambert I, retrouvât cet inestimable trésor d'ossements sacrés. Il les fit transporter dans sa ville épiscopale et les rendit au culte. Ils furent déposés dans la cathédrale, sous le pavé, entre l'autel de la sainte Vierge et celui de sainte Madeleine.

On ne laissa pas longtemps enfouis ces restes sacrés si chers aux Poitevins. On donna bientôt pour écrin à ces diamants célestes une châsse magnifique faite de bois précieux recouvert de lames d'argent doré.

Mais arriva le 27 mai 1562, jour lugubre dans lequel les hordes barbares qui *protestaient* contre la foi et ses temples vénérés pillèrent toutes les églises de Poitiers. Sainte Florence n'obtint pas grâce devant eux : ses reliques devinrent avec tant d'autres la proie des flammes.

Le ciel toutefois avait ses réserves secrètes. On fit en 1698 la découverte inespérée d'une portion du saint corps laissée dans la seconde sépulture, derrière le chœur de la cathédrale. Mais, l'église appauvrie ne pouvant alors faire les frais d'un reliquaire de prix, on déposa les ossements bénis sous le grand autel où ils sont encore. C'est pour cette raison que le chapitre célèbre tous les ans, au 1er décembre, sous le rite double de deuxième classe, la fête de sainte Florence, le même jour où elle recevait jadis un culte public dans toutes les paroisses du diocèse.

CHAPITRE VIII

(368)

(13 janvier 368)

Note A. — Cette date est presque universellement adoptée. Elle est indiquée par saint Jérôme et adoptée par D. Coustant, cap. 145.— Voir aussi Till., VII, p. 463, et sa note décisive, XVIII,

p. 755-757. — God. Hermant, *Vie de saint Athan.*, II, liv. XI, Ecclaircis., ch. xi. — D. R. Ceillier, t. IV, c. i, n. 11, p. 6. — Recueil des *Hist. des Gaules et de la France. S. Greg. Turon.*, XXXV, xxvi. — Voir surtout Dom Chamard, *Orig. de l'Église de Poitiers*, ch. xvi, p. 401, note 2.

Note B. — La tradition a attribué à saint Hilaire un certain nombre de nos plus belles hymnes liturgiques. Érasme (*Præfat. ad Joan. Carondiletum*), après avoir déclaré que le grand évêque fut quelquefois heureux dans ses inspirations (*in carmine non infelicem*), se prononce en ces termes : *Et fortassis aliquot hymni quos hodie canit Ecclesia, non indoctos, sed incerti auctoris, illius sunt....* Et il cite les hymnes de la croix : *Crux fidelis;* de saint Jean-Baptiste : *Ut queant laxis.* — D. Guéranger lui donne encore celle de la Pentecôte : *Beata nobis gaudia*, et celle du Carême : *Jesu quadragenarius*. On croit aussi que saint Hilaire aurait composé le *Gloria in excelsis*. (*Institut. liturg.*, t. I, p. 112.)

D'autre part, Abbon, abbé de Fleury, qui vivait sur la fin du vi° siècle, et que Fulbert de Chartres appelait : *O magne philosophe (Epist. XXI)*, et Ademar de Chabannes[1], *Summæ philosophiæ Ab-*

---
[1] Abbé de Saint-Cybard d'Angoulême.

bas, dans son livre des *Questions grammaticales*, n. 19, lui attribue le *Te Deum*. — *In palidonia quam composuit Hilarius, pictaviensis episcopus, non juxta impertitorum errorem : Suscepistis, sed potius : Suscepturus, legendum est : Tu ad liberandum suscepturus hominem.*

Hilaire a, en effet, composé un grand nombre d'hymnes. Nous le croyons sur la foi du IVe concile de Tolède, appuyé sur la grave autorité de saint Jérôme et d'Isidore. Mais nous ne croyons pas que le témoignage de saint Albon suffise pour établir un fait si important et si contesté. (*Ex notis Merati in Gaventus,* sect. v, cap. xix. Cf. Martigny, *Diction. des antiquités chrétiennes,* art. *Te Deum.* — On peut voir, du reste, dans Tillemont (*Hist. eccl.,* t. XIII, p. 962, notes sur saint Augustin), les solides raisons qui combattent l'attribution de cette hymne à saint Hilaire.

Pour nous, nous croyons fermement que cette question des hymnes de saint Hilaire ne peut être résolue que par la publication du manuscrit découvert par G. F. Gamurrini. V. *Studi e documenti di storia e diretto.* (Gennaio-Giugno, 1884) *I Misteri e gl' Inni di S. Ilario vescovo di Poitiers.*

FIN

TABLE

Introduction 1

PREMIÈRE PARTIE

AVANT L'EXIL

CHAPITRE I

(337)

Naissance. — Premières croyances. — La Gaule au commencement du IVe siècle. — Réveil. — Premières études. — Quintilien. — L'éloquence. — Mariage. — Abra. — L'âme et le bonheur humain. 3

CHAPITRE II

Un problème. — Trouble. — Le repos et la fortune. — Le vol de l'aigle. — Belle ambition. — La revue des dieux. — Lumière. — La bible et Dieu. — L'être. — L'immensité. — La beauté. — Conceptions de la foi. — Découragement. — La vérité et la mort. — L'Évangile selon saint Jean. — Révélations. — Apaisement et joie. 15

CHAPITRE III

Pas de milieu. — Un beau jour. — Vie nouvelle. — Hilaire et les hérétiques. — Flamme apostolique. — Théologien et poète.................. 31

CHAPITRE IV

(Vers 353)

Vie heureuse. — La gloire. — Mort de saint Maxence, évêque de Poitiers. — Élection d'Hilaire. — Les évêques mariés. — Deux âmes chastes. — Sacrifice. — Idéal. — Hilaire orateur. — Les Commentaires sur saint Matthieu. — Enthousiasme................... 41

CHAPITRE V

(354)

Trèves et Poitiers. — Heureuse nouvelle. — L'enthousiasme de l'étranger. — Voyage. — Saint Hilaire et saint Martin. — Première rencontre. — Miracle. — Sainte amitié. — Le maître et le disciple. — Les frères. — Sueurs bénies. — La lutte.................. 53

CHAPITRE VI

(353-355)

La doctrine d'Arius. — L'arianisme sur le trône. — La persécution. — Arles et Milan. — Hilaire entre en lice. — Lettre à Constance. — Habileté et audace. — L'avenir... 63

CHAPITRE VII

(355-356)

Calme et prospérité. — Un songe. — Douloureuse séparation. Les colères. — Tentative contre Hilaire. — A Beziers. —

L'Attaque et la défense. — Tumulte. — Édit de proscription. — L'Athanase des Gaules.   81

DEUXIÈME PARTIE

PENDANT L'EXIL

(356-360)

CHAPITRE I

(356)

Les deux exilés. — Le lierre et le chêne. — Tristesse et consolation. — Belle attitude. — En Phrygie. — L'Église d'Orient. — Chaos. — Semi-ariens. — Conciliation. — Admirable patience d'Hilaire. — Les sectes et la véritable Église.   95

CHAPITRE II

(356-358)

Belles paroles. — Sources où le proscrit puise son courage. — Page d'un livre perdu..   107

CHAPITRE III

(358)

Les angoisses de l'exilé. — Heureuses nouvelles. — Un concile à Ancyre. — Belles espérances. — L'Orient et l'Occident. — C'est l'heure. — Le livre des synodes. — Révélation d'une âme. — Éloquent début. — Rapide analyse. — Aux Orientaux. — Admirable humilité.   117

CHAPITRE IV
(358-359)

Un amour indestructible. — Deux êtres bien-aimés. — Lettres de Poitiers. — Confidences. — Abra. — Réponse d'Hilaire à sa fille : l'apologue de la perle et de la parure. — Hymne du matin. — Hymne du soir. — Le véritable amour paternel. 133

CHAPITRE V
(Vers 359)

Triste révélation. — Un homme contre l'univers. — La mission de l'évêque proscrit. — Les douze livres de la Trinité. — Les dernières lignes. 149

CHAPITRE VI
(359)

Le grand concile. — Espérances. — Projets divers. — Tremblement de terre. — Une ville détruite. — Plan diabolique. — En route. — Épisode de Florentia. — A Séleucie. — Accueil. — Le concile. — Triste issue. 167

CHAPITRE VII
(360)

Douleur. — Tristes spectacles. — Dans l'Église Sainte-Sophie. — Devant l'empereur. — Libre et respectueux plaidoyer. — La liberté. 187

CHAPITRE VIII
(360)

Les pacifiques. — Changement dans Hilaire. — Une lettre audacieuse. — Justification. — Hilaire quitte Constantinople.. 201

TABLE

TROISIÈME PARTIE

APRÈS L'EXIL

(360-368)

CHAPITRE I

(360-361)

La patrie. — En chemin. — Martin à Rome. — Ovations. — L'Église des Gaules. — A Poitiers. — Joie du peuple. — Abra et sa mère. — Arrivée de Martin. — Les deux aigles. 217

CHAPITRE II

(361-362)

Dans les forêts de l'Aquitaine. — L'apôtre. — L'île aux Serpents. — Voyage à Limoges et à Périgueux. — Le loup. — Les insulteurs. — Un projet. — Ame troublée. — Joie de Martin. — Ligugé. — Un oubli. — Hilaire moine . . 229

CHAPITRE III

(Vers 362)

Les saintes femmes. — La jeune recluse. — A Comblé. — Mouvement monastique. — Sainte Triaise. — La maisonnette. — La part d'Hilaire. 245

CHAPITRE IV

(362)

Triste pensée. — Persévérants efforts. — Les conciles. — Hilaire seul de son avis. — L'excommunié. — Le père de la patrie. — Concile de Paris. — Admirable profession de foi. — L'âme des Gaules 259

CHAPITRE V

(363-364)

La persécution et la paix. — Dans les Gaules. — En Italie. — Le chef. — Beau dessein.— Les trois apôtres. — Succès d'Hilaire. — Lucifer. — Tentative magnanime. — Vains efforts. — Un empereur. — Caractère de Valentinien. — Palidonies d'Auxence. — Hilaire à la cour. — La commission. — Ruses ariennes. — Encore l'exil. 275

CHAPITRE VI

(364-365)

Pas de pardon à l'impie. — Protestation. — La paix. — Une comparaison attristante. — Le débat. — Page éloquente. — Vie paisible à Poitiers. 289

CHAPITRE VII

(362-367)

La puissance des saints. — Une résurrection. — La tristesse d'Abra. — Prière de saint Hilaire. — Les deux chères mortes. — Sainte Florence. 301

CHAPITRE VIII

(368)

Le soir d'un jour d'orage. — Consolant spectacle. — Saints et saintes. — La foule. — Derniers discours. — On chante à l'église. — L'armée des apôtres. — A Ligugé. — L'œuvre de saint Hilaire. — Une visite d'ami. — Miraculeuse clarté. — La mort.. 343

CHAPITRE IX

(368)

Deuil de la ville de Poitiers. — Hilaire sur sa couche funèbre. — Les pèlerins. — Miracles. — On discute sur le lieu de la sépulture. — Le cortège funèbre. — Devant les arènes. — Dans la basilique de saint Jean et saint Paul. — Tout est consommé. 390

APPENDICE

Miracles. — Reliques. — Translations. 342

Éclaircissements et notes chronologiques.

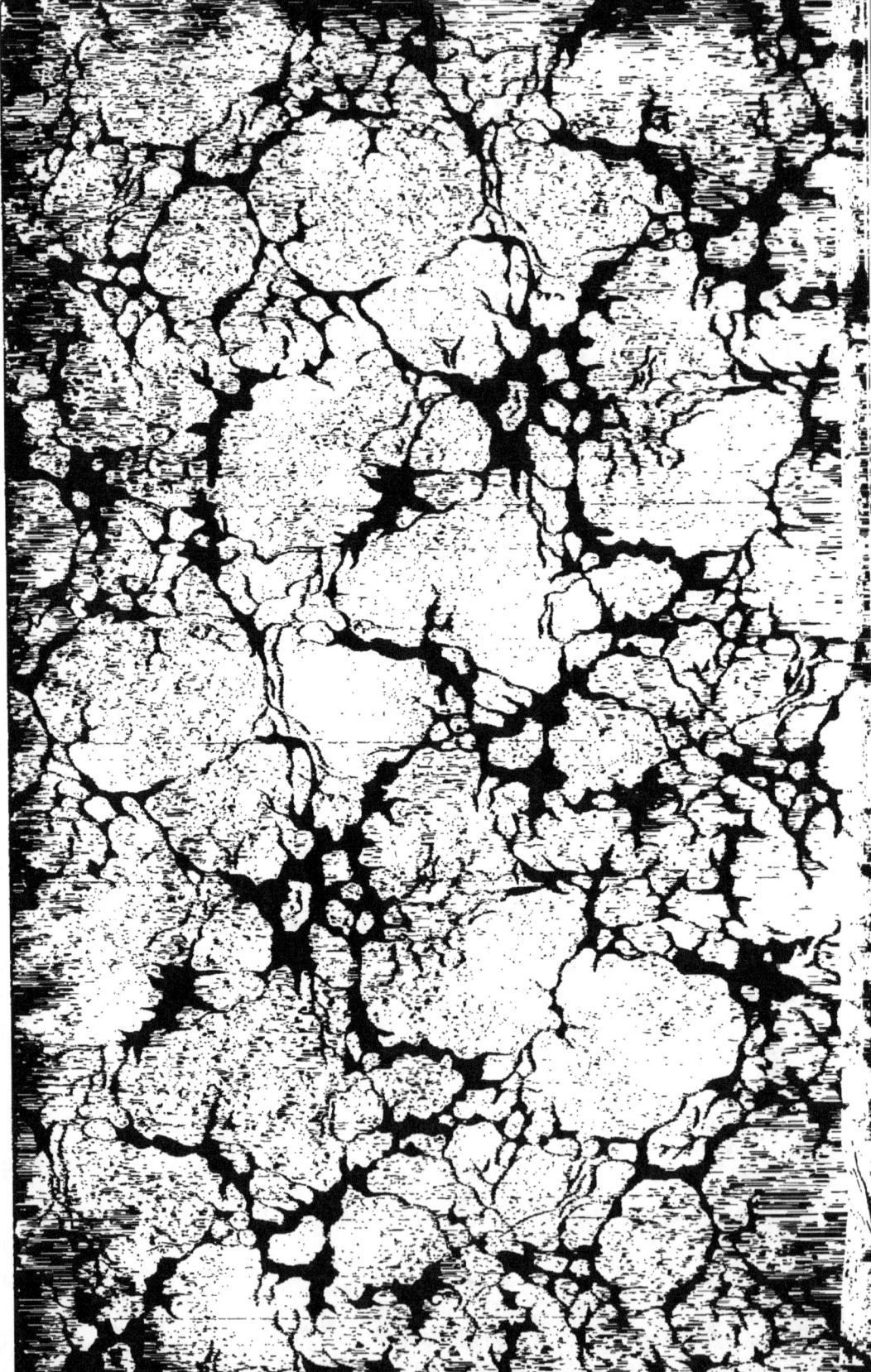

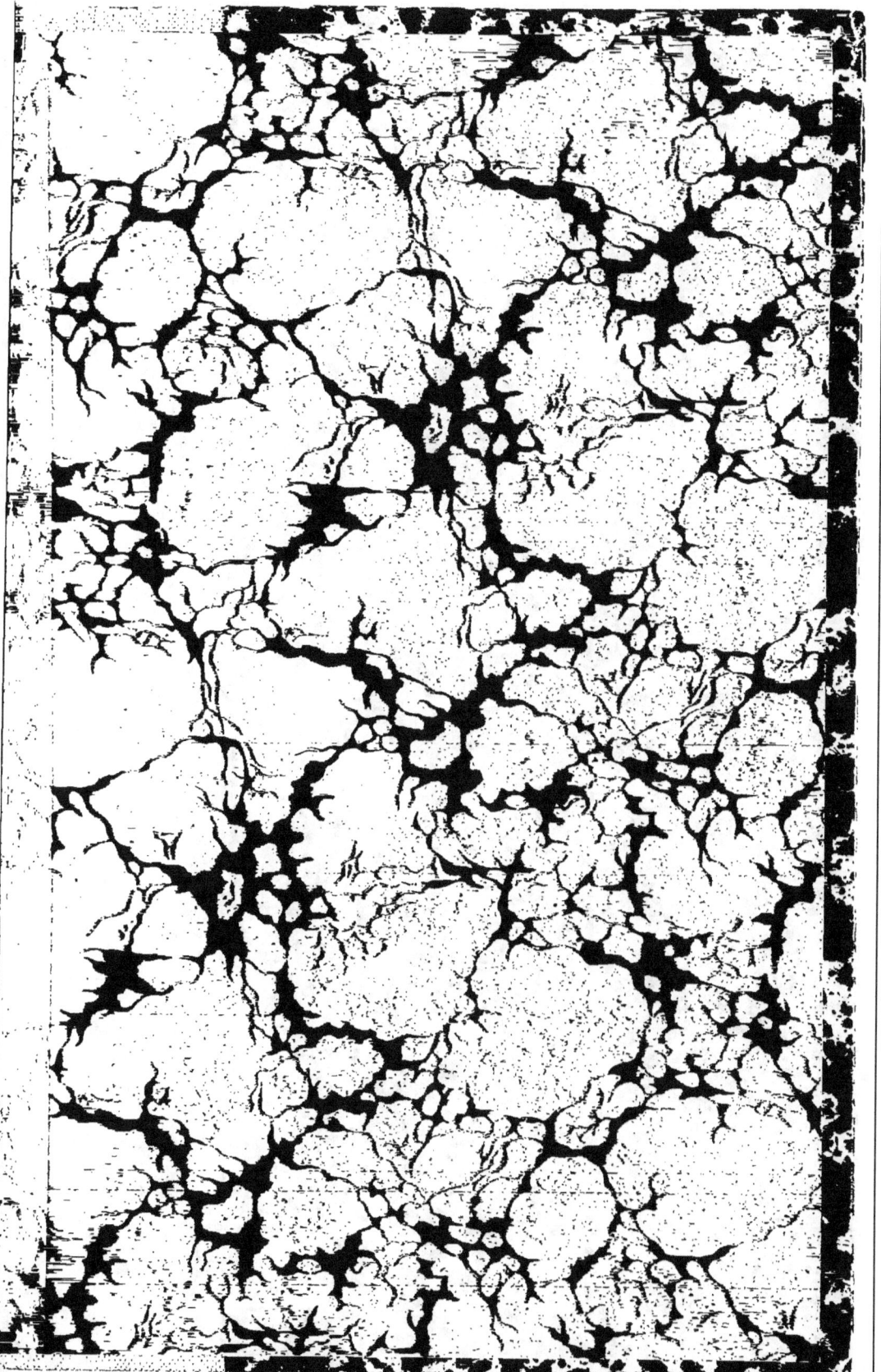

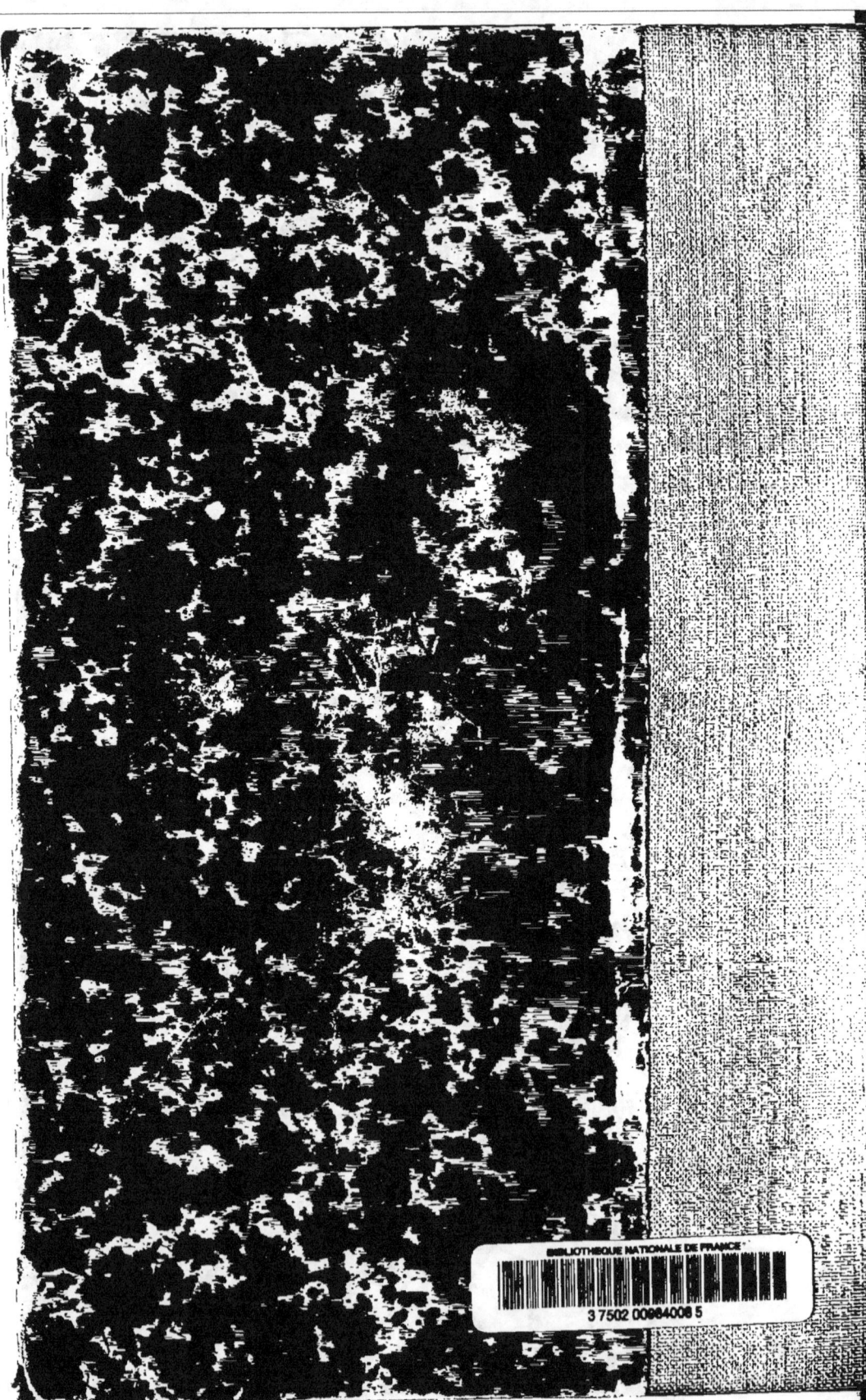

www.ingramcontent.com/pod-product-compliance
Lightning Source LLC
Chambersburg PA
CBHW050554230426
43670CB00009B/1120